일본 문화의 기원 송국리문화

이홍종·손준호 지음

진인진

일본 문화의 기원 송국리문화

초판 1쇄 발행 | 2021년 9월 7일

지　　음 | 이홍종, 손준호
발행인 | 김태진
발행처 | 진인진
등　　록 | 제25100-2005-000003호
편　　집 | 배원일, 김민경
주　소 | 경기도 과천시 별양상가 1로 18 614호(별양동 과천오피스텔)
전 화 | 02-507-3077~8
팩 스 | 02-507-3079
홈페이지 | http://www.zininzin.co.kr
이메일 | pub@zininzin.co.kr

ⓒ 진인진 2021
ISBN 978-89-6347-481-6 93900

* 이 책 내용의 전부 또는 일부를 다시 사용하려면 반드시 자료 제공 협조기관과 출판사 모두의 동의를 얻어야 합니다.
* 책값은 표지 뒷면에 있습니다.

목차

책머리에 | 이홍종 5

1부 송국리문화의 취락과 경관 11
제1장 송국리형 취락의 경관 | 이홍종 12
제2장 관창리 취락의 경관 | 이홍종 60
제3장 송국리 취락의 경관 | 손준호 86

2부 송국리문화의 무덤, 저장공, 석기 119
제1장 지석묘와 송국리형 묘제 | 손준호 120
제2장 군집 저장공 | 손준호 148
제3장 석기 편년 | 손준호 174

3부 송국리문화의 역동성 213
제1장 한반도 농경문화의 완성 | 이홍종 214
제2장 일본 야요이 문화의 원류 | 이홍종 238

마치며 | 손준호 263

찾아보기 265

책머리에

이홍종

1978년 고려대학교 사학과에 입학한 필자는 33개월의 군복무를 포함해서 1985년 2월 25일 졸업식을 마치고 18일 후인 3월 14일 일본으로 유학을 떠났다. 당시 고려대학교에는 고고학을 전공하시는 교수님도 없었지만, 우리나라의 고고학 연구나 문화재 발굴 또한 매우 초보적인 수준이었기 때문에 대부분 유학길에 올랐던 시절이기도 했다. 무엇보다도 당시 고려대학교 박물관의 학예과장을 오랜 기간 역임하시고 세종 캠퍼스 교양학부에 근무하셨던 윤세영 교수님의 권유로 일본행을 결심하게 되었다. 발굴 기술이나 현장 경험, 그리고 동아시아 고고학을 공부하기 위해서는 일본만한 곳이 없다는 선생님의 권유로 미국 유학을 준비하다가 갑자기 마음을 돌리게 된 것이다.

윤세영 교수님께서 박사 학위를 받으신 게이오(慶應) 대학의 에사카 데루야(江坂輝彌) 교수님(작고)을 추천받아 1개월도 채 안 되는 준비 기간을 거쳐 무작정 일본으로 떠나게 되었다. 일본어도 겨우 히라가나 정도 외운 상태에서 무모하게 유학을 추진하게 된 것은 일단 부딪히고 보자는 필자의 계획적이지 못한 성격 탓이다. 난생 처음 비행기를 타고 도착하자마자 공항에서부터 문제가 생겼다. 나중에 알았지만 "무슨 일을 하고 있느냐?(しごとはなんですか)"라고 출입국 직원이 물었는데, 시고토(しごと)라는 말이 도저히 무슨 의미인지 몰라서 그 뜻을 되물어 본다는 것이 그만 "당신의 일은 무엇입니까?(あなたのしごとはなんですか)"라고 하자 손가락으로 자신의 명패를 가리킨 웃지 못할 해프닝도 있었다.

도쿄(東京)에서의 생활은 지루하기 그지없어 어학원, 집, 그리고 4시간 정도의 아르바이트로 하루하루를 지냈다. 실생활에서 일본어 좀 배우겠다고 아르바이트를 구했으나 일본어를 못하니 재일 교포가 운영하는 한국 식당 주방에서 고작 설거지하는 정도였다. 세 달 정도를 보내고 여름 방학이 찾아올 무렵, 윤세영 교수님께 간절한 마음을 담아 편지를 보냈다. 여기는 발굴 현장도 없고 후쿠오카(福岡)에서 가장 활발한 조사가 이루어지고 있으며 제가 연구하고 싶은 야요이(彌生) 분야도 그곳이 최적이라 하니 규슈(九州) 대학으로 옮길 수 있도록 도와 주십사하는 간곡한 내용이었다. 얼마 후 당시 규슈 대학 고고학과 주임 교수님이셨던 오카자키 다카시(岡崎敬) 선생님(작고)께서 입학을 허락해 주셨다는 편지를 받자마자 처음으로 신칸센(新幹線)을 타고 7시간의 여정 끝에 후쿠오카에 도착하였다.

물론 그동안 나름대로 일본어도 열심히 하고 골목골목 다니면서 이름, 주소 등 한자 읽는 방법도 조금씩 익혀 나간 관계로 일상적인 회화 정도는 큰 어려움을 겪지 않게 되었다. 규슈 대학에 도착하니 후에 지도 교수님이 되어주신 니시타니 다다시(西谷正) 선생님께서 반겨주셨고 잠자리도 없는 나를 위해 바로 이타즈케(板付) 유적으로 안내해 주셨다. 발굴 현장에서 생활하고 싶다는 필자의 간절함이 전해져서 미리 이곳의 발굴 현장 책임자이신 야마사키 스미오(山崎純男) 선생님께 부탁해 놓으셨다고 했다. 이타즈케 유적은 한국 사람들에게도 잘 알려진 일본의 국가 사적지로서 한반도로부터 농경 집단이 이주하여 정착한 가장 오래된 취락이다. 일본의 수렵 채집 단계인 조몬 시대가 막을 내리고 새로운 농경문화가 시작된 일본 문화의 기원지라 할 수 있다.

당시 이곳에서는 주변 유적에 대한 발굴 및 정리가 계속되었기 때문에 임시 건물 두 채가 있었다. 요즘 공사 현장에서 흔히 볼 수 있는 가건물 형태이긴 하지만 침실, 사무실, 정리실, 수장고, 욕실, 취사실 등 모든 것을 구비한 한국에서는 상상도 못했던 좋은 여건을 갖춘 상태였다. 이때부터 나는 이타즈케 유적의 독립된 수장고 건물에서 욕실이 딸린 작은 방을 혼자서 사용하게 되었다. 물론 낮에는 발굴 현장에 가고 저녁에는 사무실이 있는

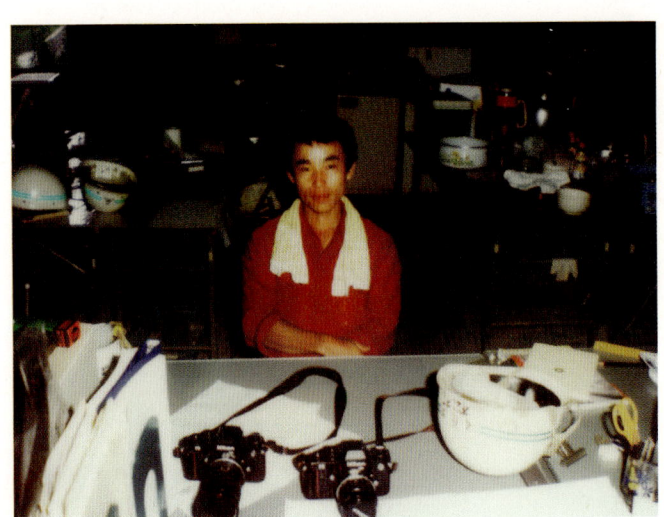

1985년 일본 이타즈케 유적 현장 사무실에서 필자

본부 건물에서 일을 보고 밥도 먹고 하였기 때문에 잠자거나 혼자 공부할 때만 이곳을 이용하였다. 수장고는 옹관(대형 토기 무덤)으로 가득 차 있어 혼자서 들어갈 때면 가끔 오싹한 기운이 들기도 하였다. 아니나 다를까 2년 정도 지난 어느 날인가 꿈도 아니고 생시처럼 방문을 열고 들어온 진짜 귀신(?)과 마주치면서 소스라치게 놀라 소리를 지르며 본부 건물로 뛰어간 적이 있다. 이후 귀국할 때까지 이곳 방은 얼씬도 안 하고 본부 건물에서 다른 분들과 같이 생활하였는데, 지금도 그분들을 만나면 그날 일을 회고하며 농담을 건네곤 한다. 35년이 지난 지금도 그때의 귀신이 너무나 생생하여 가끔 꿈속에서 만나곤 한다.

　일본으로 가기 전 야요이 문화에 대해 공부하고 싶다는 생각을 가지고 있었다. 많은 책을 접한 것은 아니지만 일본 학자들에 의한 야요이 문화 연구는 매우 활발하게 진행되어져 왔고, 우리나라 청동기 문화의 영향으로 성립한 일본 농경문화의 시원이라는 점에서 한국 고고학의 관점에서 연구해 보고 싶다는 막연한 마음이 자리하였던 것 같다. 그때만 하더라도 송국리유적을 제외한 한국 측 고고 자료는 매우 미미하였기 때문에 상호 비교 연구는 뒤로하고 일단은 야요이 문화 성립과 관련된 일본 고고 자료들을 나름의 관점에서 공부해 보고자 하였다. 그때부터 나의 전공은 정해졌고 석사 논문도 야요이 문화의 기원 문제로 작성하였다. 귀국 후에는 운 좋게도 미사리유적, 관창리유적, 도삼리유적, 월기리유적 등 필자가 발굴하는 현장마다 일본 문화의 기원과 관련 있는 유적들을 만나게 되었다. 이러한 운이 필자로 하여금 일본 농경문화의 기원을 이루는 송국리문화에 대한 연구를 가능케 하였다고 확신한다.

　특히 미사리유적을 발굴할 때 야요이 문화 성립기의 토기인 각목돌대문토기가 출토된 주거지를 우리나라에서 처음으로 발굴하는 행운을 누리기도 하였다. 이 토기는 일본에서 최초로 논농사를 시작한 집단이 만든 것으로 알려져 있고, 이타즈케 유적에서 늘 보던 토기이자 밤마다 토론의 주제가 되었던 유물이기도 했다. 그때까지만 해도 한반도에서는 이 토기가 출토된 유적이 없었다. 때문에 조몬 토기에서 변화된 것이고 따라서 야요이 문화도 조몬 문화가 주체가 되어 한반도 농경문화를 선택적으로 받아들였다는 일본 측의 논문들이 대다수를 차지하고 있었다. 필자가 야요이 문화를 연구하고자 했던 계기도 유물과 문화의 괴리, 즉 계통 문제와 관련하여 도무지 이해할 수 없는 부분이 있었기 때문이다. 그래서 필자의 석사 논문도 이러한 문제의식을 가지고 토기 및 논농사와 관련한 야요이 문화의 기원 문제로 작성하였던 것이다. 이 토기를 미사리유적에서 처음 접했을 때 그간 찾아 헤매던 보물들이 바로 눈앞에 펼쳐진 듯 너무 흥분되었던 기억이 주마등처럼 스쳐간다.

이후 각목돌대문토기는 북한강유역, 남한강유역, 금강유역, 대전 갑천유역, 만경강유역, 남강유역 등 전국 각지에서 출토되었고, 2006년부터는 새롭게 고지형 분석을 공부하면서 토기 사용 집단이 자리 잡은 지형 조건의 공통성, 즉 습지성의 구하도를 끼고 있었다는 점도 찾게 되었다. 관개수로라는 대규모 토목 공사 없이도 논농사가 가능한 지형을 선택했던 것이다. 그리고 또 다시 운 좋게도 세종시 건설 당시 금강변 대평리유적에서 이들이 만든 취락과 한반도에서 가장 오래된 논을 발굴하는 행운도 뒤따랐다. 사람들은 필자를 가리켜 유적 운이 매우 많은 사람이라 한다. 아무튼 이러한 유적 운과 그간 일본에서 연구한 것들을 바탕으로 필자는 각목돌대문토기, 송국리문화, 농경문화, 야요이의 개시 문제, 중국의 농경문화, 충적지의 고지형과 농경 등에 대한 주제를 가지고 지금까지 연구를 지속해 왔다.

송국리문화는 위에서 언급한 각목돌대문토기에 이어 두 번째로 일본으로 건너간 청동기시대 문화 중 하나로서 충남지역의 논산 마전리유적, 부여 노화리유적 등지에서 확인된 바와 같이 이미 한반도에서 완성된 논농사 기술 체계, 즉 관개 수전의 농경 체계를 구축하였던 집단의 문화이다. 각목돌대문토기 집단이 일본에 수전 농경을 최초로 전한 이주 집단이라면 송국리문화는 이를 바탕으로 실질적으로 야요이 문화를 완성시킨 문화인 셈이다. 이 두 토기 집단은 아직까지 한반도에서 공존하는 모습이 확인되지 않지만, 북부 규슈지역에서는 서로 공존하는 양상을 보여주고 있다. 즉, 송국리형 주거지에서 각목돌대문토기가 출토되어 야요이 문화 초창기부터 서로 공생 관계였음을 나타내고 있다. 이처럼 일본에서 각목돌대문토기를 포용한 송국리문화는 조몬 문화를 종식시키고 새로운 야요이 문화를 탄생시키게 된 것이다.

야요이 시대 전 기간에 걸친 새로운 문화 요소로는 호형토기의 제작, 각목돌대문토기·송국리식 토기·점토대토기·장란형토기 등 한반도계 토기의 순차적인 등장, 도구로는 마제석기로서 가공용의 유구석부와 편인석부, 수확용의 석도와 나무절구, 무기용의 마제석검이 출현한다. 주거지는 보편적으로 송국리 주거형을 채용하고 묘제로는 석관묘, 지석묘, 방형주구묘 등 한반도에서 유행하였던 무덤들이 전해진다. 또한 야요이 시대 중반기가 되면 세형동검, 동과, 동모, 동탁 등 청동기가 전파된다. 이러한 야요이 시대를 구성하는 문화 요소들은 모두 우리나라 청동기 문화로부터 전해진 것들이다. 즉, 새로운 한반도 문화가 여러 차례 일본으로 건너가면서 차츰 야요이 문화가 완성해 가지만, 무엇보다 중요한 것은 근현대까지 일본 생업 경제의 근간을 이루었던 쌀농사의 시작이다. 이 쌀농사 문화를 일본에 정착시킨 것이 바로 송국리문화이기 때문에 한일 고고학자 모두 일본 문화의 기원으로서 송국리문화를 언급하는 데 주저함이 없다. 이러한 이유에서 필자의 연구가 미천함에도 불구하고 그간의 논문들을 정리하고 수정·보완하여 송국리문화의 의미를 다시 한 번 되새겨 본다는 측면에서 이 책을 출간하기로 결심하게 된 것이다.

이 책이 출간될 수 있도록 절대적인 도움을 준 이는 같은 학과에 근무하는 공저자 손준호 교수이다. 손준호 교수는 필자의 첫 지도 학생이었지만 그간 많은 어려움을 겪으면서도 필자 곁에서 묵묵히 조사·연구를 진행해 왔다. 늘 미안하고 안쓰러웠는데 늦게나마 같이하게 되어 그 기쁜 마음은 이루 헤아릴 수 없을 지경이다. 매우 꼼꼼한 성격으로 청동기시대 석기를 주로 전공하고 있지만 최근에는 시야를 넓혀 중국, 일본으로까지 연구 범위를 확대하고 있다. 필자의 전공이 청동기시대 토

2005년 캄보디아 앙코르와트에서 손준호 교수와 필자

기와 취락을 기반으로 한 한일 관계라면 손준호 교수는 같은 청동기시대이지만 석기, 묘제 등 필자가 다루지 못한 다양한 분야를 집중적으로 연구하여 지금은 한국 고고학계의 독보적인 존재로 우뚝 서있다. 지난해인가 손 교수로부터 그간 연구한 필자와 손 교수의 글들을 정리해서 단행본을 출간하자는 제의를 받았다. 필자로서는 송국리문화를 종합해볼 수 있는 기회라 여겨 흔쾌히 수락하였고, 손 교수의 손을 거쳐 이 책의 편집이 완성되고 드디어 출간에 이르게 된 것이다.

이 책의 간행에 대하여 무엇보다 손준호 교수께 모든 공을 돌리고 싶다. 필자가 집필한 논문들도 모두 손 교수의 손을 거쳐 수정·보완되면서 단행본의 모양으로 거듭날 수 있었고, 손 교수의 연구 분야가 존재하여 전반적인 문화상을 파악하기 위한 단행본의 체제를 갖출 수 있었기 때문이다. 아울러 그간 필자를 항상 곁에서 응원해 주신 윤세영 교수님, 부족한 유학생을 끝까지 지도해 주신 니시타니 다다시 교수님, 유학 시절 이타즈케 현장에 있는 필자를 가끔 불러내어 공부 이야기를 하시면서 술과 음식을 사주시던 요코야마 고이치(横山浩一) 교수님(작고), 필자의 유학 시절 낮에는 발굴 현장에서, 밤에는 이타즈케 숙소에서 소주를 함께 나누면서 '밤의 고고학'의 중요성을 강조하시던 야마사키 스미오·야마구치 죠지(山口讓治) 두 분께도 진심어린 감사의 마음을 전하고 싶다. 마지막으로 어려운 출판계 사정에도 불구하고 이 책의 출간을 흔쾌히 허락해 주신 진인진 김태진 대표님께도 고마움을 전하고 싶다.

1부

송국리문화의 취락과 경관

이홍종 | 송국리형 취락의 경관
이홍종 | 관창리 취락의 경관
손준호 | 송국리 취락의 경관

제1장

송국리형 취락의 경관

이홍종

I. 머리말
II. 경관적 검토
III. 공간 배치
IV. 맺음말

I. 머리말

송국리유적에서 처음 조사된 이래 명명된 송국리형 주거지의 특징은 주지하는 바와 같이 원형의 수혈을 파고 중앙에 타원형 토광을 설치한 후, 토광 내부 혹은 외부에 주공을 배치한 형태를 기본으로 한다. 현재까지 조사된 바로는 대다수가 충남 이남지역에 집중되어 있는데, 이러한 유형이 일정 시기 동안 충청 이남지역에 기반을 두고 있었기 때문에 우리는 이를 송국리문화라 부르기도 한다. 이전 단계와 구분되는 송국리문화의 여러 구성 요소 가운데 가장 큰 특징은 경제 활동의 변화, 즉 저지대를 개간해서 수전 농경을 영위하는 새로운 기술 체계가 송국리문화 단계에 들어서서 본격화되었다는 점이다.

물론 지역에 따라서는 이전 단계와 마찬가지로 구릉 혹은 산지를 개간해서 전작 농경에만 의존하였을 것으로 판단되는 취락도 인정되지만, 많은 송국리 단계 취락의 입지로 볼 때 저지대의 이용이 매우 보편화되었음을 알 수 있다. 취락 입지는 당시의 정치 사회적인 변동에 의해 선택될 수도 있겠지만, 가장 중요한 것은 역시 생업적인 측면일 것이다. 취락 입지가 주변 토지를 이용하는 것과 가장 밀접하게 연관되어 있다면, 청동기시대의 경제 활동은 송국리 단계를 기점으로 커다란 변화가 나타났음을 보여준다. 전기 무문토기 단계는 취락의 입지상으로 볼 때 강안의 충적대지 혹은 내륙 산간지역을 주로 이용하지만, 송국리 단계 이후가 되면 저지대를 조망하는 해발 40m 내외의 낮은 구릉에 취락이 형성되어 있다. 이 송국리 단계의 취락들은 구릉 사이의 곡간부 혹은 구릉 하단부를 경작지로 선택하였음이 몇몇 수전 유적의 조사에 의해서 밝혀졌다(이홍종 2000: 12).

그러나 현재까지 조사된 수전 유적은 매우 적고 단편적이기 때문에 구체적인 연구는 앞으로의 조사 성과를 기대할 수밖에 없을 것이다. 반면, 취락이 입지한 구릉부에 대한 조사는 상당수 이루어졌기 때문에 취락의 입지 조건, 개별 주거지의 구조, 유물상 등등은 어느 정도 밝혀졌다고 볼 수 있다. 따라서 본고의 II장에서는 충남지역에서 조사된 송국리 단계 취락 유적과 주변 지형의 관계를 통하여 과연 어떠한 유형의 경작지가 개전되었는지를 경관인 측면에서 살펴보고자 한다.

한편, 협의의 취락은 같은 공간에 배치된 주거지만의 집합체를 의미하지만, 광의의 취락은 주거지의 집합체만이 아니라 그 주변에 배치되어 있는 부속 건물, 경작지, 도로, 수로, 묘역, 공간지 등 취락민의 활동에 의해 남겨진 모든 시설물로 정의된다(吳洪晳 1994). 아울러 취락은 주변의 자연 환경으로부터 필요한 자원을 확보하고 주변 취락과의 교역·교류 등 취락민의 활동 범위 전체가 유기적으로 연결되어 있기 때문에, 이러한 취락 경관에 대한 연구는 당시 사회를 종합적으로 연구하는 분야이기도 하다. 그러나 조사된 유적에 기초해서, 그것도 물질적인 증거만을 갖고 연구를 진행할 수밖에 없는 고고학의 취락 연구는 현상을 파악할 수 있는 취락 지리학과 달리 많은 한계점을 가질 수밖에 없다.

발굴이라는 과정을 통해서 거주 영역과 관련된 일정의 시설물에 대한 파악은 가능하게 되었지만, 생업 활동·교역 등과 관련된 활동 범위 전체를 밝히기란 아직도 요원한 일이다. 생업 활동 중에서도 퇴적 작용에 의해 당시의 흔적이 잘 남아있는 저지대의 수전 등은 비교적 용이하게 그 흔적을 파악할 수 있지만, 구릉이나 산사면에 조영된 밭과 같은 경작지들은 침식에 의해 삭평되어 그 흔적을 찾기가 매우 어렵다. 현재 확인되고 있는 밭 유적은 대부분 하천변의 자연 제방 위에 조영된 것으로서, 생업 활동 중지 이후 퇴적 작용이 활발하게 이루어진 곳에서 발견될 뿐이다. 따라서 실제 취락 연구는 거주 영역에서 드러난 주거지와 부속 시설, 보존 여건이 양호한 지형에 형성된 농경지와 공반 시설에 집중되어 왔다. 그렇다고 취락 연구가 단순히 유적 중심이 되어서는 안 된다. 취락을 움직인 것은 당시의 취락민이기 때문에 이들이 어떠한 생각을 하였고 어떠한 관계 속에서 활동하였는지를 파악해야지만 진정한 취락 연구라 할 수 있다.

본고의 Ⅲ장은 취락 경관 연구에 있어서 우선 고고학적으로 가장 파악이 용이한 거주 영역의 분석을 통해서 취락의 면모를 살피고자 하는 협의의 취락 연구에 해당된다. 취락의 입지와 취락 내에서의 주거지 배치에 따른 형태 분석을 통해 그 사회의 취락 유형 설정이 가능하며, 나아가 이를 통해 취락의 기능적 측면도 검토될 수 있을 것이다. 취락 유형의 설정은 취락 경관 복원의 밑바탕이자 취락 간의 조직 및 위계를 연구하는 가장 기초가 되는 작업이다. 이를 위한 전단계 작업으로서 충남 지역에서 조사된 대표적인 송국리형 취락을 대상으로 입지와 취락 형태를 통해 공간 배치에 따른 취락 유형을 살펴보고자 한다.

II. 경관적 검토

1. 농경지의 입지 유형

19세기 초부터 독일학자들에 의해 사용되기 시작한 경관landscape은 본래 자연적인 것을 표현하여 감각적 관찰이 가능한 일정 공간 범위 내의 각종 지리적 현상이 조화·통일된 전체적 형태라는 의미를 갖지만, 현재 지리학, 고고학 등 각 학문 분야에서 사용되고 있는 경관은 자연 현상 속 인간의 행위에 의해 표현된 모든 현상이 가미된 문화적 경관이라는 측면이 강조되고 있다(Ashmore and Knapp 1999). 그리고 경관은 각 분야에서 협의의 혹은 광의의 개념으로 이용하는데, 농업 지리학도 예외는 아니어서 지리적 복합체, 즉 농업 활동을 통한 농업 생산과 농업 생활에 관련된 일단의 형태와 구조를 남긴 것을 총칭해서 농업 경관Agricultural Landscape이라 부르고 있다(邢基柱 1993). 즉, 자연적 경관과 인위적 경관인 1차 산업의 공간, 조영물, 경지, 도로, 농가 촌락 등의 복합체가 농업 경관을 구성하는 콘텍스트로서, 이들이 시공적 측면에서 구조적·기능적으로 어떻게 관계되어 왔는지를 관찰하고 해석한다.

고고학에 이를 적용한다면 하나의 취락 유적과 취락 구성원의 경제적 활동 결과로 남겨진 경작지를 비롯한 각종 시설물들이 주변 환경과 어떻게 앙상블을 이루며 기능하였는지를 연구하는 것이 경관을 파악하는 기본 요소이다(高橋伸夫 1996). 그러나 고고학에서 다루는 취락은 발굴 조사된 범위나 개체수만을 대상으로 삼을 수밖에 없기 때문에, 원래 그 취락이 갖고 있었던 경관적 측면을 모두 설명하기란 불가능하다. 또한 취락의 기본 구성도 개별 주거지로 이루어져 있지만, 각 주거지의 기능, 즉 생활 공간이었는지 아니면 작업 공간이었는지 혹은 두 가지 기능이 하나의 주거지에서 이루어졌는지조차 파악할 수 없는 경우가 대부분이다. 하물며 주거지별 농경지의 소유 관계나 이용 방법이 어떠하였는지를 관찰한다는 것은 더욱 어렵다. 때문에 발굴 조사를 통해 단편적으로 밝혀진 사실들을 바탕으로 취락과 그들의 경제 활동 대상지 및 방법 등을 거시적으로 추론해 갈 수밖에 없겠지만, 우리의 경우는 가능한 많은 역사 민속학적인 예들을 이용하는 것도 좋은 방법이 될 수 있다.

농지 정리가 본격화되기 이전 우리나라의 농경은 대부분 자연 지형에서 크게 벗어나지 않는 범위 내에서 이루어졌다. 따라서 크게 훼손되지 않은 지형인 경우는 현재의 지형도나 관찰 가능한 고지형을 이용하면 대체적인 농경지의 입지 환경을 추정할 수 있다. 농경지는 크게 전작지와 수전지로 구분될 수 있는데, 각각은 지형적 조건, 기후, 기술 수준 등에 의해 정해진다. 우선 지형적 조건을 기준으로 각 농경지의 입지 환경을 유형화해 보고자 한다.

1) 전작지

밭에서 재배되는 수많은 작물 중에서 대개 식용 작물만을 전작물이라 하는데, 환경적 조건에 따라 전 세계적으로 다양한 종류가 재배되고 있다. 일반적으로 전작물은 크게 맥류, 잡곡, 두류, 서류로 분류하는데, 그 종류를 살펴보면 다음과 같다(趙載英 2001).

① 맥류 : 보리(대맥, 껍질보리, 쌀보리), 밀(소맥), 호밀(호맥), 귀리(연맥)
② 잡곡 : 옥수수, 수수(촉맥), 조, 피(삼), 기장, 율무, 메밀
③ 두류 : 콩(대두), 팥(소두), 녹두, 강낭콩(채두), 동부, 완두, 땅콩
④ 서류 : 감자, 고구마

이상 열거한 전작물 중에서 선사·고대 유적에서 출토되고 있는 작물은 맥류(보리, 밀), 잡곡류(수수, 조, 피, 기장), 두류(콩, 팥, 녹두)가 알려져 있다(安承模 1998). 이 중에서 보리나 밀은 동작물로서 논에서도 잘 적응하며 일부 산간지대를 제외한 한반도 전역에서 재배가 가능하다. 특히 벼농사와 병행할 경우 1년 2작이 가능하고 수량과 품질 면에서도 뛰어나기 때문에 가장 널리 재배되었을 것으로 추정된다. 논산 마전리, 부여 노화리의 수전에서 드러난 밭의 흔적도 이러한 맥류 재배를 뒷받침한다.

수수, 조, 피, 기장의 잡곡류는 주식으로서의 효능은 떨어지지만 환경 적응성이 강하고 어디서나 쉽게 재배할 수 있는 이점이 있기 때문에 보조 식량으로서 널리 이용되었을 것이고, 콩, 팥, 녹두의 두류는 동양의 온대지역에서 주로 재배되는 작물로서 단백질, 지방질을 많이 함유하고 있기 때문에 육식의 비율이 낮은 정착 농경 사회에서는 단백질 공급원으로서 매우 중시되어 왔다(趙載英 2001). 유적에서는 주로 낟알로 이루어진 작물만 탄화된 채 남겨지는 경우가 많기 때문에 당시의 다양한 재배 식물류를 정확히 파악할 수는 없다. 그러나 서류인 감자와 고구마가 조선시대 후기에 전래된 것임을 감안하면, 식량원으로서 재배되었던 전작물의 종류는 유적에서 출토되는 곡물류에서 크게 벗

사진 01 대평리 어은유적 밭(東亞大學校博物館 1999)

어나지 않았을 것으로 추정된다.

    취락지와 인접해서 농경지가 선택되고 있는 것이 대부분의 농촌 경관이기 때문에 취락지와 농경지는 불가분의 관계를 갖는다. 따라서 취락지 주변의 경관을 관찰하는 것은 당시 농경의 입지 유형이나 농경 형태를 파악하는 데 있어서 기본적인 요소라 할 수 있다. 물론 민족지학적인 예로 보아 전작지가 취락지로부터 먼 거리에 조영되는 경우도 상당수 존재하기 때문에 취락지와 농경지의 입지가 반드시 일치하지는 않았을 것이다(吳洪晳 1994). 이에 대해서는 후술하기로 하고, 우선 지금까지 연구된 자료를 바탕으로 우리나라 선사시대 전작지의 입지 환경을 살펴보면 다음과 같이 크게 3개 유형으로 구분할 수 있다.

① 산지·구릉형 : 산록이나 여기서 이어지는 구릉 혹은 평지에 형성된 단독 구릉을 선택하여 화전이나 개간에 의해 전작지화한 것으로서, 우리나라의 대부분 지역이 이 유형에 속한다. 주로 경사면을 이용하기 때문에 토양의 유실이 심하여 오랜 기간 경작지로 이용하는 데는 한계가 있다.

② 하안대지형 : 퇴적으로 형성된 하안의 충적대지에 조영된 전작지로서 용수가 없으며 사질성 토양이 강하기 때문에 수전지로서는 부적절하다. 개간이 용이하고 토양이 비옥하여 오랜 기간 전작 농경민의 생활 영역으로 각광받았다(예: 미사리유적, 남강댐 수몰지구 유적).

③ 답리작형 : 이미 조영된 수전지(건전)에 1년 2작을 위하여 가을부터 이듬해 봄까지 동작물인 맥류를 재배하는 방법이다(예: 마전리유적, 노화리유적).

이상에서 살펴본 바와 같이 전작지는 마전리나 노화리처럼 계절적으로 논에 만드는 경우도 있지만, 대부분은 산사면, 구릉부, 사질성이 강한 하안대지가 가장 일반적으로 이용되었다. 그런데 논이나 하안대지에 만들어진 밭은 유구의 확인이 비교적 용이하지만, 산사면이나 구릉부의 밭 흔적은 유실이 심한 관계로 거의 찾아보기 힘들다. 취락과 전작지의 입지 관계는 크게 두 가지 측면에서 살펴볼 수 있을 것이다.

첫째는 일정 규모의 취락이 형성되어 있는 주변 지형의 전작 가능성에 대한 접근 방법이다. 대부분의 취락이 이

사진 02 마전리유적 수전(李弘鍾 外 2004)

에 해당되지만 이를 위해서는 취락지 혹은 주변 경사면의 퇴적층에 화전의 흔적(잘 남아있지는 않겠지만 불에 탄 탄층이 어느 정도 연속성을 갖는 경우)이 존재하는지를 관찰하고, 가능성이 있는 층위에 대한 식물규소체 분석을 행하는 방법이다(山崎純男 2003). 이와 동시에 취락이 공간적으로 어떻게 배치되어 있는지를 고려한다면, 취락 주변의 전체적인 토지 이용 방법까지도 접근해 갈 수 있을 것이다.

다음은 취락과 떨어진 산사면이나 구릉부에 1~2기의 주거지만 입지하는 지형에 대한 적극적인 해석 방법이 있다. 청동기시대의 주거지, 특히 송국리형 주거지는 대부분 군집을 이루며 취락을 형성하지만, 간혹 1~2기가 전기의 주거지가 입지하는 넓은 산사면이나 구릉에 독립가옥의 형태로 존재하는 경우가 보고되고 있다. 출토 유물 또한 간단한 농경구류가 주를 이룬다. 이러한 가옥이 위치하는 주변은 예외 없이 수전지를 개전할 만한 지형 조건을 구비하지 못하지만, 전작지로 이용되기에는 매우 좋은 양토의 토양 구조를 갖추고 있다. 민족지학적으로도 중국, 한국, 일본, 동남아 등 아시아 각국에서 이처럼 취락과 분리된 원거리 전작 농경지의 사례가 알려져 있는데, 취락지로부터 소옥(우리나라에서는 농막이라 불렀음)까지의 거리는 4km까지 가능한 것으로 보고되었다. 일본에서는 조몬 만기 유적에서 그러한 예의 가능성이 확인되고 있다(山崎純男 2003). 그러나 고고학적으로 이러한 유적들의 성격을 보다 명확히 하기 위해서는 층위 확인과 토양 및 식물 분석 등과 같은 다양한 방법이 뒷받침되어야만 할 것이다.

2) 수전지

수전 농경을 영위하기 위해서는 입지, 기후, 환경, 기술 수준 등 여러 가지 요건이 갖추어져야 되지만, 그중에서도 입지는 1차적인 조건에 해당된다. 와타베 다다요(渡部忠世 1983)에 의하면 농경 입지는 6개의 유형으로 나누어지는데, 전작지 유형을 제외하면 아래와 같이 5개의 유형이 순차적으로 전개되었던 것으로 파악하고 있다.

① 작은 하천의 곡부 분지나 작은 호숫가의 습지. 초창기부터 가장 오랜 기간 지속된다.
② 하천 중류역의 산 근처 편평한 대지. 대개 천수답 형태의 농경지이다.
③ 해안 근처 작은 평야의 저지대. ②와 거의 동일 시기에 시작된다.
④ 델타 상부지역. 벼의 재배가 보편적으로 확대되기 시작하는 기원후 10세기 이후에나 가능하

였다.
⑤ 델타 하부의 충적지. 18세기 이후부터 관·배수를 목적으로 한 수로가 차츰 정비되면서 오늘날의 도작 중심지가 된다. 그런데 우리나라의 청동기시대나 그 영향에 의해 성립된 일본 야요이 시대의 수전 입지는 ① → ⑤의 순서를 거치지 않고 거의 동시에 전개되었던 것으로 파악된다.

한편, 구라쿠 요시유키(工樂善通 1991)는 지형적 조건을 고려해서 수전의 입지를 4개 유형으로 구분하고 있다.

① A류 : 고저차가 적은 충적지나 편평 대지상에 위치하는 것으로, 수전을 작게 구분하지 않고 상당히 크게 구획함을 특징으로 한다. 따라서 넓은 면적을 수평으로 침수시키기 위해서 논둑은 다음의 B, C류에 비해서 규모가 커진다. 또한 이 입지는 지하수위가 높은 경우가 많기 때문에 지반이 연약하여 둑이나 도랑 축조 시, 나무 등 여러 가지 인공물을 박거나 쌓아서 보강하는 경우가 많다. 수전 간의 고저차도 거의 없는 관계로 인공의 수로를 통해서 취수로를 만들고, 보를 쌓아 관개와 배수의 조절을 행한다.
② B류 : 낮은 구릉의 하단부로부터 저습지에 걸쳐 완만한 경사지를 이용한 것으로서, 노동력을 최소화하기 위해서는 등고선과 경사도의 정도에 따라 논을 조성할 수밖에 없기 때문에 논의 형태는 작은 규모로 단차를 만들면서 부정형으로 구획하는 것이 일반적이다. 물론 등고선의 변환점이나 지형이 변하는 지점에 폭과 높이가 큰 둑을 둘러서 대구획을 한 후, 그 안에 미세한 지형의 변화에 따라 작은 둑을 둘러서 소구획하기도 한다. 이러한 경우 구릉 하단부의 경사면에는 작은 부정형의 논이 만들어지지만, 평탄한 저습지로 갈수록 넓은 방형 혹은 장방형으로 구획하게 된다. 그리고 이 유형은 구릉의 용수 지점으로부터 관개 수로를 설치하거나 혹은 웅덩이를 파서 취수하고, 논둑의 일부를 잘라 높은 논에서 낮은 논으로 순차적으로 취·배수하는 방법을 이용한다.
③ C류 : 거의 경사가 없는 평탄지에 만들어진 수전으로서, 한 구획의 면적이 극단적으로 작은 (5~10㎡) 소구획 수전 유형이다. 평면은 방형이며 바둑판처럼 정연하게 배치되어 있지만 그

렇다고 반드시 규격적이지는 않다. 이러한 소구획 수전은 지형에 따라 일정 범위를 큰 둑으로 두르고 그 내부를 바둑판 모양처럼 구획하는 것이 일반적이다. 이 유형의 급수는 B류와 같다.

④ D류 : 일본 고대의 조리제에 의해서 새롭게 구획된 것으로서 입지는 A, B, C류가 모두 해당된다.

이상의 민족지적인 연구와 고고학적 연구 성과를 고려할 때, 우리나라 선사·고대의 수전 입지는 3개 유형으로 구분될 수 있을 것이다.

① 곡부·분지형 : 구릉 사이의 작은 곡부나 호숫가의 입지 유형. 와타베의 ①과 구라쿠의 A류가 이에 해당된다.
② 대지형 : 낮은 구릉의 하단부로부터 저습지에 이르는 완만한 경사지를 이용한 입지 유형. 와타베의 ②와 구라쿠의 B류가 이에 해당된다.
③ 평지형 : 거의 경사가 없는 평탄면을 이용한 입지 유형. 와타베의 ③과 구라쿠의 C류가 이에 해당된다. 또한 지리적인 용어로 널리 사용되고 있는 범람원의 배후 습지나 선상지 혹은 유사 선상지의 말단부(吳洪晢 1994)도 이 범주에 속한다.

이러한 구분은 취락이 입지하는 주변 저지대의 지형 조건을 고려한 것이기 때문에, ①②③의 수전을 영위한 취락이라 하더라도 전작 농경이 완전히 배제된 것은 아니다. 반면, 산지나 하안대지에 입지한 취락의 경우는 주변 저지대를 수전지화할 수 있는 지형 조건을 구비하지 못하기 때문에, 이들은 수전 농경이 배제된 전작 농경 위주의 생업 활동이 주가 되었을 것으로 추정된다.

우리나라의 지형 조건상 가장 쉽게 수전지를 선택할 수 있는 곳은 곡부나 구릉 하단부이지만, 평지가 넓게 펼쳐진 선상지 말단부나 배후 습지도 거의 동시기에 수전이 만들어졌으리라는 것은 일본 야요이 시대의 수전을 보더라도 미루어 짐작할 수 있다. 이처럼 상당한 기술 체계가 요구되는 평지형 수전이 처음부터 만들어지고 있다는 사실은 고도의 농업 기술을 소유한 집단에 의해 수전 농경이 성립되었다는 것을 의미한다.

현재까지 조사된 중서부지역의 수전 유적은 송국리형 취락과 밀접한 관련을 갖는다. 따라서 송국리형 취락과 주변 경관의 관계를 고려하면, 어떠한 유형의 수전이 조영되었으리라는 것은 미루어 짐작할 수 있다. 즉, 취락 주변의 저지대 혹은 구릉 말단부, 곡부의 지형적 관찰이 송국리형 취락의 경제 활동 영역 및 규모를 파악하는 기본 요소가 되는 셈이다.

2. 송국리형 취락과 농경 형태

앞에서 살펴본 유형에 따라 지금까지 조사된 송국리형 취락을 구분해 보면, 크게 수전 농경형 취락과 전작 농경형 취락으로 구분 가능하다. 물론 수전 농경형 취락이라 하더라도 전작이 완전히 배제되었음을 의미하는 것은 아니다. 취락의 입지를 선택할 때 수전 농경이 전제되었는지를 기준으로 삼아 수전 입지가 취락의 입지 선택에 있어서 1차적인 요인이 되었다고 판단되는 취락을 수전 농경형으로, 수전 입지의 가능성이 전혀 없는 취락은 전작 농경형으로 구분한 것에 불과하다.

1) 전작 농경형

많은 송국리형 취락이 수전 농경에 적합한 경관을 갖고 있지만, 그렇지 않은 취락도 상당수 존재한다. 이러한 양상은 송국리문화가 각 지역별로 어떻게 전개되어 갔는지를 파악하는 또 하나의 주요 요소이기도 하다. 전작지의 유형은 산지·구릉형, 하안대지형, 답리작형으로 구분되는데, 이를 충남지역 송국리형 취락과 관련시켜 보면 다음과 같다.

(1) 산지·구릉형

천안 백석동, 천안 업성동, 천안 불당동, 천안 석곡리, 아산 명암리, 서산 휴암리, 보령 관산리, 보령 연지리, 보령 주교리, 대전 구성동, 대전 대정동, 대전 노은동, 대전 궁동유적 등이 이 유형에 해당한다.

백석동유적은 해발 65~110m의 산 능선 혹은 사면의 비교적 가파른 경사면을 따라 배치된 취락이지만, 산록부로 가면서 경사도가 완만해져 말단부는 곡부와 이어진다. 그런데 완만한 경사면에는 주거지가 배치되지 않고 있어, 아마도 위쪽은 취락, 아래쪽은 경작지 공간이었을 것으로 추정된다. 송국리형 주거지인 B-6호는 해발 90m의 경사도가 있는 능선상에 위치하지만, 아래쪽은 편평한 능선이 이어지고 동남쪽으로는 완만한 경사면이 전개되어 경작지로서는 비교적 양호한 지형 조건을

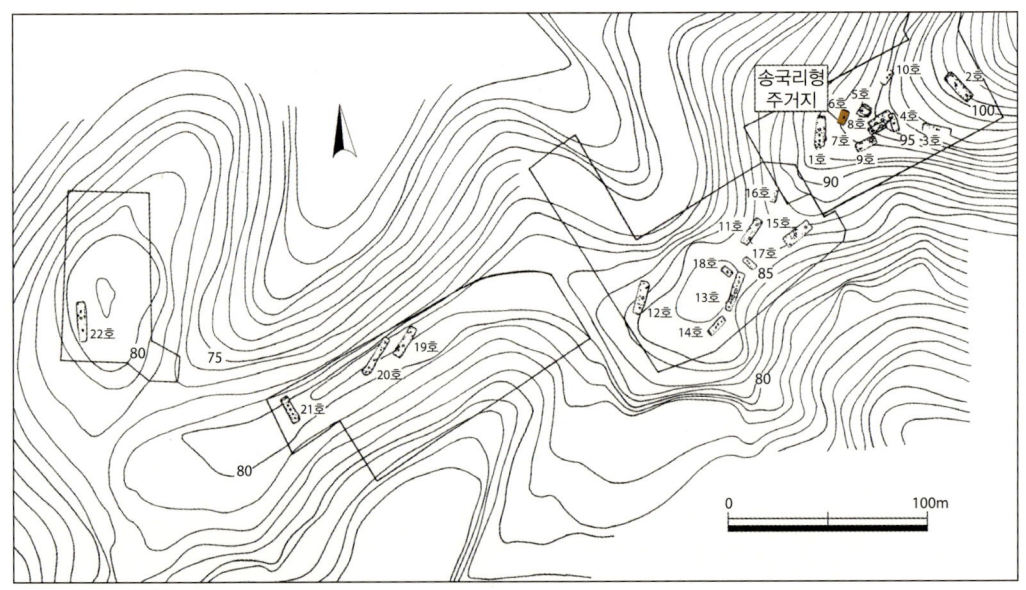

도 01　백석동유적 송국리형 주거지 경관

갖추고 있다(도 01).

　불당동유적은 동쪽이 급경사인 반면 남쪽과 서쪽이 완경사를 이루는 지형인데, 주거지는 능선을 따라 배치되어 있다. 경작지로서 이용 가능한 곳은 남쪽과 서쪽 구릉으로서 이곳에는 주거지가 배치되어 있지 않다. 구릉부를 취락으로 선택한 대부분의 유적들을 보면 구릉의 능선 주변에 주로 주거지를 배치하고 있다. 이러한 양상은 농경지를 우선적으로 고려한 취락 경관에서 흔히 나타나는 특징으로서, 위쪽에 가옥을 두고 아래쪽을 농경지로 활용하는 현재의 농촌 경관과도 유사하다. 전기 단계의 주거지도 16기나 확인되며 같은 능선상에 배치되어 있어, 오랜 기간 비슷한 형태의 농업 경관이 지속되었으리라 짐작된다.

　석곡리유적은 해발 90~100m에 이르는 산지성 구릉 정상부로부터 사면 중앙부에 걸쳐 취락이 입지하지만, 비교적 경사가 완만한 하단부에서는 유구를 확인할 수 없었다. 다른 취락의 경관과 같이 상단부는 취락, 하단부는 경작지의 가능성이 추정된다.

　이 밖에 위에서 제시한 다른 취락도 거의 동일한 양상을 보여주고 있다. 즉, 지형 조건상 전작

사진 03 불당동유적 유구 분포(忠淸南道歷史文化院 2004)

농경에만 의존했던 것으로 판단되는 산지·구릉형은 취락이 사면이나 구릉의 상단부에 입지하기 때문에, 농경지로 활용 가능한 지점은 비교적 경사가 완만한 사면 하단부에 국한될 수밖에 없다. 이 같은 양상은 구릉부나 산록에 취락이 입지하면서 수전지의 조건을 갖추고 있는 지형에서도 일반적으로 관찰되지만, 전작 농경형의 경우는 전기 단계의 취락과 중복되는 사례가 많고 수전 농경형의 경우는 송국리형 취락이 전기의 취락과 거의 중복되지 않는 특징을 갖는다. 전기 단계의 취락에서는 전작 농경에 유리한 지형이 주로 선택되고 있음을 감안할 때, 수전지의 지형을 갖춘 곳의 송국리형 취락과 전기 단계의 전작 농경 경관을 그대로 유지한 송국리형 취락 간에는 어느 정도의 지역적 기반이나 문화적 차이가 존재하였으리라 추정된다. 이 점에 대해서는 후술하기로 하겠다.

한편, 산사면이나 구릉 전체를 발굴한 유적 중에서 송국리형 주거지가 1~2기만 존재하는 유적이 있다. 천안 백석동(1기), 보령 관산리(1기)(도 02), 연지리(1기)의 예가 보고되어 있는데, 이러한 주

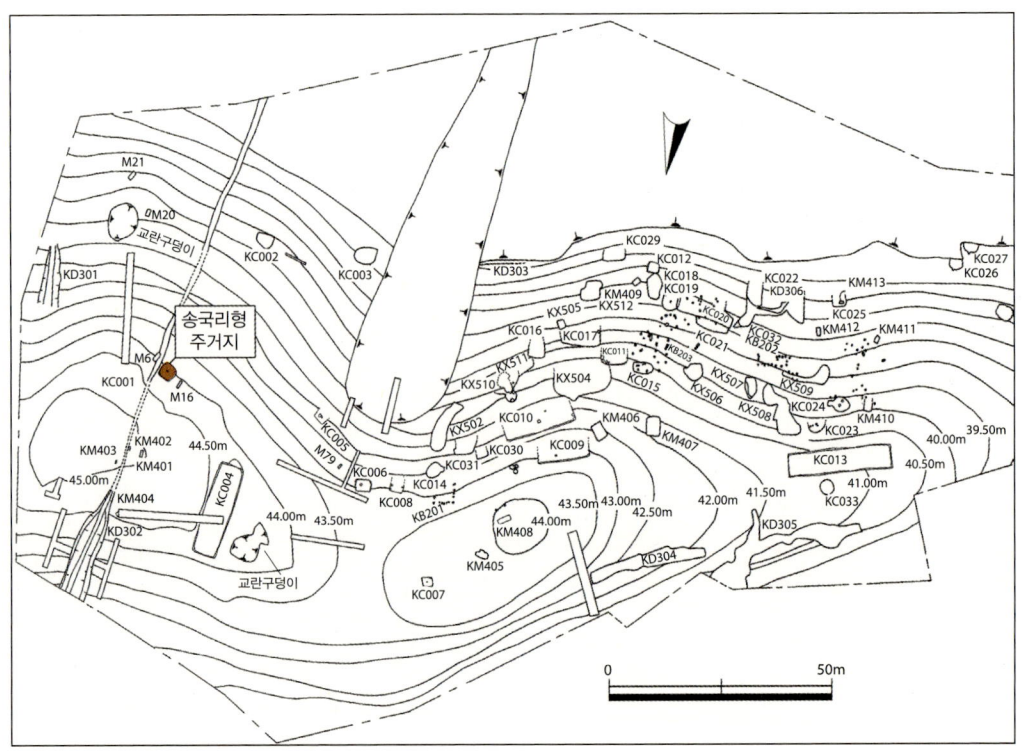

도 02 관산리유적 송국리형 주거지 경관

거지들은 집촌성이 강한 송국리형 취락의 성격으로 볼 때 독자적이라기보다는 주변 취락의 원거리 농경과 관련된 임시 가옥이었을 가능성이 높다. 이 주거지들 주변의 지형은 수전지를 만들기에 적합하지 않지만, 비교적 경사가 완만한 지형이면서 사질과 점질 및 유기물이 섞여있는 양토로 이루어져 맥류나 잡곡류의 재배에 적당하다. 이처럼 좋은 토양 조건을 갖추고 있음에도 불구하고 송국리형 취락이 형성되지 않은 것은 수전 지형 주변을 우선적으로 고려한 송국리 집단에게 최선의 입지가 되지 못했기 때문일 것으로 판단된다.

그런데 이 지역들의 공통점은 전기 단계부터 상당히 큰 규모의 취락이 형성되어 있었다는 점인데, 이것은 해당 지형이 전작 농경지로서는 매우 가치가 높았음을 의미한다. 이처럼 1~2기의 송국리형 주거지가 전작 농경의 적합지에 입지하는 이유는 비록 수전 농경이 최우선시되었다 하더라도 전작 농경의 가치 또한 중시되었다는 사실과, 당시의 농경 활동이 매우 적극적인 양상으로 전개되었음을 의미하는 것이기도 하다. 이 주거지들에서 석부, 괭이, 석도, 지석, 조잡한 석기 미제품, 석촉 등만이 소량 출토되고 있다는 점도 이를 반증한다. 따라서 이 지역들이 비록 송국리 집단에게 필요충분조건을 줄 수 없었기 때문에 취락지로서 선택되지는 않았겠지만, 적어도 필요조건을 갖춘 지역임에는 틀림없었을 것이다.

(2) 하안대지형

미사리와 남강댐 수몰지구 내에서 조사된 전작 농경지가 대표적인 유적으로서, 수전지로서는 부적합한 토양 구조를 갖고 있지만 전작지로서는 가장 이상적이기 때문에 이러한 지형은 농경이 개시된 이래 매우 선호되었을 것으로 판단된다. 충청지역에서는 금강유역이나 그 지류의 충적대지에 이러한 유형의 전작지가 상당수 존재하였을 것으로 추정되지만, 아직까지 조사된 유적은 없고 단지 보령 평라리유적에서 그 가능성이 제기될 뿐이다. 평라리 주거지는 웅천천이 굽어지면서 생긴 자연 제방 후방의 산록에 위치한다. 전방의 충적지는 현재는 논으로 이용되고 있지만 주변 지역의 층위 조사 결과 사질과 자갈이 혼합된 퇴적토이기 때문에 수전지로서는 부적합하다. 따라서 평라리유적의 농경 가능성은 하안대지를 이용한 전작이 중심이었을 것으로 추정된다(**도 03**).

(3) 답리작형

수도작을 행하지 않는 늦가을부터 이듬해 봄까지 논에서 밭작물을 재배하는 것을 답리작이라 하는데, 최근까지 우리나라에서는 보리나 밀을 중심으로 재배되어 왔다. 토지의 이용면에서 매우 효율적이기 때문에 오랜 기간 지속된 농경 형태라 여겨지는데, 논산 마전리(**도 04**), 부여 노화리에서 그 흔적이 확인되었다. 그런데 이러한 답리작에 적합한 맥류의 뿌리는 성장해 갈수록 공기 유통에 민감하고 수분에 약한 특성을 갖고 있어서 지하수위가 높은 수전에는 적합하지 않다. 따라서 이듬해 봄이 되어도 수위가 높아지지 않는 건전형 혹은 반건전형의 수전에 적합하기 때문에, 곡부·분지형보다는 주로 대지형이나 평지형 수전이 답리작에 이용되었을 것으로 추정된다.

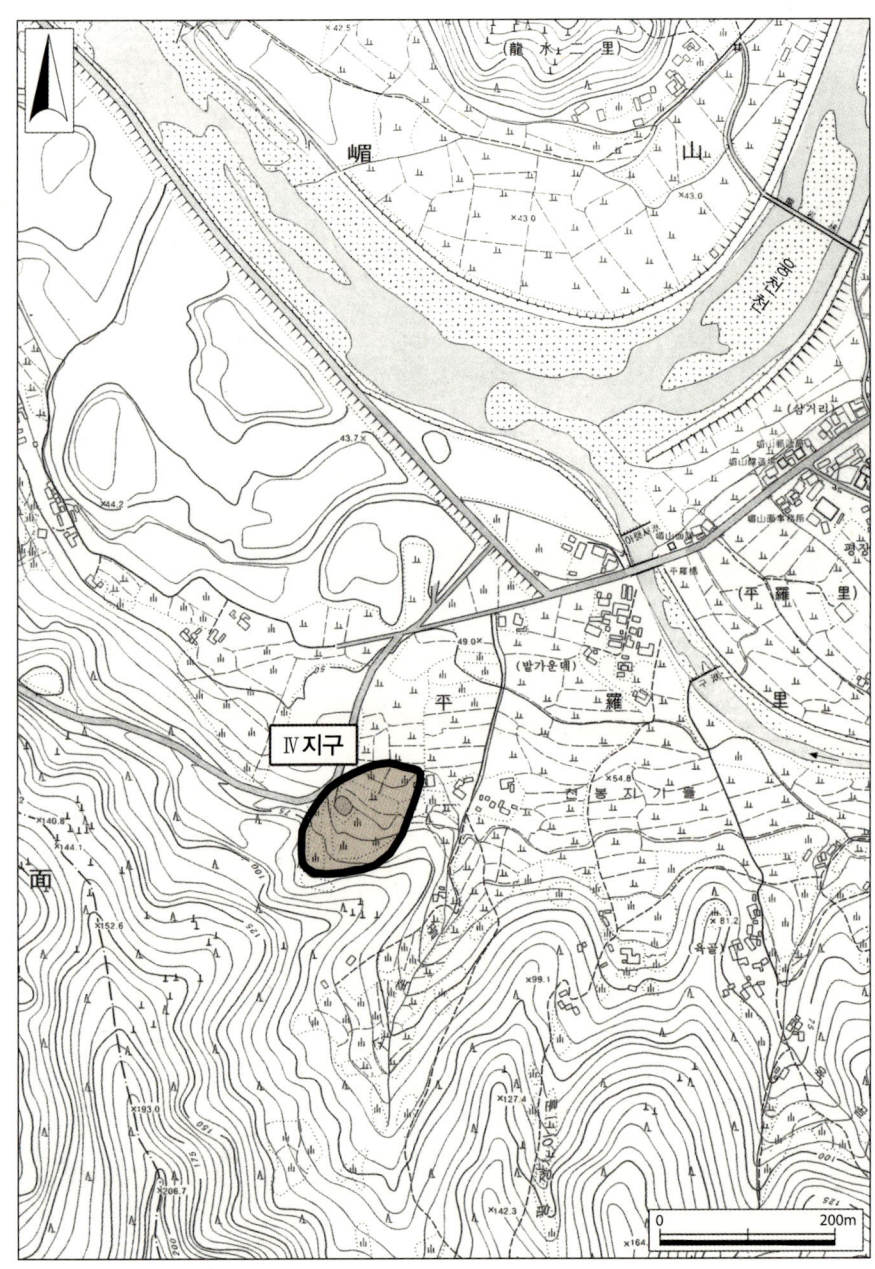

도 03 평라리 취락의 입지(Ⅳ지구)

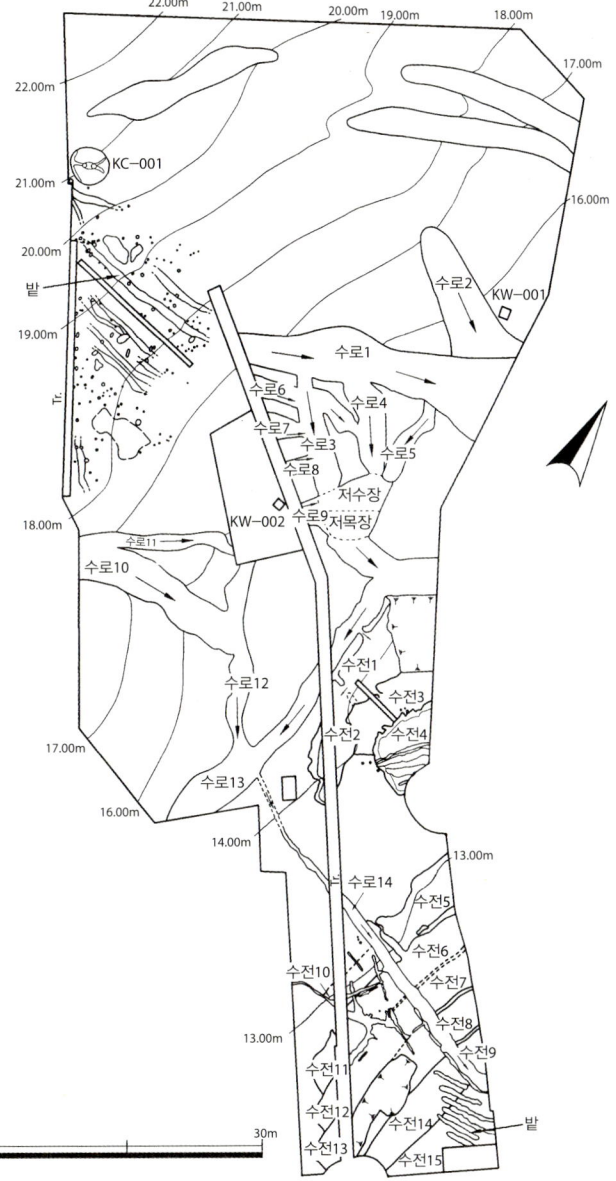

도 04 마전리유적의 수전과 밭

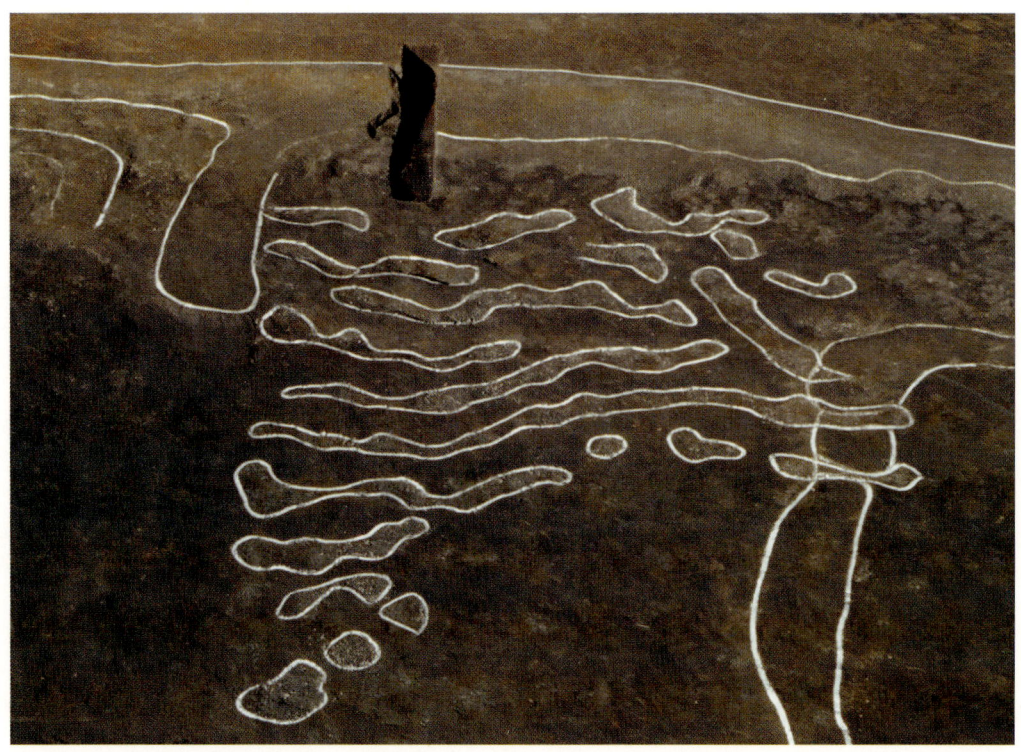

사진 04 · 노화리유적 답리작 흔적(李弘鍾·許義行 2004)

2) 수전 농경형

송국리형 취락은 대체적으로 주변이 저평한 산록이나 구릉부에 입지하는 특징을 갖는데, 이 취락들의 경제적 기반이 바로 이러한 저평지의 수전 농경에 바탕을 두었음이 발굴 조사를 통하여 속속 밝혀지고 있다. 저평지는 전술한 바와 같이 지형에 따라 3개 유형으로 구분되는데, 이러한 구분 방법에 의해 충남지역의 대표적인 송국리형 취락을 살펴보면 다음과 같다.

(1) 곡부 · 분지형

구릉과 구릉 사이에 나팔 모양으로 좁고 길게 펼쳐진 곡부나, 산으로 둘러싸인 곡부 형태의 분지에 만들어진 유형이다. 가능성이 있는 유적으로는 천안 업성동, 천안 쌍룡동, 천안 대흥리, 천안 남관리,

보령 관창리, 보령 소송리, 부여 합정리, 공주 산의리, 공주 안영리, 공주 장원리, 금산 수당리 등을 들 수 있다. 대표적으로 천안 남관리와 보령 관창리만 살펴보겠지만, 다른 유적도 동일한 지형을 갖고 있다.

천안 남관리는 서쪽의 완만한 산지성 구릉과 동쪽의 경사가 심한 산지 사이에 좁은 곡부가 길게 발달되는데, 취락은 곡부 중앙부의 서쪽 구릉 상부에 위치하고 있다. 산지·구릉형과 마찬가지로 구릉의 하단부가 완만하지만, 취락은 상부에만 집중되어 경사지를 이용한 전작과 곡부에서의 수전 이용에 유리하였을 것으로 판단된다(도 05-좌).

보령 관창리는 해발 30m의 구릉과 구릉 사이에 좁고 긴 곡부가 펼쳐지는데, 발굴 조사 결과 곡

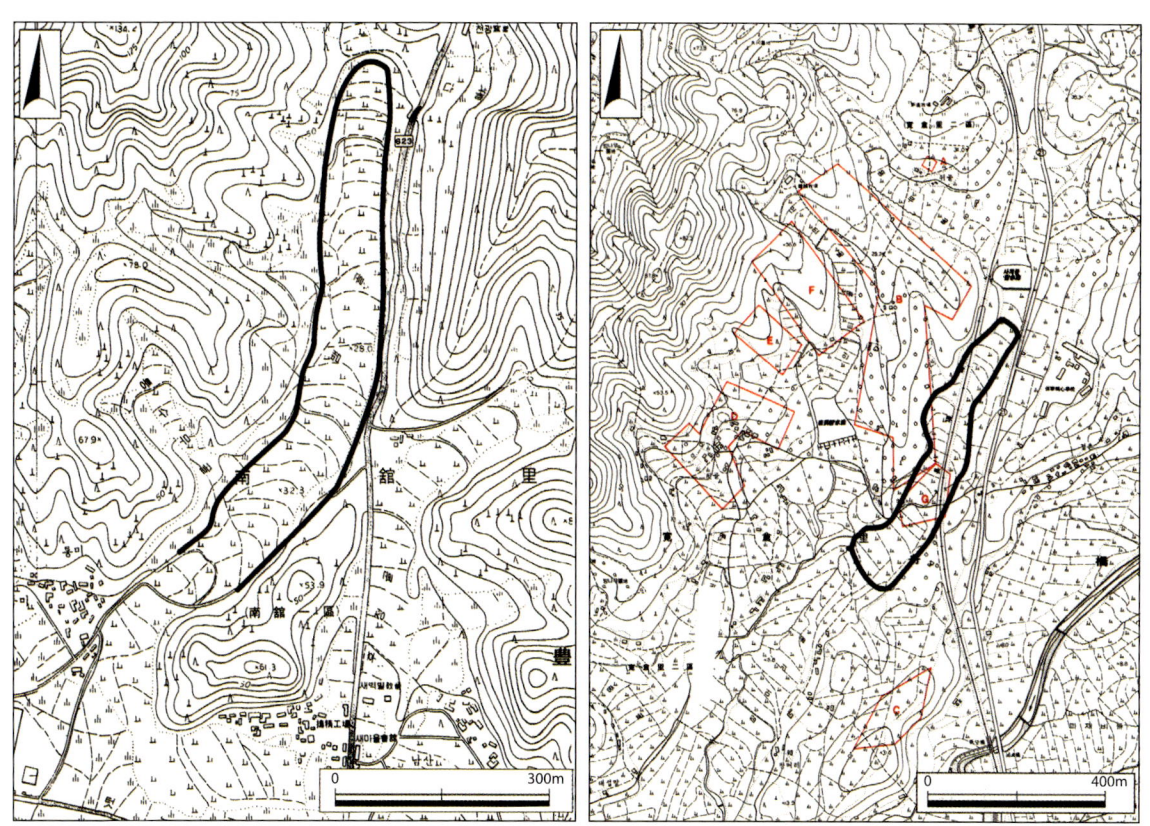

도 05   남관리유적(좌)과 관창리유적(우)의 수전 입지

사진 05 관창리유적 수로(李弘鍾 外 2001)

부의 자연 하천을 정비하여 수로로 삼고 그 양쪽에 수전면을 조영하였음이 확인되었다(도 05-우). 그리고 수로와 논둑은 많은 보강목을 이용하고 있는데, 이는 곡부의 지하수위가 높고 토양 또한 연약한 퇴적토로 이루어져 지반이 매우 약하기 때문에 이를 보강하기 위해서는 어쩔 수 없는 조치인 것이다. 이러한 모습은 다른 곡부형 수전에서도 일반적으로 관찰될 수 있다. 한편, 취락은 구릉 능선을 따라 배치되어 있는데, 중앙부와 하단부의 완만한 경사지에는 오히려 주거지가 적다. 구릉 중앙부의 일부 동쪽 사면이나 남쪽 사면 말단부의 전작지 이용 가능성이 제기되는데, 농경과 관련된 고상 가옥은 구릉 하단부와 정상부에만 배치되어 있다.

(2) 대지형

낮은 구릉 하단부의 작은 만입부로부터 저지에 이르는 곳에 수전이 조영된 형태로서, 주변의 용수 지점으로부터 물을 끌어오기 위한 관개 시설이나 저장하기 위한 보 시설이 필수적이다. 조사된 취락으로 볼 때 아산 신법리, 보령 진죽리, 보령 죽청리, 서천 한성리, 서천 오석리, 부여 노화리, 논산 마전리, 공주 귀산리가 이러한 유형에 해당될 가능성이 높다.

　아산 신법리를 비롯해 대지형에 속하는 곳은 주로 세장형의 구릉 능선상에 취락이 형성되고, 취락과 인접한 구릉 말단부에 약간 만입된 지형 구조를 갖고 있다(도 06-좌). 이러한 지형 구조의 수전은 실제 수전이 발굴 조사된 마전리유적에서 관찰되는 바와 같이 독립된 구릉의 능선 혹은 사면부에 취락이 형성되고, 만입부로부터 저습지에 이르는 지점에 계단식의 수전을 만들었을 가능성이 가장 크다(도 06-우). 그런데 같은 대지형 수전이라 하더라도 관개 시설의 차이는 분명 존재한다. 마전리는 용수 지점이 만입부에 있기 때문에 물의 누수를 막으면서 보에 저장하기 위한 집수로와 보 시설을 위주로 하고 있지만, 부여 노화리는 다른 곳으로부터 물을 끌어오는 관개 시설형의 수전 형태이다. 때문에 대지형 수전은 주로 독립된 구릉의 작은 만입부를 이용한다는 지형적인 공통점이 있음에도 불구하고, 수전 형태는 천수답형, 보 위주형, 관개 시설형 등 조건에 따라 상당히 다양했으리라 추정된다.

(3) 평지형

평지형은 단차가 거의 없는 배후 습지나 선상지 말단부에 만든 유형이다. 처음부터 관개 배수 시설

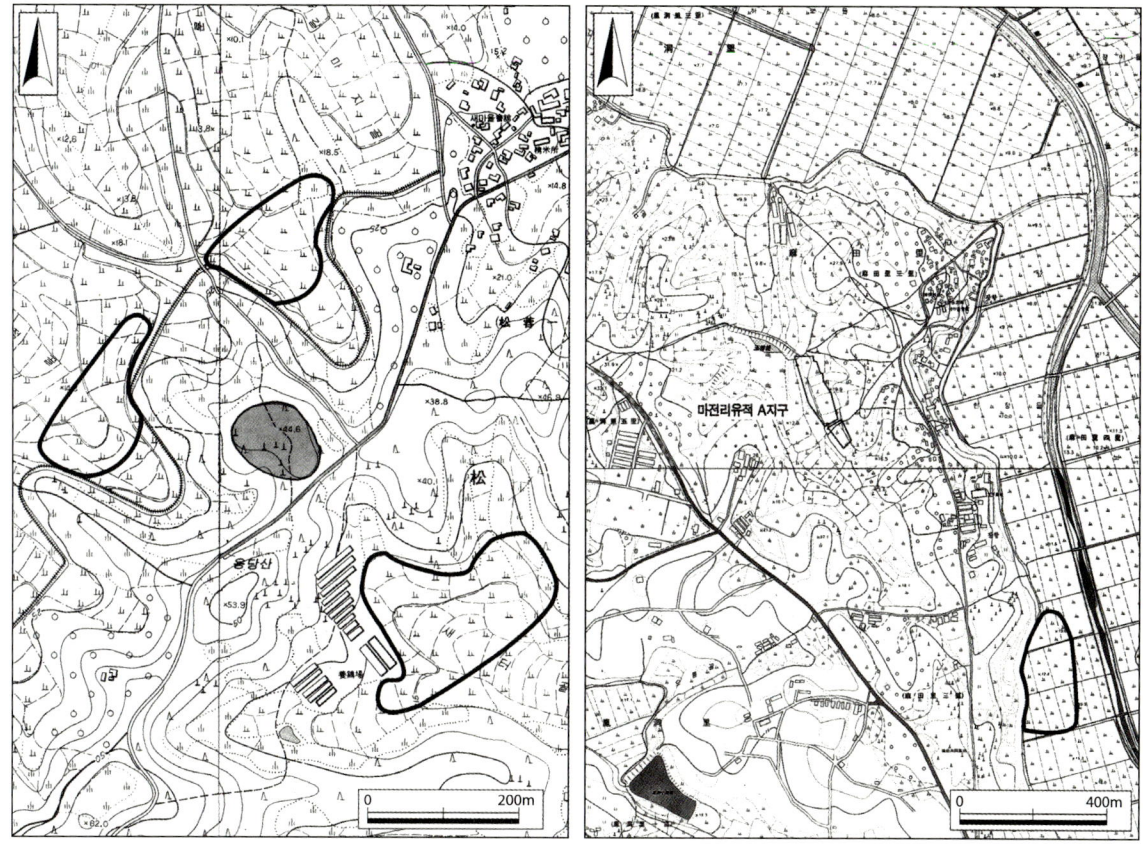

도 06 신법리유적(좌)과 마전리유적(우)의 수전 입지

이 구비되어야만 하기 때문에 상당한 노동력과 기술을 필요로 하지만, 넓은 면적을 개전할 수 있어서 수확량을 늘리기에는 가장 유리하다. 실제 우리나라에서 발굴 조사된 유적은 없지만, 서천 당정리(**도 07**), 부여 송국리가 이에 해당될 가능성이 높다. 상기한 두 유적의 지형을 보면, 독립된 구릉 하단부의 편평한 저지대와 접한 지점으로부터만 수전을 만들 수 있는 지형적 특징을 갖고 있다. 그리고 저지대는 작은 하천이 관통하는데, 바로 이 하천의 물을 끌어들이는 관개 시설 및 보, 평지에서 논의 단차, 배수 시설이 구비되어야만 비로소 수전의 역할을 할 수 있는 것이다. 이러한 수전을 찾기 위해서는 산록에 취락이 있으면서 저평지가 펼쳐진 지형, 독립된 구릉에 취락이 있고 하단부가 저평

사진 06 마전리유적 관개 시설(李弘鍾 外 2004)

지인 지형에 대한 조사 시 반드시 취락만이 아니라 저평지에 대한 층위 확인 작업이 필수적이다.

3. 송국리형 취락의 농업 경관

충남지역은 북동에서 남서 방향으로 차령산맥이 가로지르고 있어, 서해안이나 천안-세종-대전을 잇는 내륙지역으로의 교통로를 따라 지역 간의 교류가 이루어졌을 것으로 추정된다. 차령산맥의 서쪽 끝에 위치한 보령과 서천지역이 바로 차령산맥의 북과 남을 연결하는 교류상의 루트에 해당되는데, 보령지역은 대천 주변 일부 해안지역을 제외하고는 거의 산맥으로 이루어져 있다. 반면, 서천지역은 해안을 따라 상당히 넓은 저평지가 전개되며 부여로 통하는 긴 곡부가 발달되어 있고, 금강을 끼고 부여, 논산과 연결되는 교통의 요지에 위치한다.

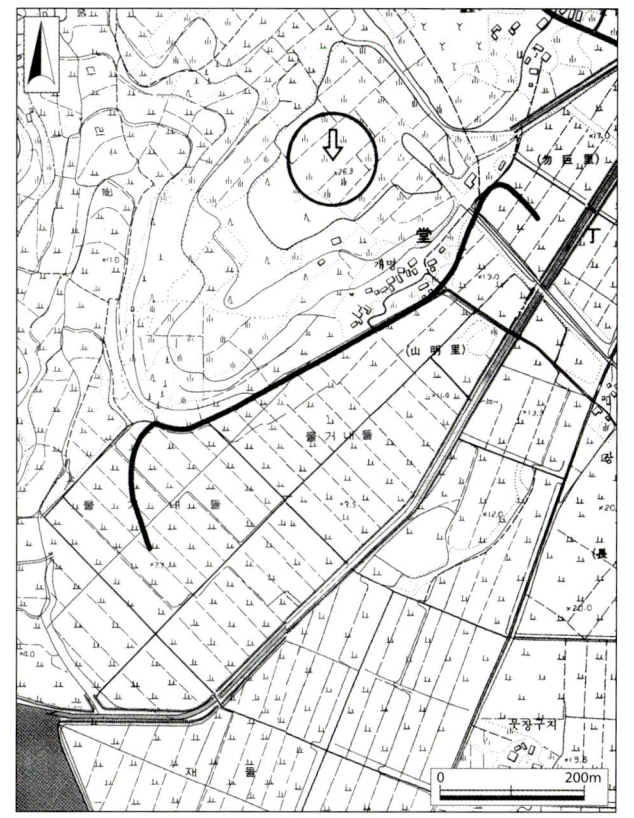

도 07 당정리유적의 수전 입지

따라서 송국리문화가 차령산맥 이북 내륙과 이남 내륙에서 어떠한 차이점을 갖고 있는지, 혹은 양 지역과 해안지역의 차이점은 무엇인지, 더 나아가서는 보령과 서천지역은 각기 어떠한 특징을 바탕으로 하였는지의 분석을 행한다면 송국리문화의 본질을 파악하는 데 매우 유효할 것으로 판단된다. 이러한 연구는 다각도적인 분석 방법을 동원해야 가능하겠지만, 필자는 주거지와 토기를 통해서 일부 시도한 바 있다. 본고에서도 충남지역을 아래와 같이 5개 권역으로 나누어 송국리형 취락의 경관에 한정시켜 살펴보고자 한다(도 08).

① 북부지역 : 차령산맥 북부지역(천안, 아산, 당진, 서산, 홍성, 예산, 청양)

② 서안 중부지역 : 보령
③ 서안 남부지역 : 서천
④ 남부지역 : 차령산맥 남부지역(부여, 논산, 금산, 공주, 세종)
⑤ 동부지역 : 대전

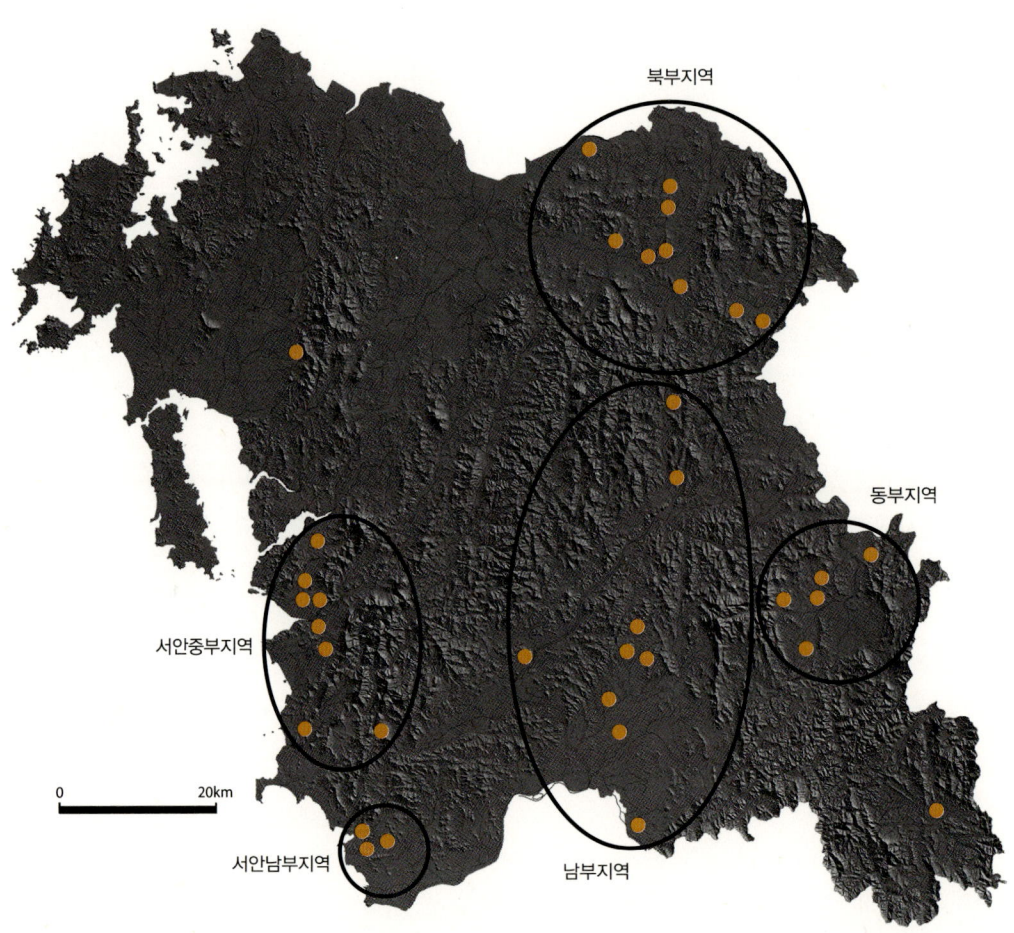

도 08 충남지역 송국리형 취락의 지역성

북부지역에서 확인되는 취락 경관 중 전작 농경형은 산지·구릉형만 6개소, 수전 농경형은 곡부·분지형 3개소, 대지형 1개소로, 전작 농경형의 취락 경관이 대세를 이루고 있다. 전작 농경형 중에서는 석곡리유적에서만 약간의 송국리식 토기가 출토될 뿐, 다른 유적은 모두 직립구연의 무문토기만 확인되고 있다. 수전 농경형은 모든 유적에서 극소수의 송국리식 토기가 출토되지만, 주종은 역시 직립구연 무문토기로 양 유형에서 토기 구성상의 차이는 크지 않다. 전체적으로 북부지역은 전작 농경형 경관이 우세하지만 수전 농경형 경관도 다수 존재하고 또한 재지계 토기가 주류를 이루면서도 송국리식 토기가 가미되는 점을 볼 때, 점진적으로 전작 농경형 경관에서 수전 농경형 경관으로 확대되어 갔을 것이라 추정된다.

서안 중부지역인 보령은 전작 농경형 취락 중 산지·구릉형이 3개소, 하안대지형이 1개소이고, 수전 농경형은 곡부·분지형이 2개소, 대지형이 2개소이다. 그런데 전작 농경형으로 분류된 관산리, 연지리는 구릉 전체에 주거지 1기만 분포하며 주교리 또한 관창리와 인접하면서 전기의 취락 입지와 같은 점을 볼 때, 원거리 전작 농경을 위해 만들어진 임시 가옥일 가능성이 높다. 그렇다면 보령지역은 평라리를 제외하고는 모두 수전 농경형에 속하면서 전작을 겸한 경관이 주류를 이루었다고 보아도 무방할 것이다.

서안 남부지역인 서천은 전작 농경형이 없고 수전 농경형 중 대지형이 2개소, 평지형이 1개소로 분류되었다. 이 밖에 도삼리유적은 농경형과 거리가 먼 해안 및 금강이 조망되는 산정부에 위치한 환호를 갖는 취락으로서, 아마도 교역 혹은 해양 세력과 관련된 특수 집단의 취락일 가능성이 제기된다. 이 유적을 제외하면 서천지역의 송국리형 취락 경관은 모두 수전 농경형에 속하면서 전작을 겸했던 것으로 판단된다.

남부지역과 동부지역은 전작 농경형 중 산지·구릉형이 4개소, 답리작형이 2개소이지만, 답리작은 수전 농경을 위주로 한 경관에 속하기 때문에 이를 제외하면 순수 전작 농경형 경관은 4개소로서 모두 동부의 대전지역에 집중되어 있다. 한편, 수전 농경형은 곡부·분지형 5개소, 대지형이 3개소, 평지형이 1개소인데, 모두 대전 이외 지역에 분포한다. 그런데 대전지역의 전작 농경형 취락에서는 북부지역과 다르게 대부분 송국리식 토기가 출토되고 있어 인근 지역과의 적극적인 교류상이 인정된다.

전체적으로 보아 서안 중부, 서안 남부, 남부지역은 처음부터 수전 농경형이 상당히 빠른 속도로 확산되는 데 반하여, 북부지역은 재지적 기반이 강하게 남아있는 지역을 위주로 전작 농경형이 여전히 주류를 이루면서도 점차 수전 농경을 받아들이는 경관적 특징을 보여주고 있다. 반면, 동부의 대전지역은 전작 농경형이 대세를 이루면서도 북부지역과는 다르게 송국리유형의 문화 요소를 상당히 많이 포함하고 있는 특징을 갖는다. 이러한 점은 대전지역의 송국리형 취락도 재지적 기반 위에 있었음을 의미하지만, 북부지역보다는 인근의 수전 농경 집단과 활발히 교류하였음을 시사하는 것이기도 하다. 전기 단계의 문화적 분포에서도 북부지역은 역삼동유형이, 남부지역은 가락동유형이 중심을 이루고 있어 양 지역의 문화적 차이는 인정된다(李亨源 2009: 37). 이것이 송국리문화를 수용하는 양 지역의 차이로 표출된 것인지 아니면 가락동유형의 기반이 약하여 쉽게 송국리문화에 동화된 결과인지는 단정할 수 없지만, 필자는 후자일 가능성에 무게를 두고 싶다.

III. 공간 배치

1. 취락의 입지 분석

송국리형 취락은 산지, 구릉, 평지에 입지하고 있다. 이 중에서 구릉은 산지에서 뻗어 내린 구릉과 충적지 사이에서 융기되어 형성된 독립 구릉으로 양분될 수 있다. 산지에서 뻗어 내린 구릉의 주변은 개석 작용에 의해 좁고 긴 곡부가 발달하며, 구릉의 능선은 오랜 기간의 침식 작용에 의해 평탄면을 이루는 지형에 속한다. 반면, 독립된 구릉이나 평지는 주변이 비교적 넓은 충적지가 펼쳐져 있는 범람원 지형에 속한다. 충청도 지역에서 조사된 송국리형 취락은 매우 다양한 입지 양상을 보여주고 있는데, 우선 입지 형태에 대한 분류를 통해 각 유적의 양상을 살펴보고자 한다.

1) 입지 형태의 분류

한국의 지형상 산지와 산지성 구릉을 명확히 정의 내리기는 어렵다. 산지성 구릉도 처음에는 산지였던 것이 풍화와 침식을 받아 평원화되어가는 과정에서 나타나는 점이적인 현상에 불과하기 때문이다(한국지리정보연구회 2000). 그렇지만 고고학적인 유적 환경과 관련된 입지적 성격을 고려할 때, 산지와 연결된 능선을 모두 구릉이라 부르기는 곤란할 것이다. 본고에서는 이러한 용어상의 혼란을 피하기 위해 오랜 기간의 개석 작용으로 인해 형성된 능선 중에서 좌우의 곡부가 심하게 개석되어 있으면서 경사도가 급한 것을 산지로 규정하고, 산지의 능선이 침식 작용으로 인해 정상부가 거의 평탄화 혹은 완만화되어 능선 장축 방향과 곡부 모두 경사도가 매우 약해서 마치 독립 구릉처럼 보이는 것을 산지성 구릉으로 부르고자 한다.

　이러한 구릉은 산지의 개석 방향과 달리 구릉의 등고선과 직교해서 자체적으로도 개석 작용이 활발하게 진행되는 것이 일반적인 현상이다. 따라서 산지로부터 형성된 구릉은 오랜 침식 작용으로 인해 산지에서 개석된 곡부가 구릉과 같은 방향으로 펼쳐지면서, 구릉 자체적으로도 개석 작용이 진행되어 능선과 직교해서 작고 오목한 형태의 개석 지형이 발생하게 된다. 평지는 자연 제방을 지칭하는 개념으로서 일본에서는 야요이 시대 이후 가장 많은 취락이 조사된 지형이다(高橋學 2003). 이러한 자연 제방 주변에는 배후 습지가 발달되어 있어 농경과 관련된 집단에게는 가장 선호되었던 지형임에 틀림없는데, 고지형 분석을 통해 어느 정도 그 양상을 파악할 수 있게 되었다(도 09).

　송국리형 취락은 입지상 산지형, 구릉형, 평지형으로 구분될 수 있다. 그러나 충청도에서 평지형의 조사 사례가 거의 없기 때문에, 본고에서는 검토 대상을 현재까지 다수가 조사된 산지형과 구릉형에 국한시키고자 한다. 산지에 입지한 취락은 능선상을 따라 배치된 것과, 사면부를 따라 배치된 두 가지의 입지적인 차이점을 갖고 있다. 능선을 따라 배치된 취락은 침식으로 인해 형성된 능선상의 평탄면을 중심으로 집중 배치되거나, 좁은 능선부를 따라 일렬로 배치되는 양상을 보여준다(도 10-상). 사면부에 입지한 취락은 개석이 활발하게 이루어지지 않은 지형으로서 바로 앞에는 저평지가 펼쳐져 있지만, 이러한 저평지는 하천의 흐름이 일정치 않아 농경지로 활용하기에는 적합하지 않은 지형에 속한다. 사면부에 배치된 취락은 등고선 방향을 따라 저평지를 바라보면서 일렬로 배치되는 특징을 갖고 있다(도 10-하). 구릉에 입지한 취락은 능선부의 평탄화가 이루어지고 사면부도 완만한 경사를 이루기 때문에, 능선 평탄면 혹은 완만한 경사면에 군을 이루면서 주거지가 배치된다. 따라서 구릉에 입지한 취락은 주거군의 집중화가 확연하게 나타나고 있어, 취락의 기능적인 혹은 공간적인 활용을 분석하는 데 매우 유효하다(도 11).

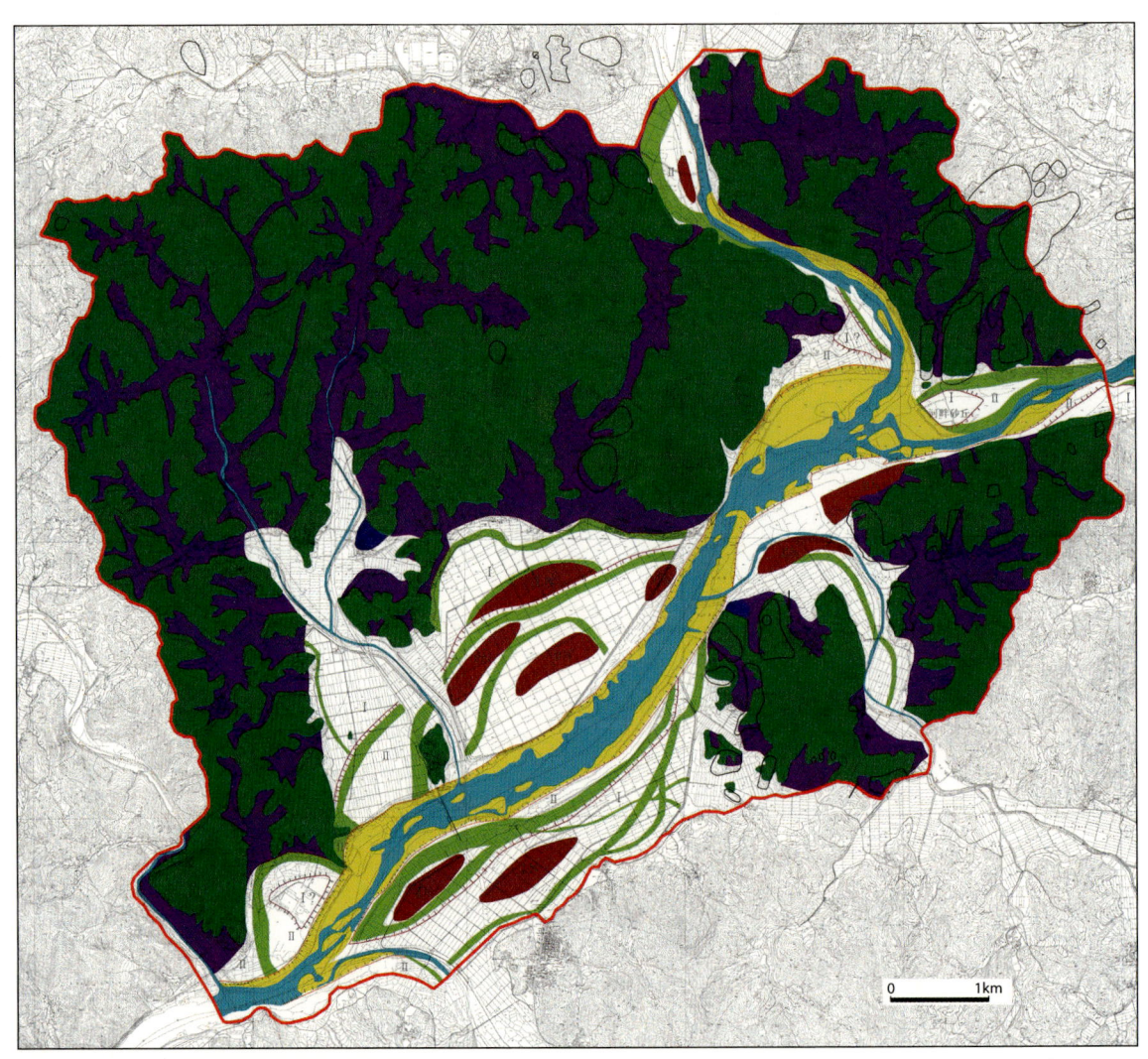

도 09 세종시 장단 평야의 자연 제방과 배후 습지(李弘鍾·高橋學 2006)

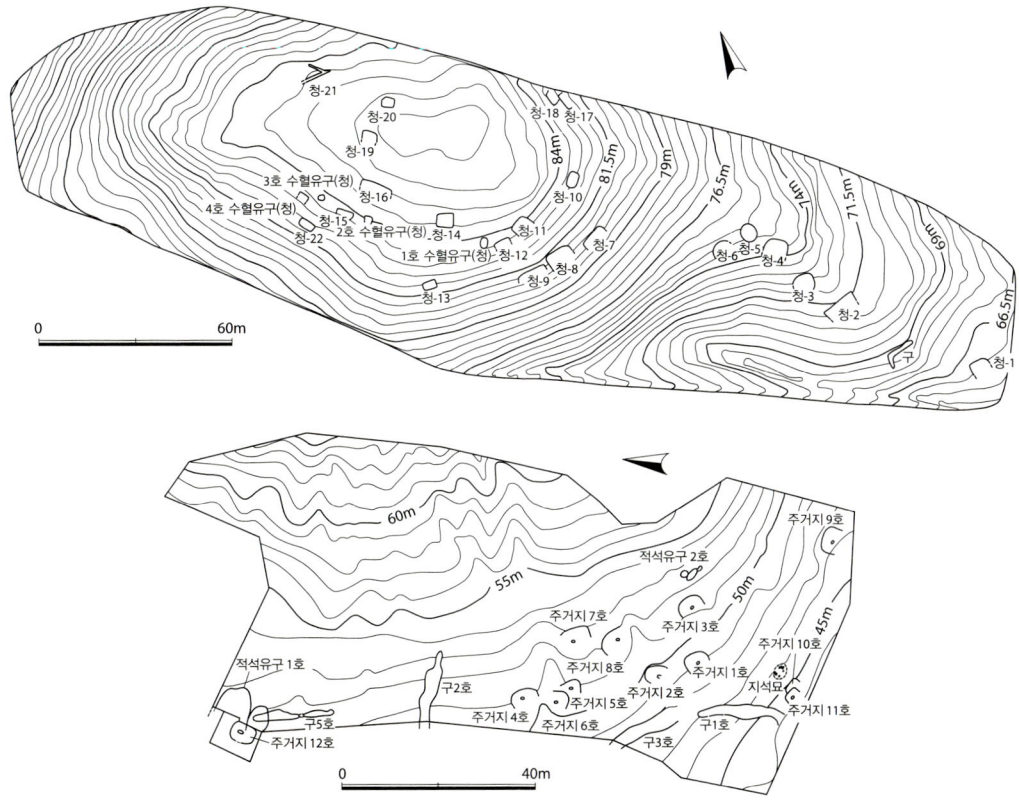

도 10 자개리유적Ⅱ(상)와 죽청리 '가' 유적(하)의 유구 배치

2) 유적 검토

(1) 산지 능선부 입지

산지 능선부에 입지한 취락으로는 공주 산의리, 공주 태봉동, 공주 안영리·장선리, 공주 신영리 여드니, 서산 휴암리, 부여 증산리, 부여 송국리, 부여 나복리, 부여 송학리, 대전 자운동, 대전 대정동, 대전 가오동, 서천 월기리, 서천 오석리, 서천 도삼리, 천안 업성동, 천안 석곡리, 천안 불당동, 천안 백석동, 당진 자개리Ⅱ, 보령 교성리, 아산 신법리유적이 이에 속한다.

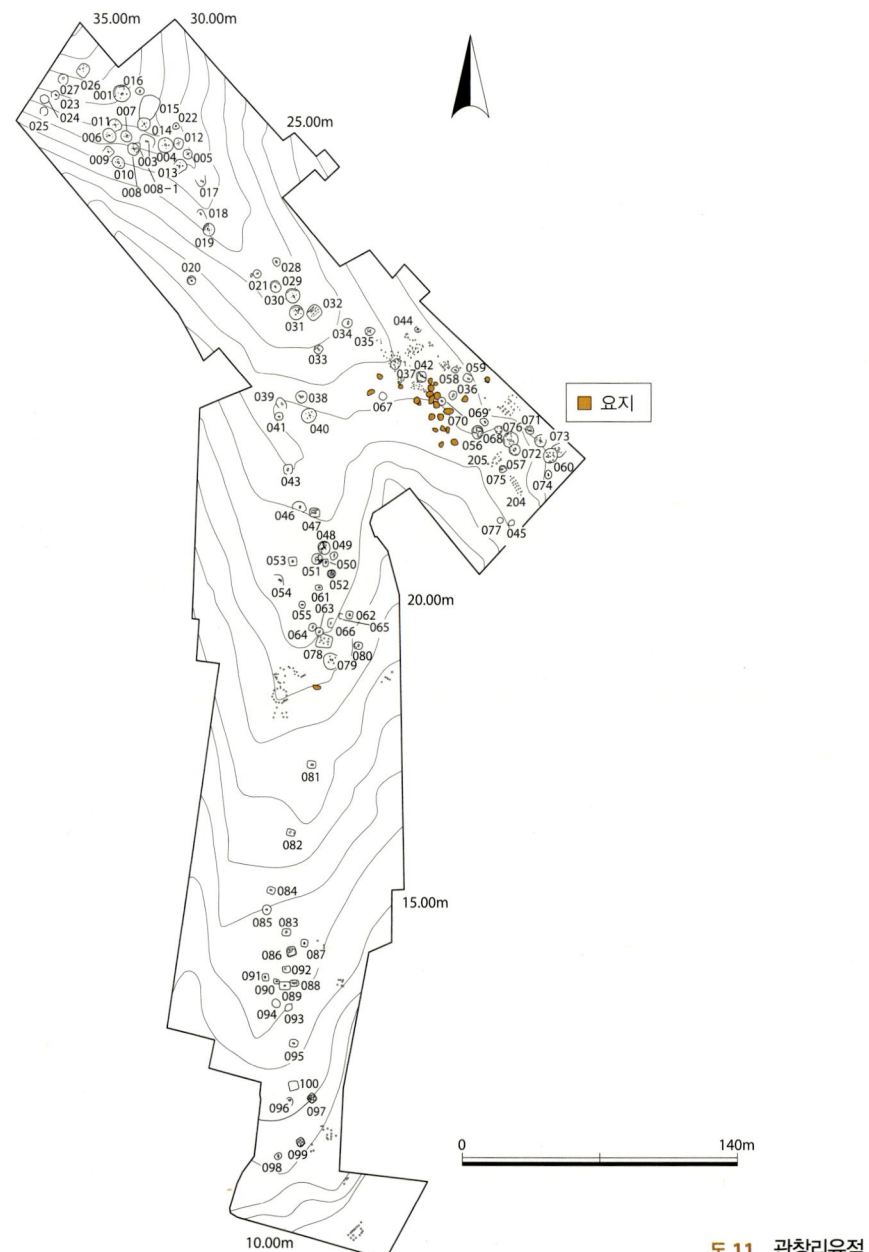

도 11 관창리유적 B구역의 유구 배치

사진 07 안영리·장선리유적 입지(李南奭·李賢淑 2002)

(2) 산지 사면부 입지

산지 사면부에 입지한 취락으로는 아산 와우리, 공주 귀산리, 보령 죽청리'가', 보령 관산리, 보령 연지리, 보령 주교리, 금산 수당리, 천안 대흥리, 서천 봉선리, 대전 구성동유적이 이에 속한다.

(3) 구릉부 입지

구릉부에 입지한 취락으로는 논산 마전리, 보령 관창리(산지와 공존), 서천 당정리, 서천 한성리유적이 이에 속한다.

2. 취락의 분류

1) 분류를 위한 전제

지리학에서 취락을 분류할 때 여러 가지 기준이 있지만, 기본적으로는 주거지의 밀집도, 취락의 역할과 기능, 주거지의 공간 배치 형태가 어떠한 모습을 갖고 있느냐가 일반적인 분류 방법이다(杉浦芳夫 2000). 고고학에서의 취락 분류도 위의 방법과 다를 바 없지만, 모든 현상을 파악하고 있는 지리학과 달리 전체 취락의 일부분만 조사된 경우가 많아 현상을 파악하는 데 있어서 실질적으로 어려움이 따를 수밖에 없다. 그렇지만 우리나라 청동기시대 취락은 대부분 산지나 구릉에 입지하면서 주변의 지형 환경에 맞추어 배치되어 있기 때문에, 일부분만 갖고도 취락의 전모를 파악하는 데 큰 무리는 없다. 본 장에서는 송국리형 취락의 유형 분류를 위해 밀집도, 기능, 형태적인 측면에서 관찰 가능한 취락을 분류해 보고자 한다.

취락의 밀집도란 개별 주거지가 어느 정도 모여서 하나의 단위를 이루고 있는지, 그리고 이러한 단위가 자연적인 일정 공간에 어느 정도 분포하고 있는지를 파악하기 위한 작업이다. 따라서 밀집도의 정확한 파악을 위해서는 전면적인 조사가 필요하지만, 앞에서도 언급한 바와 같이 부분적인 조사가 이루어진 곳이라 하더라도 지형적인 여건을 고려한다면 밀집도의 분석은 가능하다. 지리학에서의 밀집은 인가의 밀집과 소외 정도를 지표 삼아 집촌과 산촌으로 구분하지만 이 또한 상대적인 개념에 불과하다.

고고학에서의 취락 연구도 결국은 취락과 취락 간의 다양한 비교를 통한 상대적인 개념 설정이지만, 그렇다고 전체 취락을 단순히 수적인 것만을 기준으로 분류할 수는 없다. 취락의 기능 및 형태와 더불어 전체적인 취락 간의 관계 등을 연구하기 위한 하나의 수단이기 때문이다. 고고학에서 취락을 분류하기 위한 방법 및 용어는 매우 다양한데, 그중에서 취락의 최소 단위인 단위 세대(개별 주거지)를 기초로 이들이 혈연과 같은 관계에 의해 몇 개의 단위 세대가 집합하여 취락을 형성하는 것으로 보고 이를 단위 집단 혹은 세대 공동체라 부르는 견해가 많은 지지를 얻고 있다(安在晧 1996, 2004; 近藤義郎 1959; 都出比呂志 1989: 216).

주의해야 할 점은 단위 집단을 설정하고자 할 때 취락 내에서 각 집단을 구분할 수 있는 일정한 공간 배치상의 차이점이 분명해야 하고, 나아가 각 단위 집단의 기능적 역할이 인정될 때 그 의미는 보다 명확해질 수 있을 것이다. 취락의 구성은 단위 세대의 집합만으로도 가능하지만 몇 개의 단위 세대가 집합하여 단위 집단을 이루고, 이러한 단위 집단의 집합에 의해 취락이 형성되는 것이 일반적인 현상이다. 전자의 경우는 결국 단위 집단이나 세대 공동체라 불리는 것이 하나의 취락을 이루는 셈이고, 후자는 이들이 집합하여 취락을 형성하는 경우에 해당된다.

그러나 세대 공동체라는 표현은 혈연적인 관계를 기반으로 이루어진 것을 의미하기 때문에 고고학적으로 이를 증명하기가 쉽지 않다는 시각도 있다(大井晴男 1987: 62). 단위 집단이라는 표현도 내적인 의미에 있어서는 세대 공동체를 나타낸다고 볼 수 있기 때문에, 본고에서는 단위 집단 혹은 세대 공동체라는 지금까지의 구분 단위를 단위 주거군으로 사용하고자 한다. 왜냐하면 단위 주거군이 집합하여 하나의 취락을 형성하여 간다는 것은 취락이 복합·다원화되면서 집단적인 행위 속에서 개인의 역할이 강조되어 가는 것을 의미하며, 각 역할이 반드시 혈연에 기반을 둔 단위 집단(세대 공동체)별로 고정되지는 않았을 것으로 추정되기 때문이다. 또한 단위 집단이나 세대 공동체라는 용어를 사용할 경우에 취락 내에서의 상위 집단 혹은 하위 집단, 기능적으로는 토기 생산 집단 혹은 석기 생산 집단과 같은 역할이 과연 혈연에 바탕을 두고 처음부터 정해질 수 있는 것일까라는 의문점이 제기될 수 있으며, 오히려 집단 내에서 개인적인 역량에 의한 역할이 중요시되어 그러한 역할을 수행하기 위해 단위 주거군으로 집합하였을 가능성이 보다 설득력을 가질 수 있기 때문이다(田崎博之 2005).

특히 취락 내 단위 주거군 간의 공간이 명확하게 구분되고, 단위 주거군별 기능적 역할이 인정될 때 그러할 가능성은 더욱 크다고 판단된다. 공동체적인 형태의 취락이 처음부터 혈연에 의해 위계가 정해지고 그 역할이 부여되는 규제와 강제성이 갑자기 등장하였다고 보기는 어렵기 때문이다. 결국 취락의 구성은 단위 세대만의 집합에 의해 이루어진 단위 취락과 복수 이상의 단위 주거군이 집합하여 형성된 중위 취락, 대 취락으로 구분될 수 있다. 그리고 후자는 다시 그 기능과 역할에 의해 중심지적인 위치를 갖는 취락(중심 취락이나 거점 취락)과 그렇지 못한 취락으로 구분될 수 있을 것이다.

2) 분류 방법

이상에서 언급한 취락과 관련된 용어를 사용함에 있어서 다음과 같이 분류하고자 한다.

(1) 분류 단위

① 단위 세대 : 거주와 소비의 최종 단계이자 취락을 형성하는 최소 단위인 개별 주거지

사진 08 도삼리유적 전경(李弘鍾 外 2005)

② 단위 주거군 : 취락 내의 일정 영역에 단위 세대가 집합한 형태로서 다른 주거군과 공간적인 구분이 분명한 것

(2) 밀집도에 의한 분류

① 단위 취락 : 일정 영역에 다른 주거군은 존재하지 않고 하나의 단위 주거군만으로 이루어진 취락
② 중위 취락 : 복수 이상의 단위 주거군에 의해 형성된 취락
③ 대 취락 : 최소 5개 이상의 단위 주거군에 의해 형성된 취락

(3) 역할에 의한 분류

① 주변 취락 : 단위, 중위, 대 취락 가운데 기본적인 생업 경제 활동과 소비를 위주로 형성된 취락으로서 중심 취락과는 긴밀한 관계 속에서 여러 행위가 이루어졌을 것이다. 그러나 이러한 취락 가운데에도 보다 우위적인 입장의 취락, 즉 중심 취락과의 중간적인 역할을 담당했던 취락도 존재하였을 것이다. 그러나 본고에서는 일단 주변 취락으로 분류하고 앞으로의 과제로 남겨두고자 한다.
② 중심 취락 : 대 취락 가운데 생산, 소비, 분배(교역)를 담당한 취락을 중심 취락으로 정의하였을 때, 중심 취락이 그 기능을 수행하기 위해서는 행정 장소(취락 내의 상위 계층 영역), 의식 장소(광장 혹은 의례와 관련된 집합 영역), 생산 장소(농경, 석기, 토기 등의 전문 생산 영역), 관리 장소(생산품의 보관과 관리 영역), 일반 거주 장소(상위 계층과 구분되는 하위 계층의 거주 영역), 교역 장소 등이 필요할 것이다. 그러나 교역 장소는 그 실상을 파악하기가 매우 난해한 점이 있어 최소 5개 영역의 구분이 가능한 취락을 중심 취락으로 분류하고자 한다.
③ 특수 취락 : 특수 목적에 의해 형성된 취락으로 교역을 위해 형성된 취락, 방어 목적을 위한 취락, 특수 물품을 제작하던 취락, 의례만을 행하기 위한 취락 등으로서, 중심 취락적 성격을 가질 수도 있지만 실제적으로 특수 목적을 달성하기 위해 만들어졌다고 인정되는 취락을 특수 취락이라 부르고자 한다. 예를 들어 서천 도삼리유적은 교통 요지에 형성된 취락으로서 농경과 같은 생산 체계를 갖추지 않은 점으로 보아 특수 취락일 가능성이 제기된 바

있다(이홍종 2003: 129).

(4) 형태에 의한 분류

평면 구조의 기하학적 구성에 따른 취락 형태를 살펴보면 크게 5가지로 분류될 수 있다(도 12).
① 괴촌형 : 한 공간상에 주거지가 밀집 분포하고 있지만 일정한 규칙성을 보이지 않는 형태
② 열촌형 : 능선을 따라 주거지가 배치되거나 사면부에 등고선 방향으로 배치된 형태
③ 점촌형 : 주거지 1~3기가 능선 혹은 사면에 점재되어 배치된 형태
④ 광장촌형 : 중앙 부분을 공지로 남겨두고 그 주위에 주거지를 배치한 형태
⑤ 환촌형 : 취락의 중심 공간이 존재하고 그 외곽으로 복수 이상의 주거군이 배치된 형태

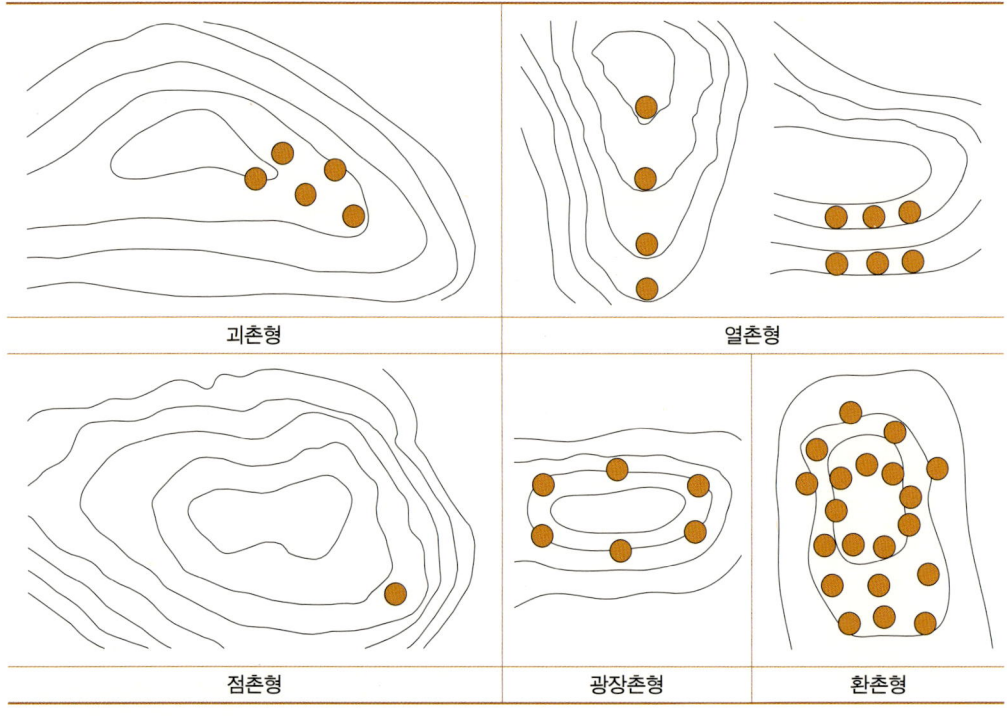

도 12 취락의 제 형태 모식도

3. 송국리형 취락의 공간 배치

취락은 지형에 따른 입지, 밀집도, 공간 배치 형태, 기능 등에 따라 다양하게 구분된다(吳洪晳 1994). 본 장에서는 위에서 언급한 제 분류가 송국리형 취락에서 어떻게 적용될 수 있는지를 살펴보고, 이를 바탕으로 송국리형 취락의 형태를 분석해서 그에 따른 특징과 유형을 설정해 보고자 한다.

1) 입지와 형태

송국리형 취락의 공간적인 분포 형태를 살펴보면 다음과 같이 분류될 수 있다(표 01).

표 01 송국리형 취락의 형태와 입지

	산지 능선부	산지 사면부	구릉부
괴촌형	오석리, 나복리, 증산리, 자운동, 안영리·장선리, 산의리, 신영리 여드니, 신법리, 휴암리, 석곡리	·	·
열촌형	·	구성동, 봉선리, 죽청리'가', 와우리, 대흥리	·
점촌형	가오동, 태봉동, 백석동, 업성동, 불당동	관산리, 주교리, 연지리, 수당리, 귀산리	·
광장촌형	자개리, 교성리	·	·
환촌형	도삼리, 월기리, 송국리, 송학리	·	관창리, 한성리, 당정리, 마전리

(1) 괴촌형

산지 능선부에 몇 기의 주거지가 밀집해서 분포한 형태로서 서천 오석리, 부여 나복리, 부여 증산리, 대전 자운동, 공주 안영리·장선리, 공주 산의리, 공주 신영리 여드니, 아산 신법리, 서산 휴암리, 천안 석곡리유적이 이에 속한다.

(2) 열촌형

산지의 좁은 능선 혹은 사면부를 따라 배치된 취락이 이에 속한다. 그러나 능선을 따라 배치된 취락은 능선 정상부의 광장촌형과 연결되어, 순수한 열촌형은 사면부 등고선 방향으로 배치된 취락으로서 대전 구성동, 서천 봉선리, 보령 죽청리 '가', 아산 와우리, 천안 대홍리유적이 해당된다.

(3) 점촌형

산지 사면 혹은 능선상에 단독으로 주거지가 배치된 형태로서 보령 관산리, 보령 주교리, 보령 연지리, 대전 가오동, 금산 수당리, 공주 귀산리, 공주 태봉동, 천안 백석동, 천안 업성동, 천안 불당동유적이 이에 속한다.

(4) 광장촌형

능선상의 평탄면 중앙부를 공지로 남겨 두고 그 주변으로 주거지를 배치한 형태로서 괴촌형, 열촌형과 복합되기도 한다. 당진 자개리(종 방향의 열촌형과 복합)유적이 이에 속한다.

(5) 환촌형

산지 능선이나 구릉의 넓은 평탄면에 중심적인 위치가 존재하고 그 주변에 괴촌형의 취락(단위 주거군)이 배치되어 있는 취락 형태로서, 전면적으로 발굴된 보령 관창리, 서천 도삼리, 서천 월기리유적이 이에 속한다. 서천 한성리, 서천 당정리, 논산 마전리, 부여 송국리, 부여 송학리유적도 지형적 조건으로 볼 때 이에 해당될 가능성이 높다.

2) 특징과 유형

전기의 취락과 같은 입지에 분포하는 송국리형 취락(아산 명암리 등)은 괴촌형 혹은 점촌형의 형태를 띠면서 산지 능선부에 입지하고 있다. 점촌형은 주로 전기 단계의 취락이 분포하고 있던 지형에서 발견되는데, 독립된 형태의 주거지인지 아니면 취락 구성원이 취락으로부터 떨어진 곳에 농경을 위해 만든 임시 가옥인지에 대해서는 아직 명확하지 않다. 괴촌형은 가장 일반적인 형태에 속하는 취락으로서 산지 능선부에 주로 입지하며 충청권 전역에 분포한다. 열촌형은 좌우로 긴 사면이면서 경사도가 심하고 아래쪽으로

는 평지와 바로 연결되는, 마치 단층애와 같은 지형에서 지형 여건을 고려하여 배치된 형태로서 대규모 취락이 입지하기에는 곤란하다.

송국리형 취락 중에서 광장촌형은 당진 자개리유적에서 확인되는데, 전기 말에 속하는 천안·아산지역에서도 이러한 취락 형태가 존재하는 것으로 보아 역삼동 계통 집단의 양식으로 추정된다. 한편, 송국리 단계보다 늦은 것으로 상정되는 보령 교성리, 안성 반제리 취락도 산지 정상부를 이용

사진 09 반제리유적 전경(中原文化財硏究院 2007)

한 광장촌형이 존재하여 송국리형 취락의 일반적인 형태와는 다른 특징을 보여주고 있다. 분포권으로 보더라도 전기적 취락 요소가 강한 지역에서 송국리의 제 요소를 결합한 형태로 파악하는 편이 타당할 것이다.

환촌형은 차령산맥 이남에서만 확인되는 형태로서 현재까지 조사된 유적에서는 산지 능선부와 구릉의 평탄면에 형성된 취락에 국한되지만, 이는 평지에 대한 조사가 부진한 데에 기인한다. 지형상으로는 평지에 가장 적합한 취락 형태라고 볼 수 있다. 산지 능선부의 평탄면을 이용한 환촌형은 대개 환호를 설치하거나 사면부가 급사면을 이루고 있고, 구릉부를 이용한 환촌형은 정상부가 넓은 대지상을 이루는 평탄한 지형에 속한다. 환촌형은 취락 내에서 단위 주거군 간의 기능 분화나 위계가 관찰되는 점으로 보아 괴촌형과 열촌형을 아우르는 중심 취락적인 성격이 강하다. 반면, 광장촌형은 밀집도 면에서는 대 취락에 속하지만, 취락 내에서의 기능 분화나 위계가 분명하지 않다. 따라서 중심 취락과 주변 취락을 연결하는 중간적인 취락으로서 기능하였을 것으로 판단되지만, 지역에 따라서는 중심적인 역할도 배제할 수는 없을 것이다.

제 형태의 취락에 대한 실연대에 있어서는 환촌형이 광장촌형보다 이른 시기에 속한다. 광장촌형에 속하는 자개리의 중심 연대를 보면 50% 이상 신뢰할 수 있는 것 중에서 기원전 800~760년에 속하는 측정치가 단 1점에 불과하지만, 환촌형에 속하는 도삼리의 경우는 기원전 900~780년에 속하는 측정치가 5점에 이른다(이홍종 2006: 126-127). 따라서 광장촌형에서 환촌형으로 변화하였다고 보기는 어렵고 송국리문화의 중심적인 지역과 그렇지 않은 지역의 차이, 즉 충청 북부지역의 송국리형 취락은 금강유역의 송국리형 취락에 의해 영향을 받기도 하였지만 전기적 문화 요소를 상당 부분 계승하면서 지역성이 반영된 결과로 보는 것이 타당하다.

한편, 경제 활동적인 측면에서 볼 때 괴촌형은 주변에 개석곡이 발달해 있어 곡저부를 이용한 논농사에 적합하지만, 열촌형은 아래쪽 저평지가 불안정한 지형으로서 수전을 개간하기에는 매우 부적합한 지형에 속하기 때문에 산지 농경을 위주로 한 취락으로 추정된다. 점촌형은 산지 농경을 위해 만들어진 독립가옥 혹은 취락 구성원의 임시 가옥일 가능성이 크다. 광장촌형은 취락의 규모와 주변에 개석곡이 발달한 점으로 보아 집단적으로 곡저 지형을 개간하였을 것으로 추정된다. 환촌형은 주변의 곡저 및 저평지에 대한 개간과 주변 취락의 중심적인 역할을 담당했을 것으로 판단된다. 기능적인 측면에서 환촌형이 주변 취락과 연계되어 중심지적 기능을 수행했다면, 광장촌형은 환촌

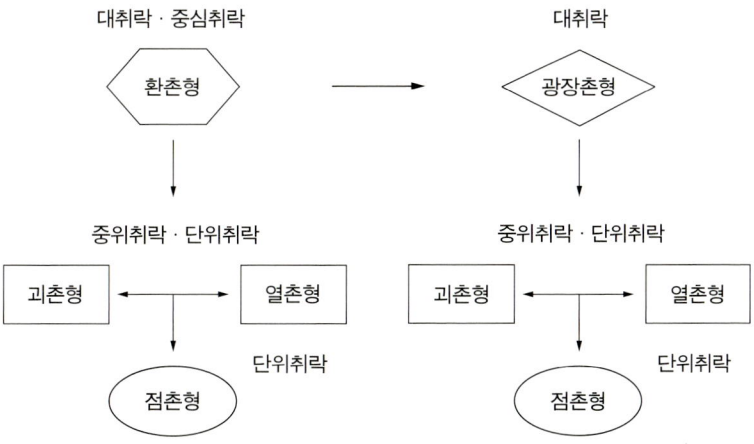

도 13 송국리형 취락의 유형과 역할

형에 비해 주변 취락과의 연계성이 매우 미약했을 것으로 추정된다(도 13).

이상에서 살펴본 바와 같이 송국리형 취락의 입지와 취락 형태는 불가분의 관계를 갖고 있다. 점촌형과 열촌형은 지형적 한계상 대 취락이 입지하기 곤란하고, 산지 능선상에 단위 주거군만으로 입지한 괴촌형 또한 같은 양상이다. 따라서 이 취락들은 단위 취락에 해당된다고 볼 수 있다. 그러나 복수의 단위 주거군으로 이루어진 괴촌, 열촌형 혹은 괴촌형과 조합한 광장촌형은 밀집도에서 중위 취락, 나아가 대 취락에 해당되어 주변의 다른 취락과는 분명 차별화된 취락에 속한다. 하지만 광장촌형은 전기의 공간 배치와 유사한 면이 있고 지역성 또한 배제할 수 없기 때문에, 중심 취락으로서의 기능은 다른 지역의 중심 취락보다 미약했을 것으로 판단된다.

환촌형은 대규모 취락이 입지하기에 적합한 지형과 단위 주거군이 연합된 취락이면서, 주거지 간 혹은 단위 주거군 간의 차별성이 존재하고 중심적인 공간이 마련되어 있다는 특징을 갖는다. 또한 이러한 취락 형태는 관창리유적에서 살펴본 바와 같이 공간 배치상에서 기능적인 측면에 따른 집중화가 고려되었음을 인지할 수 있다(李弘鍾 2005: 137-138). 이와 같은 송국리형 취락의 입지·밀집도·형태·기능적인 측면을 고려했을 때, 송국리형 취락은 지역에 따라 환촌형 중심과 광장촌형 중심의 2가지 유형으로 변화·발전하였으리라 판단된다.

IV. 맺음말

이상에서 필자는 송국리형 취락의 경제적 기반인 주변 지형 조건을 중심으로 경관적 검토를 행하였다. 그 결과 송국리형 주거지로 이루어진 취락(이상에서 송국리형 취락이라 명명하였음)은 크게 전작 농경형과 수전 농경형으로 구분 가능하다고 판단하였다. 그런데 전작 농경형은 차령산맥 이북의 충남 북부지역과 동부의 대전지역에만 집중되고, 나머지 지역은 모두 수전 농경형이 근간이었음을 알 수 있었다. 그리고 이러한 송국리형 취락의 경관 차이는 전작 농경의 토대 위에 경제적 기반을 성립시킨 재지 집단과 처음부터 수전 농경을 위주로 경제적 기반을 만들어간 집단의 지역성과도 무관하지는 않을 것으로 생각한다(이홍종 2002: 92-94). 따라서 필자는 앞으로 송국리형 주거지로 이루어진 취락은 모두 송국리형 취락이라 칭하되, 그 경관에 있어서 수전 농경형인 경우만 송국리형 취락 경관이라 부르고자 한다.

한편, 송국리형 취락을 입지와 형태에 따라 구분하고 그 특징을 찾아보고자 하였다. 그러나 지금까지 조사된 자료는 산지 혹은 구릉에 집중되어, 지형적 여건에 따라 취락의 규모 혹은 공간 배치가 제한될 수밖에 없는 한계를 지니고 있다. 그럼에도 입지와 주거 배치 형태에 따라 취락의 위상 및 경제 활동에 차이가 있고, 지역에 따라서는 취락의 유형에도 차이가 있음을 살펴보았다. 주지하는 바와 같이 송국리문화는 수전 농경을 본격적으로 영위한 집단에 의한 것이다. 따라서 앞으로는 일본 야요이 시대의 취락이 대부분 평지의 자연 제방 혹은 단구상에 입지하고 있음을 참고할 때, 평지에 대한 조사가 활발해져야지만 배후 습지의 수전 농경과 더불어 송국리형 취락의 공간적·경제적 연구가 본격화될 수 있을 것이다.

참고문헌

東亞大學校博物館, 1999, 『南江流域 文化遺蹟 發掘圖錄』.
安承模, 1998, 『東아시아 先史時代의 農耕과 生業』, 學研文化社.
安在晧, 1996, 「無文土器時代 聚落의 變遷」, 『碩晤尹容鎭教授停年退任紀念論叢』.

安在晧, 2004,「中西部地域 無文土器時代 中期聚落의 一樣相」,『韓國上古史學報』43.

吳洪晳, 1994,『聚落地理學』, 교학연구사.

李南奭·李賢淑, 2002,『安永里遺蹟』, 公州大學校博物館.

李亨源, 2009,「韓國 青銅器時代의 聚落構造와 社會組織」, 忠南大學校大學院 博士學位論文.

이홍종, 2000,「우리나라의 초기 수전농경」,『한국농공학회지』42-3.

이홍종, 2002,「松菊里文化의 時空的 展開」,『湖西考古學』6·7.

이홍종, 2003,「松菊里型 聚落의 景觀的 檢討」,『湖西考古學』9.

李弘鍾, 2005,「寬倉里聚落의 景觀」,『송국리문화를 통해 본 농경사회의 문화체계』, 서경.

이홍종, 2006,「송국리문화의 전개과정과 실연대」,『금강: 송국리형 문화의 형성과 발전』, 호남·호서고고학회 합동 학술대회 발표요지.

李弘鍾·姜元杓·孫晙鎬, 2001,『寬倉里遺蹟』, 高麗大學校埋藏文化財研究所.

李弘鍾·朴性姬·李僖珍, 2004,『麻田里遺蹟』, 高麗大學校埋藏文化財研究所.

李弘鍾·孫晙鎬·趙은지, 2005,『道三里遺蹟』, 高麗大學校考古環境研究所.

李弘鍾·許義行, 2004,『扶餘 九鳳·蘆花里遺蹟』, 高麗大學校埋藏文化財研究所.

李弘鍾·高橋學, 2006,『행정중심 복합도시 평야지역 내 古地形 및 遺蹟分布 豫測調査 報告書』, 한국고고환경연구소.

趙載英, 2001,『田作』, 鄕文社.

中原文化財研究院, 2007,『安城 盤諸里遺蹟』.

충남대학교박물관, 2007,『호서지역의 청동기문화』, 호서지역 문화재조사연구기관 연합전.

忠清南道歷史文化院, 2004,『天安 佛堂洞遺蹟』.

한국지리정보연구회 편, 2000,『지리학강의』, 한울아카데미.

邢基柱, 1993,『農業地理學』, 法文社.

高橋伸夫, 1996,『文化地理學入門』, 東洋書林.

高橋學, 2003,『平野の環境考古學』, 古今書院.

工樂善通, 1991,『水田の考古學』, 東京大學出版會.

近藤義郎, 1959,「共同體と單位集團」,『考古學研究』6-1.

大井晴男, 1987,「日本考古學における方法·方法論」,『論爭·學說 日本の考古學』1, 雄山閣出版.

渡部忠世, 1983,『アジア稲作の系譜』, 法政大學出版局.

都出比呂志, 1989,『日本農耕社會の成立過程』, 岩波書店.

山崎純男, 2003,「西日本の繩文後晩期の農耕再論」,『日韓初期農耕-關聯學問と考古學の試み』, 大阪市學藝員等共同研究シムポジウム.

杉浦芳夫, 2000,『立地と空間的行動』, 古今書院.

田崎博之, 2005,「燒成失敗品을 통해 본 無文土器의 生産形態」,『송국리문화를 통해 본 농경사회의 문화체계』, 서경.

Ashmore, W. and Knapp, A. B., 1999, *Archaeologies of Landscape*, Blackwell Publishers.

제2장

관창리 취락의 경관

이홍종

I. 머리말
II. 검토를 위한 전제
III. 취락에 대한 분석
IV. 취락의 경관
V. 맺음말

I. 머리말

관창리 취락은 지금까지 중서부지역에서 조사된 송국리문화 단계의 유적 중 면적이나 주거지의 수 적인 면에서 가장 규모가 큰 편에 속한다. 물론 송국리유적의 전체적인 지형을 고려할 때 관창리유 적보다 규모가 컸으리라 추정되지만, 아직 전체적인 조사가 이루어지지 않아 현재로서는 관창리 취 락에 버금가는 유적의 존재는 알려져 있지 않다. 관창리유적은 1994년부터 1995년에 걸쳐 A~G의 7개 구역으로 나누어 4개 기관이 조사를 담당하였는데, A구역은 분묘군, G구역은 농경지, C구역은 다른 시기의 유구가 확인되었기 때문에 실제 주거지가 분포하고 있는 취락의 범위는 B·D·E·F구 역에 한정된다(吳相卓·姜賢淑 1999; 李殷昌 外 2002; 李弘鍾 外 2001; 忠南大學校博物館 1995). 관창리유적 주

사진 01 관창리유적 구역별 위치(李弘鍾 外 2001)

변의 전체적인 지형을 고려할 때, 조사된 범위를 벗어나 취락이 분포할 가능성은 전혀 없다고 판단된다. 따라서 한 지역에 거주했던 집단의 생산과 조직 체계를 밝히는 데 매우 중요한 의미를 갖고 있다.

관창리 취락에서 조사된 주거지는 B구역에서 100기, D구역에서 46기, E구역에서 10기, F구역에서 35기로 총 191기가 확인되었는데, 다른 시기의 주거지는 거의 없고 대부분 송국리형에 속한다. 확인된 유구는 주거지를 비롯하여 무덤, 경작지, 토기 요지, 창고 등 거의 모든 것이 밝혀져서 취락의 경관만이 아니라 취락 내 구성원의 조직 체계를 연구하는 데 상당히 유효하다. 본고에서는 관창리 취락을 구성하고 있는 주거지의 시기 문제를 검토하고, 이를 바탕으로 공간 문제 및 취락 구성원의 조직 체계에 대해서 언급해 보고자 한다.

II. 검토를 위한 전제

관창리유적의 전체 취락 범위는 C구릉을 제외한 B구릉의 동쪽과 서쪽에 있는 2개의 곡부를 포함해서 폭 600m, 길이 800m에 이른다. 취락군은 북에서 남으로 뻗은 길이 600m 정도의 긴 구릉과 서에서 동으로 뻗은 길이 200m 정도 되는 작은 3개의 구릉에 형성되어 있다. 발굴 구획상 북에서 남으로 뻗은 구릉을 B구역, 서에서 동으로 뻗은 3개의 구릉을 남에서부터 D·E·F구역으로 명명하였다(도 01).

관창리 취락의 주거지는 중복 관계가 거의 없기 때문에 이를 통해 시기 문제를 검토하는 것은 거의 불가능하다. 때문에 출토된 토기의 편년적인 위치를 기초로 주거지의 시기를 결정할 수 있지만, 출토 토기 또한 시기를 파악할 수 없는 것이 상당수에 이르고 있어 일률적으로 주거지의 선후 관계를 결정하는 것은 매우 어렵다. 또한 송국리형 주거지에서 보이는 중앙 토광의 설치가 구릉의 방향과 어떠한 관계를 갖고 있는지도 검토하였지만, 이 또한 시기별 일관성을 찾아보기는 힘들었다. 오히려 중앙 토광의 배치를 통해서는 각 주거군에서 중심적인 주거지와 그렇지 않은 주거지와의 관계가 어느 정도 예상될 뿐이다.

결국 전체 주거지의 시기를 명확히 구분할 수는 없었지만, 시기를 판단할 수 있는 상당수 주거지를 근거로 했을 때 취락의 존속 시기는 주거군이 옮겨 다니면서 변천하는 것이 아니라 각각의 단일 주거군 내에서 변화하는 양상으로 전개되었음을 알 수 있었다. 즉, 3~5개의 주거가 동일 시기에

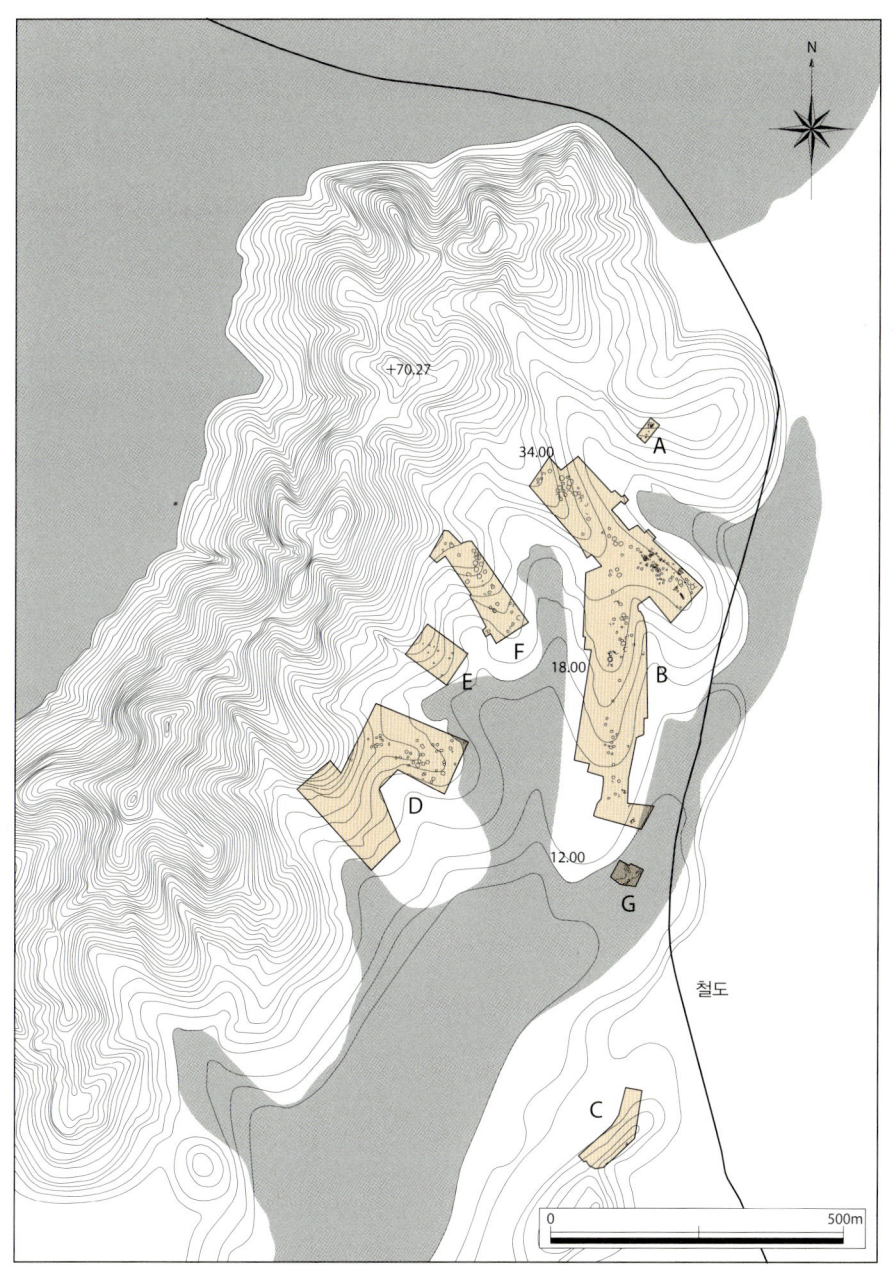

도 01 관창리 취락의 분포

형성되어 하나의 주거군을 이루고, 이러한 최소 단위의 주거군이 집합하여 취락을 형성한 것이다. 최소 단위의 주거군이 관창리유적 전체 존속 기간에 걸쳐 거의 그대로 유지되었다는 사실은, 최소 단위 주거군의 독립성을 바탕으로 계획적인 공간 배치 하에 취락 전체가 움직여 나아갔음을 의미하는 것이기도 하다.

관창리 주거지에서 출토된 토기는 다른 논고를 통해서 이미 대강을 밝힌 바 있는데(李弘鍾 2005: 36), 그에 따르면 관창리유적은 송국리 Ⅰ·Ⅱ단계에 걸쳐 존속한 것으로 판단된다. 그러나 다행스러운 점은 위에서도 언급한 바와 같이 취락 내 모든 주거지의 단계를 설정하는 것은 어렵지만, 시기에 따라 주거군이 이동해 간 것이 아니기 때문에 전체 취락의 공간 배치상에서 각 주거군의 역할 및 전체 취락의 체계를 밝히는 것에는 큰 무리가 없다는 사실이다. 즉, Ⅰ단계와 Ⅱ단계에 속하는 주거지들이 주거군을 달리하여 점유해 가는 것이 아니라, 같은 주거군 내에서 Ⅰ단계에서 Ⅱ단계로 변화하는 양상을 보여주고 있다. 단일 주거군 내에서 주거지 간의 중복 관계가 거의 나타나지 않는 점도 개별 주거지 간의 시기 차가 그다지 크지 않았음을 시사한다. 따라서 단위 주거군 내에서 개별 주거지 간의 시기 차이는 인정된다 하더라도 각 단위 주거군은 그대로 유지되기 때문에, 취락 전체에서 각 주거군의 역할 및 기능, 나아가서는 취락 전체의 조직 체계를 살피는 데 큰 무리는 없을 것으로 판단된다.[1]

Ⅲ. 취락에 대한 분석

관창리 취락은 B구역이 중심적인 위치를 점하면서 D·E·F구역에 취락이 분포하는 양상을 보인다(도

---

[1] 참고로 단계 설정이 가능한 주거지, 굴립주 건물지, 요지를 열거하면 다음과 같다.
Ⅰ단계 : 주거지 003~007, 008-1, 009, 012~014, 017~020, 022~027, 032~035, 037, 040~044, 046~050, 052~054, 056, 064, 066, 069~071, 075, 076, 080, 081, 굴립주 건물지 202, 203, 208, 210, 211, 요지 801~804, 807, 823, 824
Ⅱ단계 : 주거지 001, 008, 010, 011, 015, 016, 021, 028~031, 036, 038, 039, 045, 051, 055, 057, 058, 061~063, 065, 068, 072~074, 077~079, 굴립주 건물지 201, 204~207, 209, 요지 805, 806, 808~810, 812~816, 818, 819, 821, 822

01). 유적은 해발 71m에서 남동쪽으로 뻗어 내린 산록의 완만한 구릉 위에 형성되었는데, 주거지는 해발 36m에서 10m 사이의 구릉에 입지하고 있다. 수전이 확인된 구릉 아래의 저지대는 해발 5~7m 정도에 불과하다. 구릉 전체가 동일 단계의 유적으로 구성되어 있어, 전체 취락 내에서 각 구릉 간의 상호 유기적인 관계가 형성되었을 것으로 추정된다.

1. B구역

B구역에서는 해발 10~34m에 해당되는 길이 600m, 폭 100m의 구릉에 100기의 주거지가 밀집 분포하고 있다. 주거지는 대부분 구릉 정상부를 따라 분포하는 형태로서 사면부의 이용도는 극히 미미하다. 취락의 공간 배치를 보면 일정한 형태로 주거군이 밀집되었음을 알 수 있다. 주거군은 공간상으로 드러난 배치 상태와 취락의 기능적 측면을 고려했을 때, 모두 8개 군으로 구분할 수 있다(도 02).

제1군은 구릉의 최북단 해발 34m에서 서쪽 사면부를 따라 밀집되어 있는 5기의 주거지가 해당된다. 5기의 주거지 중 4주식 주거지가 가장 높은 곳에 위치하고 나머지 소형 주거지 4기는 사면에 배치되어 있다. 4주식 주거지의 비율은 20%이다.

제2군은 해발 28~33m 사이의 구릉 정상부에 분포하고 있다. 다른 주거군에 비해서 조밀하게 배치되며 전체 주거지 수 21기 가운데 13기가 4주식 주거지로 60% 이상을 점유하고 있다. 이처럼 4주식 주거지가 특정 구역에 밀집되는 양상은 다른 일반 취락에서는 찾아보기 힘들다. 구릉에서의 입지 조건이나 4주식 주거지의 밀집은 취락 내에서 차별화된 주거군이 존재하였음을 시사하는 바로서, 취락의 지배적인 위치에 있었던 집단의 위계를 보여주는 거주 영역으로 판단된다.

제3군은 해발 25~28m 사이의 구릉 능선에 위치한 8기의 주거지가 이에 속한다. 4주식 주거지 3기를 중앙에 두고 5기의 소형 주거지를 주위에 배치시킨 형태로서 4주식 주거지의 비율은 38%이다. 제2군 다음으로 4주식 주거지의 비율이 높고 제4군과 제5군의 연결 지점에 위치하고 있는 점으로 미루어 보아 중간 역할을 담당했던 주거군으로 추정된다.

제4군은 해발 23~25m 사이의 동쪽으로 갈라진 구릉에 입지하는데, 총 22기 가운데 대형 주거지는 4기로서 모두 동쪽 끝에 배치되어 있다. 4주식 주거지의 비율은 23%이다. 이곳 제4군은 토기 요지와 고상 가옥이 밀집되어 있는 곳으로서, 특이한 점은 토기 요지가 밀집된 곳에서는 4주식 주거지가 한 기도 없고 고상 가옥 중 마룻대 받침 기둥을 가진 KB-204·205와 근접 거리에 위치한다

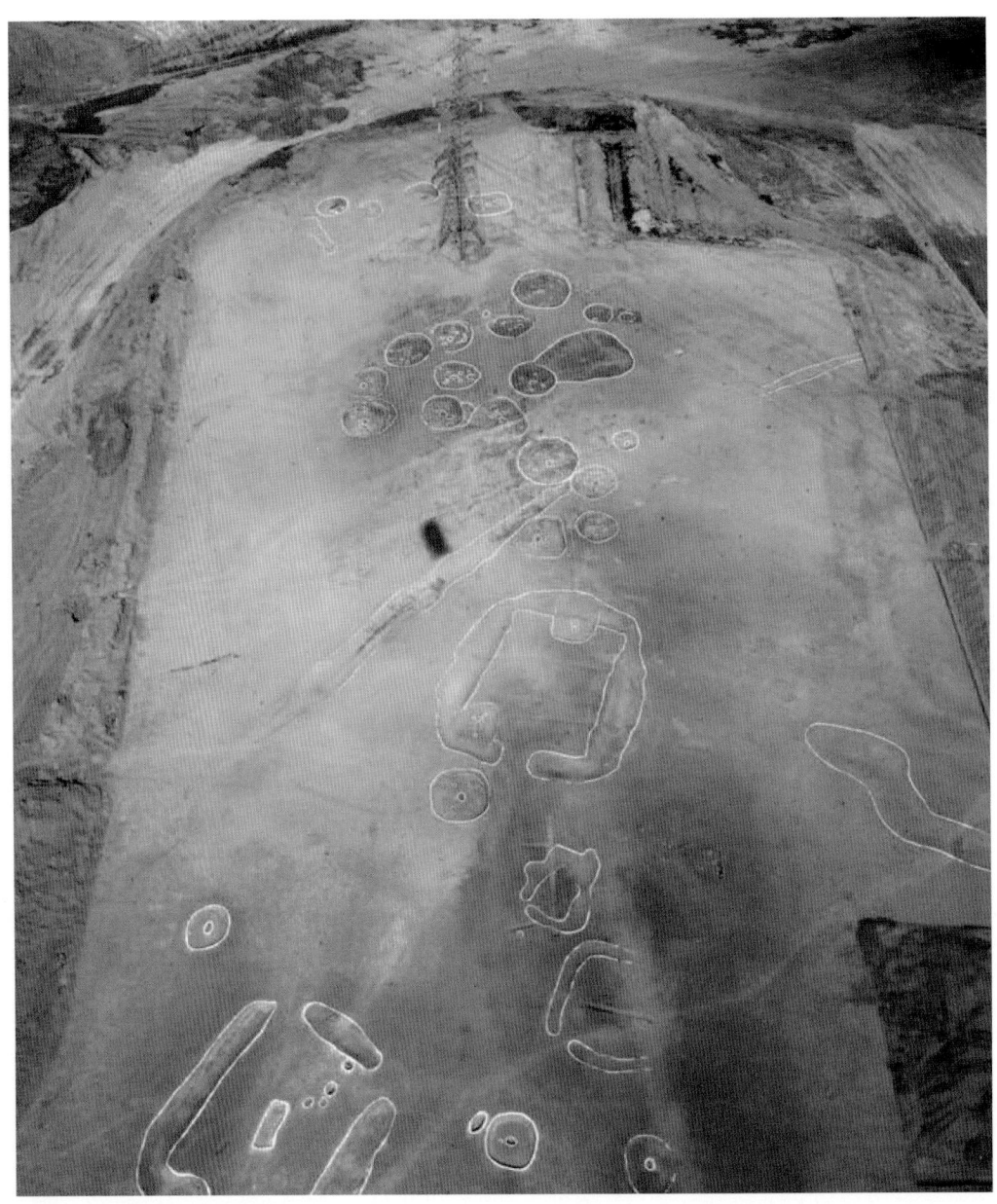

사진 02 B구역 제1·2군(李弘鍾 外 2001)

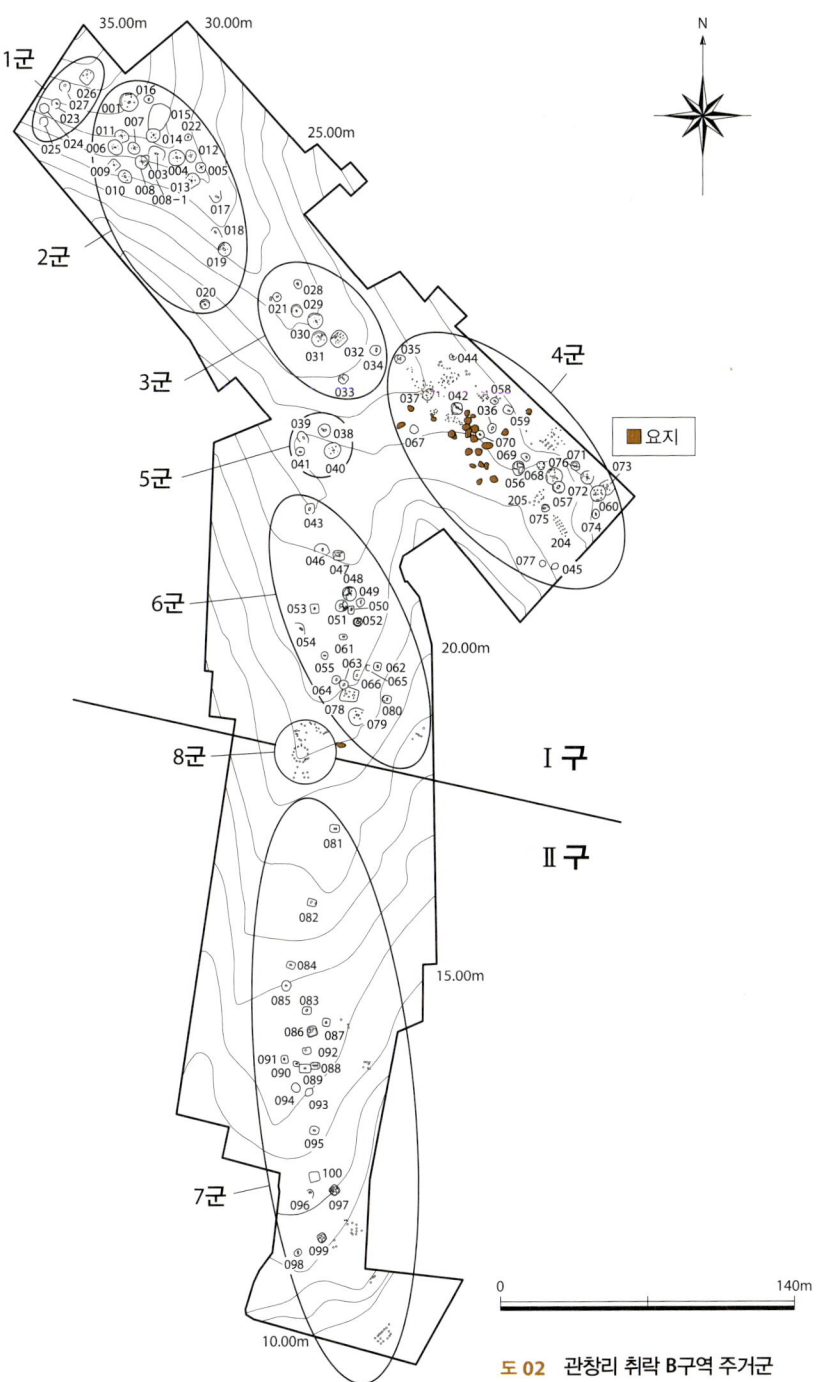

도 02 관창리 취락 B구역 주거군

사진 03　B구역 제4·5군(李弘鍾 外 2001)

는 것이다. 기타 고상 가옥으로 추정되는 것들은 토기 요지의 북동쪽과 4주식 주거지 주위에 배치되는데, 형태상 정연성을 갖고 있는 것들은 모두 4주식 주거지 주위에 배치되는 특징을 보여준다. 이러한 주거지, 요지, 고상 가옥의 배치 상태로 보아 제4군은 토기 생산 및 저장과 관련된 취락의 공동 창고 시설이 위치한 구역임에 틀림없다.

　　토기 요지 주변의 고상 가옥은 정연성이 떨어져 토기 보관과 관련된 시설일 가능성이 제기되며, 4주식 주거지 주변의 고상 가옥은 마룻대 받침 기둥을 가진 대형으로 취락의 공동 창고로서 기능하였을 것이다. 그리고 토기 요지 주위의 주거지는 실제 토기 제작 집단의 거주 영역으로 보이지만, 제4구역의 전체적인 생산과 보관의 관리는 4주식 주거지를 중심으로 이루어졌을 것으로 추정된다. 다른 주거군에서도 20% 내외의 4주식 주거지가 배치되어 이를 중심으로 주거군의 역할이 이루어졌을 것으로 보이는데, 토기 요지 부근에 4주식 주거지가 없기 때문에 이 토기 생산 시설들도 창고를 관리하던 4주식 주거지에 의해 통제되었을 가능성을 짐작할 수 있다.

제5군은 동쪽과 남쪽 구릉이 갈라지는 해발 24m 지점에 위치하는데, 총 4기의 주거지 중 1기가 대형에 속해 그 비는 25%이다. 제4군에 속하는 주거지의 특징은 다른 주거지들에 비해서 석기의 출토량이 월등하다는 점인데, 038호에서는 48점이, 040호 주거지에서는 98점이 출토되었다. 그러나 나머지 039·041호는 다른 주거지와 비슷한 출토량을 보여주고 있다. 이러한 점으로 미루어 보아 제5군은 석기 제작과 관련된 주거 혹은 작업장일 가능성이 제기된다.

제6군은 해발 20~23m의 구릉 능선에 총 20기가 위치하고 있는데, 이 중에서 4주식 주거지는 3기로서 15%에 해당된다. 이 주거군들은 취락의 거의 중앙부에 위치하면서 후술할 평면 원형 건물지를 포함한 굴립주 건물군인 제8군과 인접하여 있다. 주거지의 대·소형 비율은 다른 주거군과 크게 다를 바 없지만, 출토 유물에 있어서 원형점토대토기, 두형토기, 파수부 등 관창리의 토기 요지에서 전혀 확인되지 않은 외래계의 유물들이 나타난다. 제8군과 인접하기 때문에 이곳의 기능과 밀접히 연관되어 있으리라 추정된다.

제7군은 해발 20m 이하에 위치한 주거군으로서 주거지는 총 20기이지만 4주식은 한 기도 존재하지 않는다. 주거지의 배치는 해발 16m 부근에서 밀집된 양상을 보이지만, 다른 주거군과 같이 뚜렷한 특징은 나타나지 않는다. 다만 구릉 아래쪽의 가장 넓은 면적을 차지하면서도 4주식 주거지가 단 한 기도 없는 점이 다른 주거군과 구별되는 제7군만의 특징이라고 판단되어 하나의 주거군으로 설정하였다. 이러한 점이 제7군이 차지하는 취락 내 위상 혹은 역할과 밀접하게 연관되어 있다고 생각된다.

제8군은 제6군과 제7군의 사이에 위치한 굴립주 건물군으로서 취락의 거의 중앙부에 입지하고 있다. 원형의 굴립주 건물 2동이 중앙에 위치하고 그 양쪽에 장방형의 굴립주가 배치되어 있다. 조사 당시 굴립주 건물 주변은 다른 주거군과 달리 토기 파편이 지면에 박혀 있으면서 유구의 흔적은 명확하지 않고, 또한 다른 곳에 비해 상당히 단단한 지면을 이루고 있었다. 토기가 지면에 박혀 있음에도 지면 위에서는 유구의 흔적을 구분할 수 없어 트렌치 조사를 통해 토층 단면을 확인하였지만 바로 생토면이 드러났다. 유구가 없으면서도 부식토와 함께 토기가 생토층에 단단하게 박혀 있는 이유는 결국 제8군 굴립주 건물군의 역할과 연관시켜 생각할 수밖에 없다.

    4주식 주거지를 중심으로 소형 주거지들이 하나의 주거군을 이루는 구릉 위쪽의 제1~6군과 4주식 주거지 없이 소형 주거지들만 산재해 있는 구릉 아래쪽 제7군의 사이에 굴립주 건물군이 위치하고 있어, 제8군의 역할은 취락 구성원의 공공적인 장소로서 이용되었을 가능성이 매우 크다고 생각된다. 즉, 취락 구성원 전체의 집회와 같은 모임 혹은 외부 집단과의 교류 장소로서 이용되었으리라 추정되는데, 이러한 정황은 제6군에서 관창리유적에서 제작되지 않은 원형점토대토기 계통의 유물이 집중적으로 출토되는 점과도 서로 연관시켜볼 수 있다.

2. D구역

D구역의 보고서는 아직 미간이지만 평면도 상의 배치도에서 보면 총 46기의 송국리형 주거지가 확인되었는데, 그중에서 4주식 주거지는 총 7기로 그 비는 15%이다. 주거지들은 완만한 구릉에 등고선 방향을 따라 부채꼴 모양으로 펼쳐지면서 몇 개의 군을 형성하고 있지만, B구역에서처럼 기능적인 분화는 보이지 않는다. 그러나 각 주거군의 배치 상태로 보아 4개 군으로 구분할 수는 있을 것 같다(도 03).

    제1군은 2기의 주거지가 독립된 상태로 해발 32m에 위치하고 있는데, 앞서 B구역에서 살펴본 5기의 주거지가 맨 위쪽에 자리하고 있는 것과 유사한 양상이다.

    제2군은 해발 25~27m 사이에 위치한 10기로 이루어진 주거군으로서 4주식 주거지는 한 기도 없다.

    제3군은 구릉 중앙부 해발 23~24m에 15기로 이루어진 주거군이다. 4주식 주거지는 5기로 그 비는 33%에 이른다.

    제4군은 구릉 맨 아래쪽에 위치한 19기의 주거지인데, 이 중에서 4주식 주거지가 2기로 그 비는 약 11%이다. 주거지들은 매우 산발적으로 분포하여 B구역의 정연한 모습과는 대조적인 모습을 보여주고 있다.

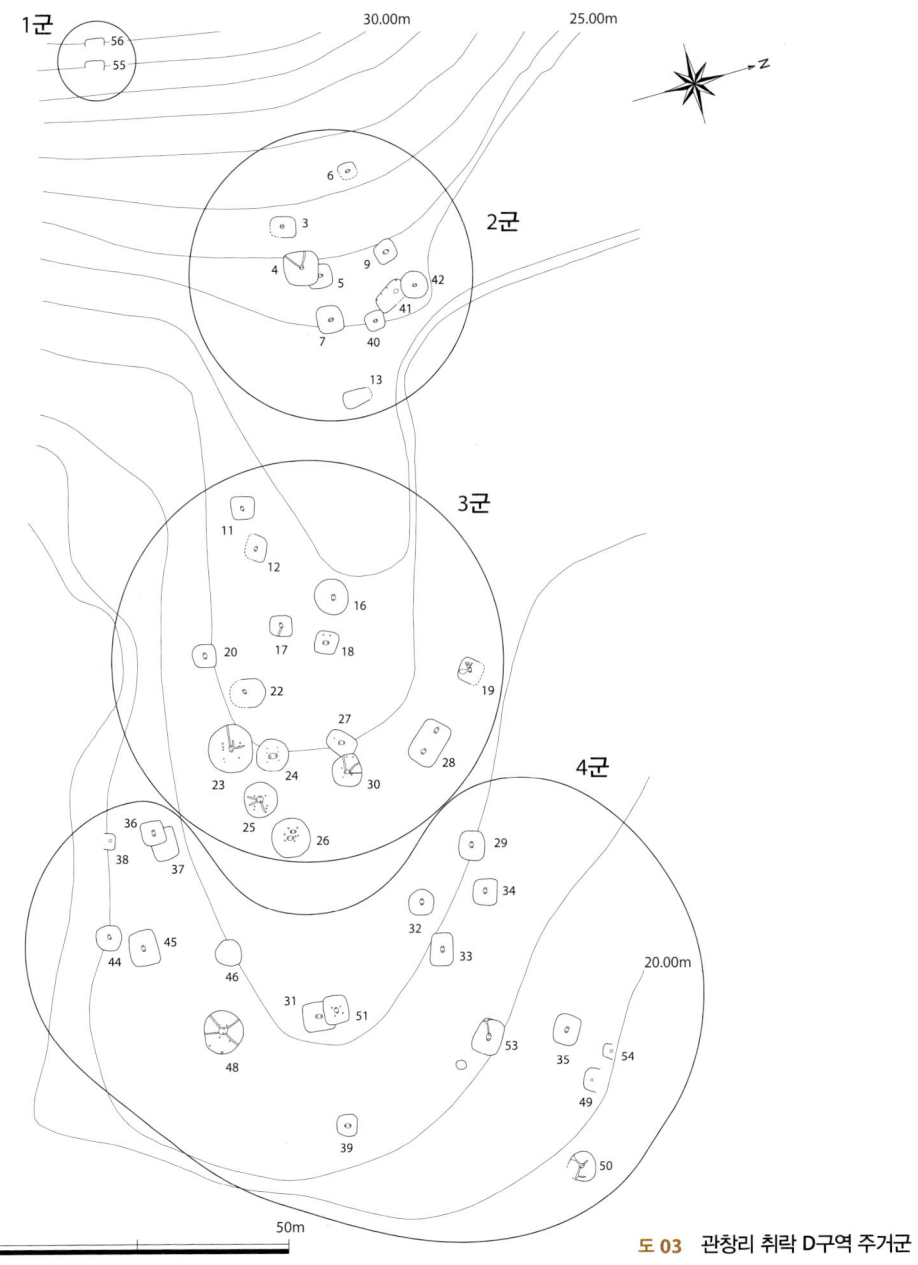

도 03 관창리 취락 D구역 주거군

사진 04   D구역 제3군(忠南大學校博物館 1995)

　　D구역의 자세한 양상은 보고서가 출간되지 않아 확인할 수 없지만 중앙부의 제3군에 4주식 주거지가 밀집되어 있으면서도 다른 시설, 예를 들면 굴립주 건물지나 토기 요지 등이 존재하지 않는 점으로 보아 B구역의 영향 아래 형성된 중위 취락에 머물렀던 것으로 판단된다. 따라서 이곳은 단위 주거군이 하나의 독립적인 모습을 갖추고 이들이 집합하여 취락을 형성하였다고 보기보다는, 제3군이 중심이 되고 각 단위 세대가 군을 이루어 형성된 중위 취락으로 판단된다.

3. E구역

이곳에서 확인된 주거지는 모두 10기로서 4주식 주거지는 한 기도 존재하지 않는다. 주거지의 분포도 매우 산발적이면서 거의 독립적인 모습을 보여주고 있어 주거군의 설정은 무의미하다. 따라서 이곳의 취락은 단위 세대만으로 이루어진 단위 취락으로 판단되지만, 지형상으로 보아 F구역에 속한

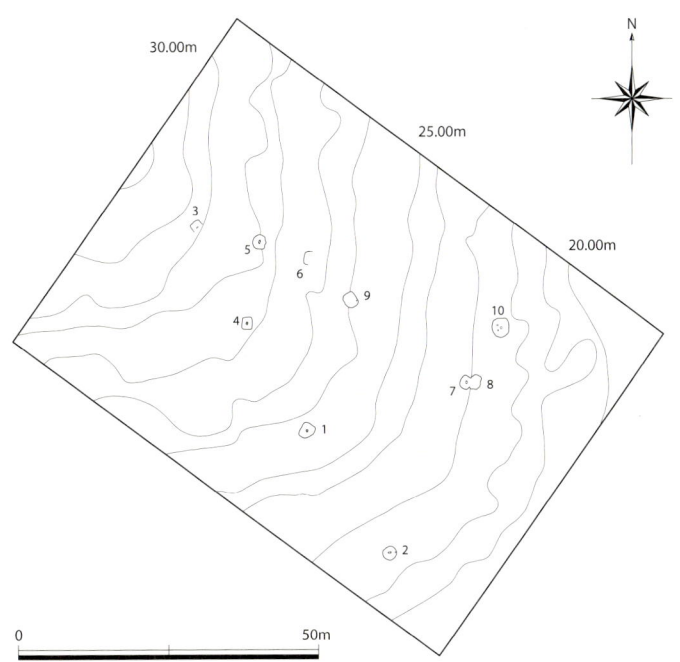

도 04 관창리 취락 E구역 주거군

취락으로 추정된다(도 04).

4. F구역

총 35기의 주거지가 구릉 능선을 따라 배치되어 있다. 각 주거군은 분포상 6개 군으로 구분 가능하지만, 제2군과 제6군을 제외한 주거군은 중심적인 위치를 갖는 주거지가 없다(도 05).

　제1군은 구릉부의 맨 위쪽 해발 34~36m 구간에 5기가 산발적으로 분포하여, B·D구역과 거의 같은 양상을 보여주고 있다.

　제2군은 11기의 주거지 중 8기가 4주식으로 그 비는 73%에 이른다. 전체 4주식 주거지 9기 가운데 8기가 집중되어 있어 이곳이 F구역 취락의 중심적인 위치를 점하였던 것으로 판단된다.

　제3·4·5군은 각각 6기, 4기, 2기가 분포하지만 각 주거군의 기능적인 역할이 분명하지 않아

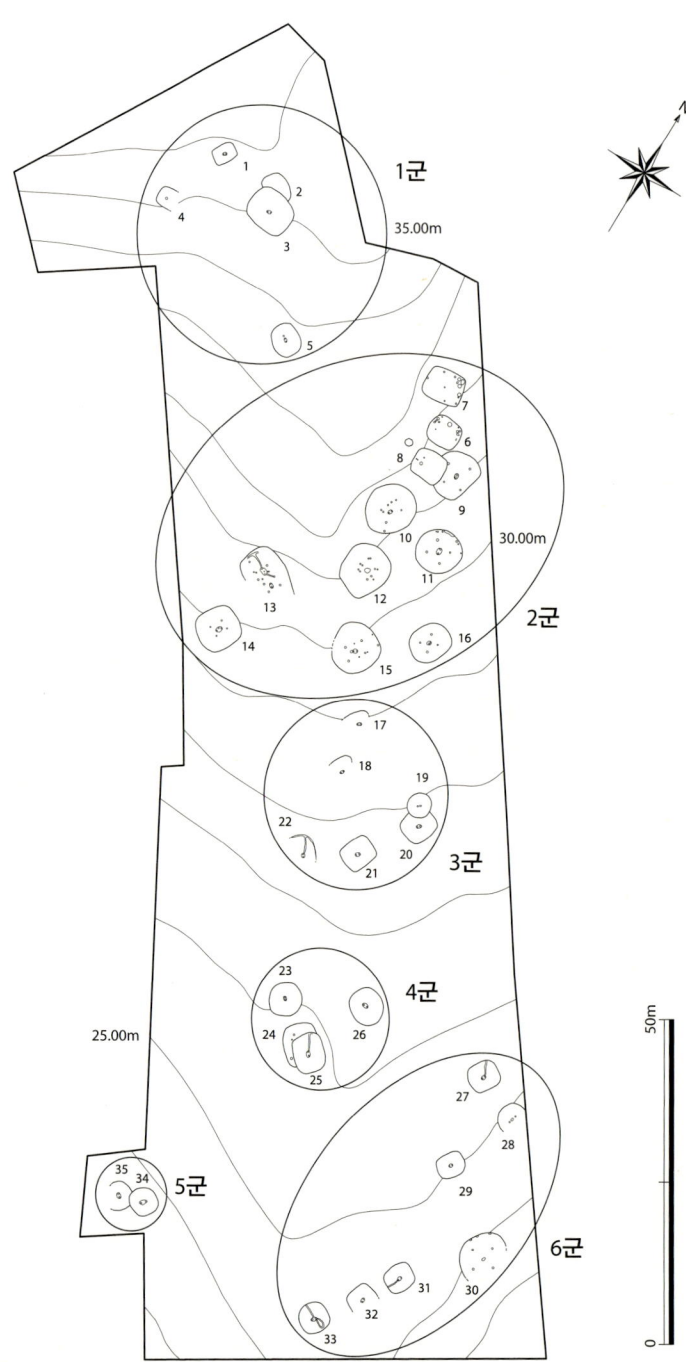

도 05 관창리 취락 F구역 주거군

사진 05 F구역 전경(吳相卓·姜賢淑 1999)

단순한 단위 세대의 집합으로 보는 것이 타당하다고 판단된다. 제6군은 7기 가운데 1기가 4주식 주거지로서 그 비는 14%이다.

　　분포상 6개 군으로 구분할 수 있지만, 제2군을 제외하고는 단위 주거군의 중심이 될 만한 주거지나 그 역할이 명확하지 않다. 중심적인 주거지가 제2군에 집중하고 있어 전체 취락이 각 주거군의 집합에 의해 형성되었다고 보기보다는, 제2군을 중심으로 주거지가 분산 배치된 취락으로 보는 것이 타당하다고 판단된다. 이러할 경우 취락 내에서 4주식 주거지의 비는 26%를 점유하게 되어, B구역 단위 주거군의 비와 비슷한 양상을 보여주고 있다.

IV. 취락의 경관

이상에서 관창리 취락의 각 구역별 주거지 배치 상태를 중심으로 주거군을 나누고 그에 대한 분석을 행하여 보았다. 그 결과 B구역은 총 8개 군으로 구분 가능하고 각 군은 제각기 핵심적인 주거지를 중심으로 역할 관계가 분할되었음을 알 수 있었다. 그러나 D구역과 F구역은 중심적인 주거지가 각 단위 주거군별로 배치된 것이 아니라 한 곳에 집중된 양상을 보여주고 있어 B구역과는 상당히 다르다. D구역과 F구역은 중심 주거군을 중앙에 배치하고 각 단위 세대 혹은 단위 주거군을 결집한 형태의 취락인 중위 취락으로서 판단할 수 있을 것이다. E구역은 각 단위 세대가 분산 배치된 형태로서 중심적인 역할을 담당하였을 주거지는 전혀 보이지 않아 단위 세대만으로 이루어진 단위 취락으로 볼 수도 있지만, 전체 지형을 고려할 때 F구역 취락에 속한 단위 세대의 집합으로 보는 것이 타당하다.

1. 취락의 구분

취락은 지형에 따른 입지 형태, 지리적 입지 조건에 따른 형태, 평면 구조의 기하학적 구성에 따른 형태, 기능에 의한 형태, 인구 밀도에 따른 형태 등 다양하게 구분된다(吳洪晳 1994: 17-18). 지형에 따른 취락의 입지 형태는 범람원, 선상지, 산록이나 구릉, 산지, 해안 평야 등으로 구분되며, 지리적 입지 조건으로는 야촌, 해촌, 산촌 등이 있다. 평면 구조의 기하학적 구성에 따른 형태로는 괴촌, 열촌, 광장촌, 환촌, 기반목상촌, 기능에 의한 형태로는 중심 취락, 주변 취락, 유통 취락, 인구 밀도로는 산촌과 집촌 등으로 구분되어 분류 방법에 따라 다양하게 취락의 위치를 조명할 수 있는 것이다.

관창리유적의 경우는 크게 보아 독립된 3개의 취락으로 구성되어 있는데, 각 취락은 입지 조건과 역할에 따라 그 위상이 다를 수밖에 없었을 것이다. 관창리유적에서 중심적인 위치를 점하고 있는 B구역을 살펴보면, 지형에 있어서는 구릉, 지리적으로는 야촌, 평면 구조상으로는 괴촌과 광장촌의 결합, 기능으로서는 중심 취락, 인구 밀도로서는 집촌에 해당된다. 이 가운데 지형, 지리, 인구 밀도에 의한 구분은 누구나 인정할 수 있는 것이기에 평면 구조와 기능에 의한 구분에 대해서만 간략히 언급하고자 한다.

1) 평면 구조상에 의한 분류

B구역 각 주거군의 주거지 평면 배치 상태는 괴촌 형태를 띠지만, 취락 중앙부에 광장의 역할을 하였던 굴립주 건물군이 존재하여 광장촌적 성격도 갖고 있다. 앞에서도 언급한 바와 같이 중앙부의 굴립주 건물군 주위는 집회 혹은 교역의 장과 같은 인구의 집중 현상에 의해 형성되었을 것으로 추정되는 흔적들이 발견되었기 때문에, 이곳이 관창리 취락의 중심적인 장소로서 인근 혹은 원거리 집단의 집합지적 성격을 갖는 것으로 추정된다. 따라서 관창리 취락은 각 주거군의 괴촌적인 성격에도 불구하고 처음부터 공간 배치상에서 일정한 규칙성을 갖고 있었음이 주목된다.

즉, 관창리 취락은 상호 유기적인 관계 속에서 각 주거군의 역할이 이루어질 수 있도록 계획적으로 조영된 취락적 성격이 강한데, 광장을 중심으로 구릉 위쪽은 취락의 상위 계층과 그들에 의해 통제되었을 것으로 추정되는 생산 및 관리 시스템이 배치되고 아래쪽은 하위 계층만의 집합으로 이루어져 농경과 같은 기초적인 생산 활동에 종사한 집단이 거주한 영역으로서 양분된 구도 체계를 보여주고 있는 것이 이를 시사하는 바이다. 한편, 4주식 주거지가 없는 광장 아래쪽 단위 세대 주거군에도 농경지와 가까운 해발 10m 지점에 굴립주 건물이 집중되어 있는데, 생산 집단이 공동으로 농업 생산물을 보관하였던 장소일 가능성이 제기된다.

이러한 점으로 미루어 관창리 B구역의 취락은 크게 두 계층이 중앙 광장을 중심으로 영역을 달리하여 배치되어 있었으며, 상위 계층은 취락의 통제, 토기·석기 등 필수품의 생산과 보관, 농업 생산물의 전체적인 보관과 분배, 교역 등을 담당하였고, 하위 계층은 단위 세대를 중심으로 직접 농경 생산에 종사한 취락 시스템이었을 것으로 판단된다. 제4주거군에서 생산된 토기가 D·F구역에 공급된 사실을 보더라도(田崎博之 2005: 208) B구역은 생산과 공급의 중심적인 위치를 점하였으며, 또한 각 주거군이 명확한 특징을 보여주고 있어 위계에 의한 취락의 조직 체계가 어느 정도 완비되었던 것으로 판단된다.

사진 06 B구역 토기 요지(李弘鍾 外 2001)

2) 기능에 의한 분류

기능에 따라 취락은 중심 취락, 주변 취락, 특수 취락(유통 취락 등) 등으로 분류된다. 주변 취락은 주로 1차적인 생산과 소비에 종사하는 집단의 거주 영역으로서 다른 취락과의 관계에서 종속적인 위치에 있는 취락을 말한다. 특수 취락은 특정 목적을 달성하기 위하여 상시 혹은 일시적으로 거주하였던 취락을 말하는데, 최근에 조사 사례가 증가하고 있는 유통 취락의 경우를 보면 일상생활 장소가 아닌 교통의 요지인 해안이나 하안 등 특정 장소에서 생산, 소비, 교역이 복합적으로 이루어졌음이 밝혀졌다. 이 취락들은 일상 거주 영역은 거의 확인되지 않지만, 유구의 정연성 및 배치 상태가 불규칙하고 일시적 거주 형태에 의한 퇴적상을 보여주고 있다. 그리고 상당량의 다양한 유물들이 유구가 아닌 퇴적토와 함께 섞인 상태로 출토된다. 앞으로 그 예가 증가하면 교역 루트와 교역품 등 당시 사회의 움직임을 연구하는 데 중요한 역할을 할 것으로 기대된다. 아산 갈매리(李弘鍾 外 2007), 세종 월산리(이홍종 외 2012), 서천 도삼리(李弘鍾 外 2005) 등이 이에 속하는 유적으로 판단되며, 북부 규슈지역에서 발견되는 원형점토대토기 유적도 이에 속하는 것으로서 해안 혹은 하안의 교통 요지에 위치하고 있다(이홍종 2002b: 41).

독일의 지리학자 Walter Christaller에 의해 제기된 중심지는 행정 활동, 종교 활동, 사회 활동, 경제 활동, 상업 활동, 교통 등에서 중심적 기능을 보유한 도시적 취락을 의미하는데(杉浦芳夫 1989: 44-45), 고고학에서 사용하는 중심 취락에 대한 개념도 시대별 적용 여부의 차이는 있겠지만 대체적으로 위와 같은 기능을 가진 취락을 의미한다. 관창리 취락은 앞서 살펴본 바와 같이 위에서 요구하는 제 조건을 거의 충족시키고 있기 때문에, 유적의 중심 연대인 기원전 9~6세기대에 주변 취락과의 관계에서 중심지적인 위치를 점하고 있었다고 판단된다. 관창리 취락이 저차의 기능에 머물렀는지 아니면 고차의 기능까지 담당하였는지는 단언할 수 없지만, 취락 내 주거지에서 출토된 토기 가운데 관창리 제작품이 아닌 것도 존재하기 때문에 고차의 기능까지 담당하였을 가능성도 제기된다.[2]

---

[2] 저차의 기능은 인근에서 소비자를 모으는 기능을 말하며, 고차의 기능은 원거리와의 교역까지 담당한 것을 일컫는다(杉浦芳夫 1989: 44-45).

사진 07　갈매리유적 수로와 주변 유구(李弘鍾 外 2007)

2. 취락의 조직

관창리유적이 3개 취락군으로 구성되어 있음은 위에서 살펴본 바와 같은데, 관창리유적으로부터 10km 이내에 위치한 취락은 주교리(李弘鍾·孫晙鎬 2004), 관산리(尹世英·李弘鍾 1996), 연지리(李弘鍾 外 2002), 진죽리(박양진 외 2013) 등에서 확인되었지만 모두 단위 세대이거나 단위 취락으로 이루어져 있다. 또한 주변에 대한 분포 조사에서도 일부 같은 시기의 유적이 존재하는 것으로 파악되었지만, 지형상으로 보아 관창리와 같은 대규모 취락의 존재 가능성은 거의 희박하다. 따라서 관창리 취락은 지형 환경적인 측면에서 보아도 다른 주변의 유적들과는 차별되는 취락으로 평가된다.

관창리를 제외한 주변 취락에서는 토기 요지나 고상 가옥의 흔적이 전혀 발견되지 않았다. 단지 진죽리유적에서는 점토대토기가 출토되고 위치상으로도 관창리로부터 약 10km 정도 떨어진 경계 지점에 자리하여 그 기능이 다른 취락과 구분될 수도 있겠지만, 규모면에서는 2개의 주거군으로 이루어진 중위 취락에 해당되며 지형상으로도 대규모 취락의 입지 여건으로는 적당하지 않다. 이러한 주변의 지형 환경과 발굴 조사 성과를 종합해 볼 때 관창리 취락 외에는 중심지적 기능을 수행했다고 볼 수 있는 취락이 없기 때문에, 현재의 보령시 중심부, 주교면, 주포면, 청소면 일대에서는 관창리 취락이 중심지적 기능을 수행한 취락으로서 이해될 수 있을 것이다. 해안가에 위치하면서도 어로와 관련된 유물이 거의 출토되지 않은 점도 이러한 취락의 기능이 뚜렷했음을 보여준다. 반면, 농경과 관련된 유물은 다양하고 저지대에는 수전을 조영한 점으로 보아 농경에 기반한 중심 취락적 성격이 강하다.

취락 공간은 중심 기능을 수행하는 집단의 거주 영역, 일상생활용품의 생산 영역, 집회 및 교역 장소, 보관 장소, 농경지 등으로 구분되어 있다. 수전 농경지는 구릉 하단부의 곡부를 이용하고 있음이 조사 결과 확인되었다. 전작지의 경우는 구릉 사면부를 이용하였을 것으로 추정되지만 조사상에서는 확인되지 않았다. 구릉 능선을 따라 주거지가 배치된 점, 완만한 구릉 사면부의 공간에 어떠한 유구도 배치되어 있지 않은 점으로 보아 구릉 사면부는 전작과 관련된 농경지로서 활용하였을 가능성도 배제할 수 없다.

주거군의 배치는 규모와 위치로 보아 취락 전체를 조망할 수 있는 가장 높은 지점에 상위 집단의 거주 영역이 설정되고, 가장 낮은 지점은 일반 농경을 담당했을 것으로 추정되는 하위 집단 거주 영역으로 설정한 후, 그 중간 지점에 굴립주 건물군을 중심으로 광장을 설치한 형태이다. 그리고 제작, 보관 관리, 교역과 관련된 기능별 주거군은 상위 집단의 영역 하에서 그 기능이 일정하게 계속 유지되어간 모습을 보여준다. 그러나 D구역 취락은 중심부에 상위 집단의 주거군을 설정하고 나머지가 이를 에워싼 환촌적 성격이 강한 모습을 보여주고 있다.[3] F구역은 가장 높은 곳에 상위 집단의 주거군을 설정하고 아래쪽으로 하위 집단의 주거군이 배치된 형태이다.

---

[3] 능선을 따라 주거지가 위치하기 때문에 환촌의 형태는 아니지만, 중앙부에 취락의 중심 기능이 배치된 상태는 환촌적 기능과 유사하다.

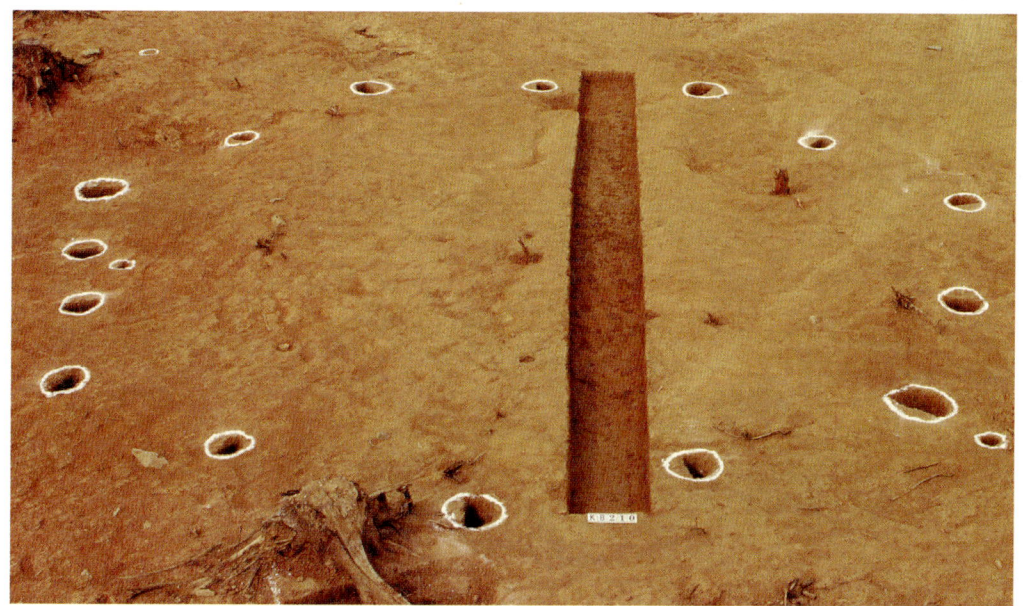

사진 08 B구역 원형 굴립주 건물지(충남대학교박물관 2007)

　　집단의 위계를 주거지의 형태와 관련시켜 보았을 때 중앙 토광 내에 2주공만 설치된 주거형과 주위에 4주공이 설치된 주거형을 비교하면, 히스토그램상에서는 $23m^2$를 경계로 하지만 평균 면적은 4주식이 $39.3m^2$, 중앙 토광만 설치된 주거형이 $18.2m^2$로서 현격한 차이를 보이고 있다. 평균 면적에서의 이러한 차이와 배치 공간의 구분은 취락 내 양 주거지의 위상이 달랐음을 시사한다. 한편, 주거지 평면상의 방형과 원형 중 원형이 차지하는 비율을 보면(도 06), B구역은 67%, D구역은 26%, E구역은 20%, F구역은 37%로 B구역에 원형 주거지가 가장 많이 분포하고 있다. 이 중에서도 B구역의 광장 위쪽은 원형이 74%를 점유하는 데 비해 아래쪽은 40%에 머물고 있다.

　　그리고 상위 주거지(4주식 주거지)의 비는 전체적으로 21% 정도 점유하는데, 이 중에서 원형이 차지하는 비율은 B구역이 80%, D구역은 86%, F구역은 56%에 이르고 있어 상위 주거지 중에서 원형계가 차지하는 비율이 방형계보다 높으며 특히 B구역과 D구역은 월등하다. 송국리형 주거지의 방형계와 원형계에 대해서 원형계는 외래계, 방형계는 재지적 성격이 강한 것으로 파악한 바 있는데(이홍종 2002a: 95), 이러한 관점에서 보면 관창리 취락 중 중심에 속하는 B구역은 외래계의 주 거주

1. 구역별 주거지의 구성비(방형 : 원형)

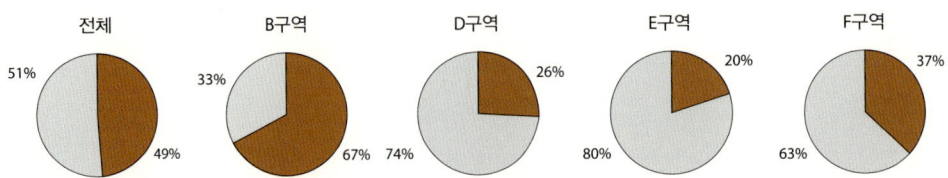

2. B구역의 구성비(방형 : 원형)

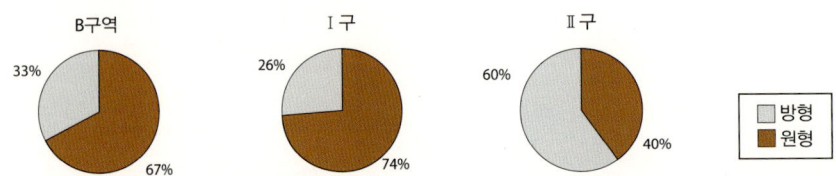

3. 4주식 주거지의 구성비(방형 : 원형)

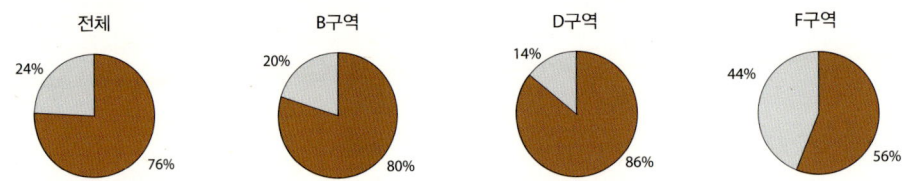

4. 상위 주거지 비

5. 구성원의 위계

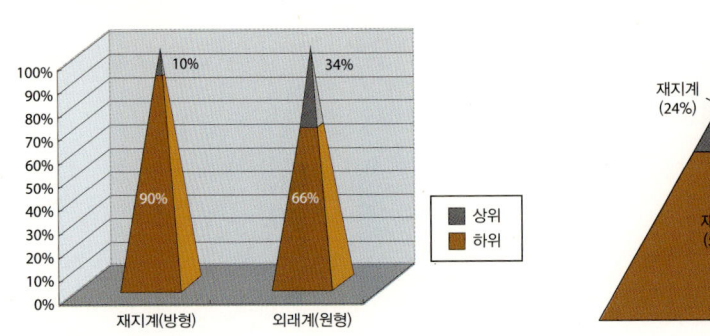

도 06 관창리 취락의 조직 체계

영역에 속하고, D·E·F구역은 재지계가 주로 거주한 것으로 짐작된다.

그렇지만 상위 주거지인 4주식은 전 구역에서 외래계의 비중이 높은데, 그중에서도 B구역과 D구역은 압도적인 우위를 점하고 있다. 전체 취락의 상위 주거지 비중을 보면 총 41기 중 원형이 31기, 방형이 10기로 원형이 76%를 점유하고 있어, 상위 주거지 중 외래계와 재지계의 비는 8:2 정도가 된다. 분류 가능한 주거지 중 방형계 주거지가 전체의 51%(방형: 97기, 원형: 92기)를 점유하고 있는 것에 비하면, 재지계의 상위 주거지 점유율은 상당히 제한적인 셈이다. 즉, 재지계 중 상위 주거지 점유율은 10%에 머무는 데 비해, 외래계는 34%에 이르고 있어 관창리 취락의 중심은 외래계에 의해 주도되었다고 판단된다.

각 구역의 상위 주거지 중 방형계가 차지하는 비율은 B구역이 20%, D구역이 14%, F구역이 44%를 점유하고 있어 중심 취락에서의 재지계 비중은 상당히 낮은 편에 속한다. 이러한 관창리 취락의 구성비를 근거로 취락 구성원의 위계를 보면, B구역의 상위 주거지는 외래계가 80%, 재지계가 20%, D구역은 외래계가 86%, 재지계가 14%, F구역은 외래계가 56%, 재지계가 44%로서 어느 구역도 외래계의 비중이 높지만 F구역에서 재지계의 비중이 높은 점이 주목된다. 즉, 중심 취락보다는 주변 취락에서의 재지계 위상이 높았음을 의미한다.

그런데 생산과 관리의 장소인 제4구역과 5구역에서 재지계가 차지하는 비중이 거의 전무한 점은 관창리 취락의 조직 체계가 외래계 위주로 편제되었음을 암시한다고 볼 수 있으며, 방형계의 분포상으로 보아 재지계의 위상은 농경과 같은 1차적 생산 활동에 주로 종사하였음을 의미한다. 이러한 관창리 취락의 주거군 배치, 주거지의 위계, 주거군의 기능적 차이, 농경지의 활용, 외부와의 교통 등 취락의 경관적 분석을 통해 볼 때, 관창리 취락에서 농경 생산물의 수급, 생활필수품의 생산과 공급, 생산물의 관리·분배, 다른 문화 혹은 타 중심지와의 교역 및 교류 등은 취락의 위계 관계 속에서 상위 집단에 의해 주도되었다고 판단된다(도 07).

V. 맺음말

관창리유적은 200기 정도의 송국리형 주거지가 발견된 대규모 취락 유적이다. 취락은 조사 시 명명

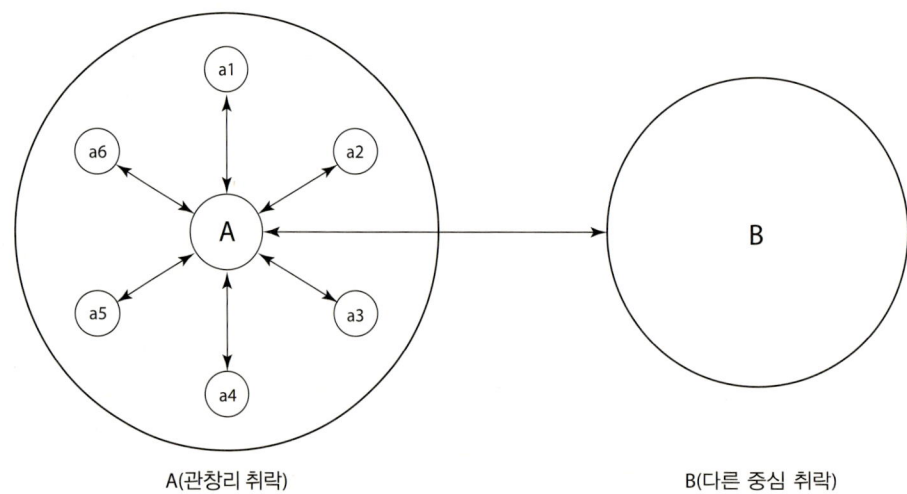

A ↔ B : 다른 문화 혹은 동일 문화 간의 생산품 교역 혹은 교류
A → a1~a6 : 토기, 석기 등 생활필수품의 공급, 생산물의 관리·분배
a1~a6 → A : 생산물의 공급
A, a1~a6 : 독자적인 생산 활동 병행

도 07 관창리 중심 취락의 역할 모델

된 B, D, F의 3개 구릉상에 배치되어 있다. 각 구역은 나름대로 하나의 독립된 취락을 구성하고 있으면서도 전체적으로는 B구역을 중심으로 역할과 기능이 분화되었음을 알 수 있었다.

관창리유적 10km 이내의 같은 시기 유적들의 분포 및 지형 환경을 검토한 결과 관창리 취락에 버금가는 유적의 존재는 없는 것으로 판단되며, 특히 B구역의 경우는 다른 취락과 달리 8개의 주거군으로 나뉘어 있으면서 각 주거군의 기능적 역할이 중시되었음을 파악할 수 있었다. 각 주거군의 기능적 역할로서는 1차적 생산 활동, 농경 생산물의 수급과 관리, 생활필수품의 생산과 공급, 생산물의 관리·분배, 타지역과의 교역 및 교류 등 다양화되어 있음을 살펴보았다.

취락의 구성원 문제에 있어서는 재지계와 외래계 집단으로 구분 가능하며, 재지계가 차지하는 비중은 구성원 수에 비해서 지배적 위치의 비중이 크지 않았음도 제기해 보았다. 결국 관창리 취락은 농경 사회를 바탕으로 하지만, 단위 세대 혹은 단위 주거군만으로 구성되어 있는 일반적 취락의 모습과는 달리 각 주거군의 기능적 역할이 강조된 중심지적 취락 기능을 수행한 것으로 판단된다.

참고문헌

박양진·이재욱·이길성·박미라, 2013, 『保寧 眞竹里遺蹟』, 충남대학교박물관.

吳相卓·姜賢淑, 1999, 『寬倉里遺蹟』, 亞洲大學校博物館.

吳洪哲, 1994, 『聚落地理學』, 教學研究社.

尹世英·李弘鍾, 1996, 『館山里遺蹟』 I, 高麗大學校埋藏文化研究所.

李殷昌·朴普鉉·金奭周, 2002, 『寬倉里遺蹟』, 大田保健大學博物館.

이홍종, 2002a, 「松菊里文化의 時空的 展開」, 『湖西考古學』 6·7.

이홍종, 2002b, 「靑銅器를 둘러싼 韓·日 交易」, 『해양 교류의 고고학』, 제26회 한국고고학전국대회.

李弘鍾, 2005, 「松菊里文化의 文化接觸과 文化變動」, 『韓國上古史學報』 48.

李弘鍾·姜元杓·孫晙鎬, 2001, 『寬倉里遺蹟』, 高麗大學校埋藏文化財研究所.

李弘鍾·金武重·徐賢珠·趙銀夏·朴性姬·趙鎭亨·李雨錫·庄田愼矢·朴相潤·安亨基, 2007, 『牙山 葛梅里(III地域)遺蹟』, 高麗大學校考古環境研究所.

李弘鍾·孫晙鎬, 2004, 『舟橋里遺蹟』, 高麗大學校埋藏文化財研究所.

李弘鍾·孫晙鎬·趙은지, 2005, 『道三里遺蹟』, 高麗大學校考古環境研究所.

李弘鍾·崔鍾澤·姜元杓·朴性姬, 2002, 『蓮芝里遺蹟』, 高麗大學校埋藏文化財研究所.

이홍종·허의행·신광철, 2012, 『燕岐 月山里 황골遺蹟』, 韓國考古環境研究所.

忠南大學校博物館, 1995, 『保寧 寬倉里 住居遺蹟 發掘調查 現場說明會 資料』.

충남대학교박물관, 2007, 『호서지역의 청동기문화』, 호서지역 문화재조사연구기관 연합전.

杉浦芳夫, 1989, 『立地と空間的行動』, 古今書院.

田崎博之, 2005, 「燒成失敗品을 통해 본 無文土器의 生産形態」, 『송국리문화를 통해 본 농경사회의 문화체계』, 서경.

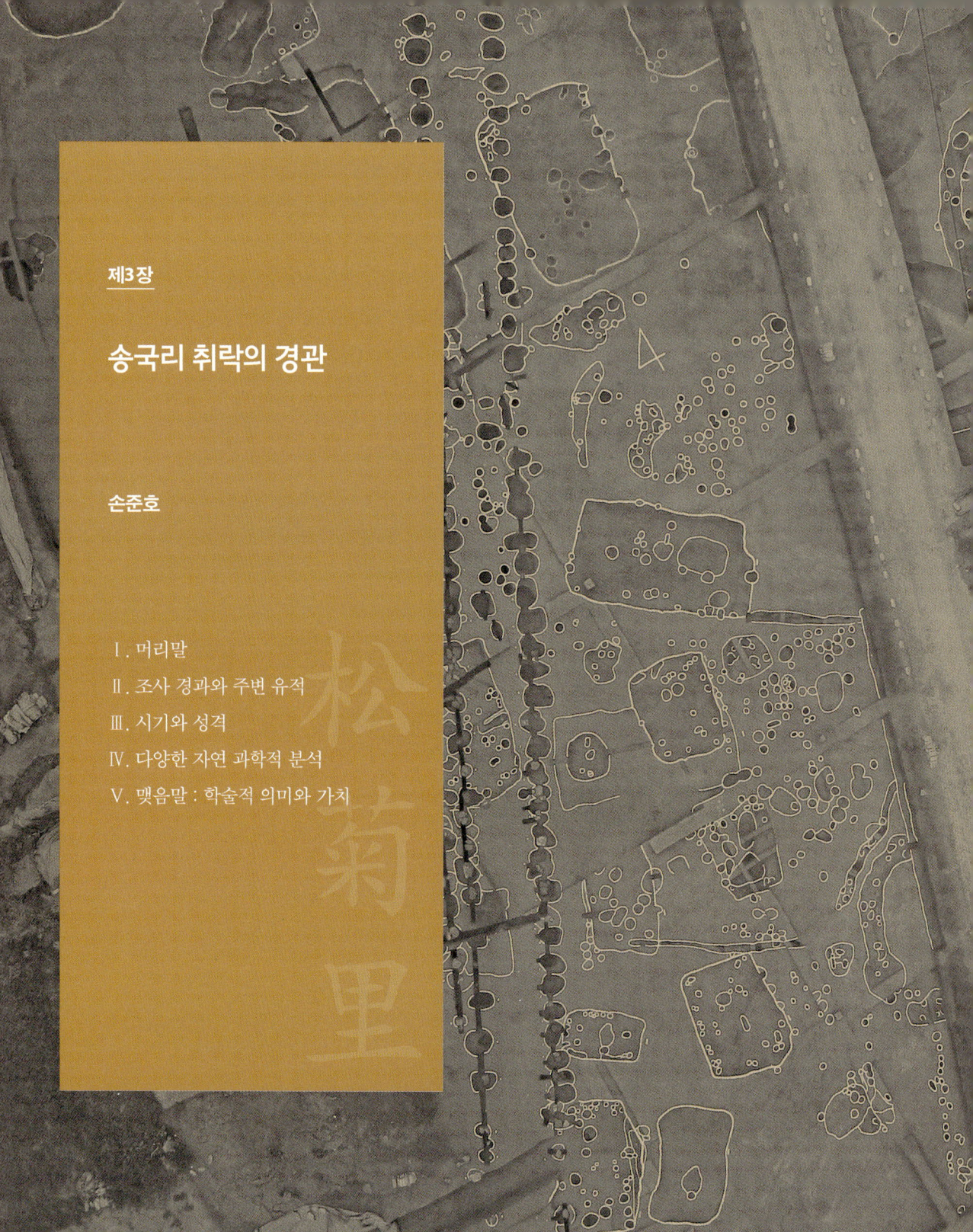

제3장

송국리 취락의 경관

손준호

Ⅰ. 머리말
Ⅱ. 조사 경과와 주변 유적
Ⅲ. 시기와 성격
Ⅳ. 다양한 자연 과학적 분석
Ⅴ. 맺음말 : 학술적 의미와 가치

I. 머리말

부여군 초촌면 송국리 취락은 1974년 비파형동검이 부장된 석관묘가 발굴됨으로써 학계에 알려지기 시작하였다(金永培·安承周 1975). 본격적인 발굴 조사는 1975년부터 시작되었는데, 이를 통하여 한반도 청동기시대에 획기를 이루는 중요한 유적임이 확인되었다. 송국리 취락의 발굴 조사 이후로 동일한 문화상을 보이는 다수의 유적이 조사되어 '송국리유형'이 설정되고(李淸圭 1988: 67-72) 하나의 문화 유형으로서 성립되었으며(安在晧 1992), 그 성격이 정착적 농경문화의 확립을 바탕으로 하였음이 밝혀졌다(이홍종 2000a: 8).

구체적인 내용을 살펴보면, 가장 특징적인 유구로 내부 중앙에 타원형 토광을 설치한 송국리형 주거지(李健茂 1992)와 석관묘·석개토광묘·옹관묘로 구성된 송국리형 묘제(金承玉 2001)를 들 수 있다. 그리고 유물 중에서는 논농사의 성행에 의해 고안된 삼각형석도(金相冕 1985: 27-34; 崔仁善 1985: 25-30), 경사진 날과 장방형·제형 횡단면의 유구석부(盧爀眞 2001: 5-6), 말각 평저의 주머니형 적색마연토기(河仁秀 1992: 34), 축약된 저부·장란형의 배부른 동체부·짧은 외반 구연을 특징으로 하는 송국리형 토기(李弘鍾 1993: 115) 등이 대표적이다.

필자는 과거 2009년 13차 조사 자료까지를 검토하여 송국리 취락의 시기와 성격을 밝힌 바 있다(孫晙鎬 2007, 2010). 그런데 그 이후의 지속적인 발굴 조사를 통하여 새로운 사실들이 확인됨에 따라 기존의 견해를 수정할 수밖에 없게 되었다. 이를 위해 먼저 II장에서 조사 경과와 주변 유적을 간단히 살펴보았으며, 다음 III장에서는 새로운 발굴 자료를 바탕으로 시기와 성격에 대한 필자의 기존 견해를 수정·보완하였다. 그리고 IV장에서 최근 시도된 다양한 자연 과학적 분석들과 그 성과를 정리한 후, 이상의 내용을 종합하여 마지막 V장에서 유적의 학술적 의미와 가치에 대해 언급하였다.

II. 조사 경과와 주변 유적

송국리 취락에 대한 본격적인 발굴 조사는 국립중앙박물관, 국립공주박물관, 국립부여박물관과 한국전통문화대학교 고고학연구소에 의해 1975년부터 작년까지 총 25차에 걸쳐 진행되었다. 구체적

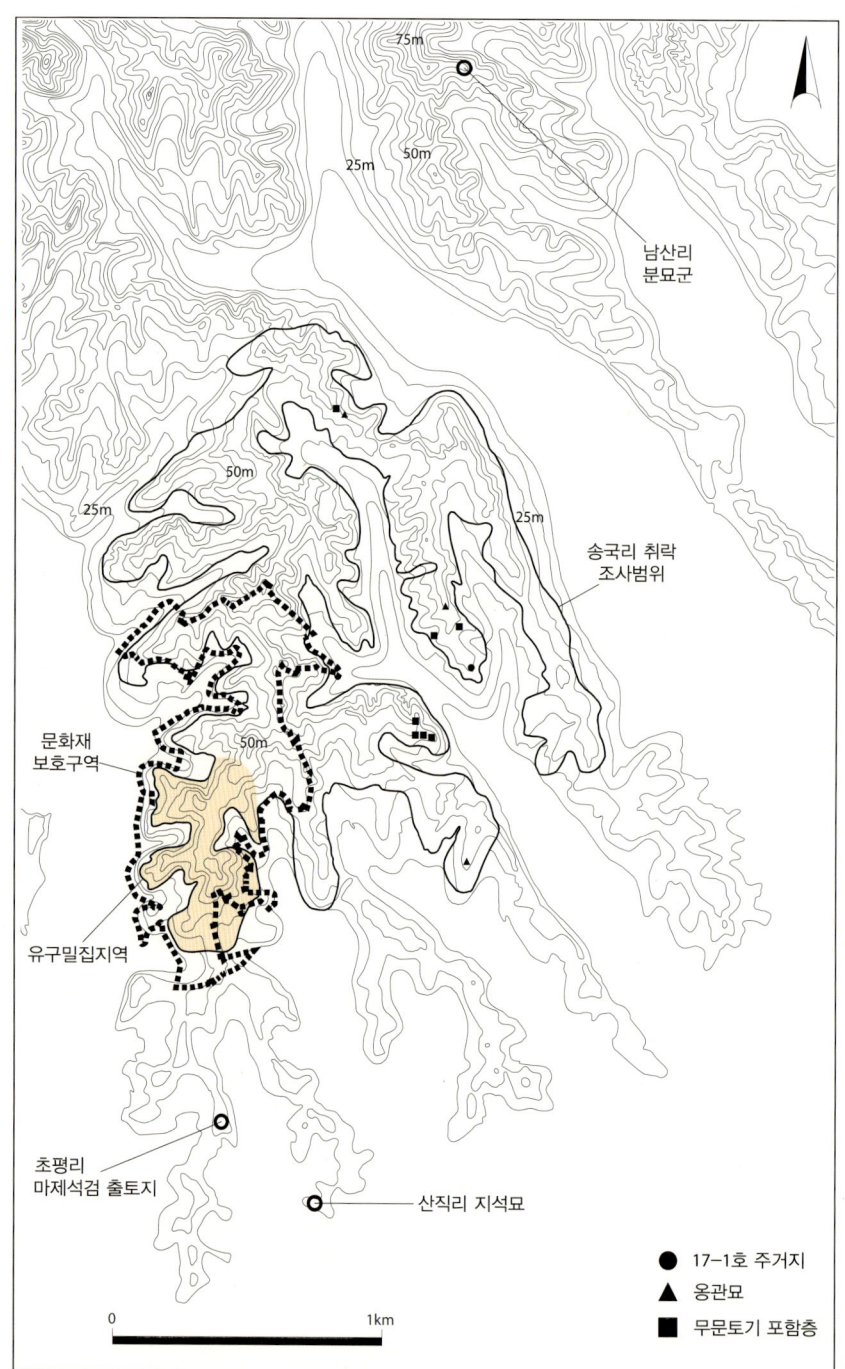

도 01 송국리 취락과 주변 유적

표 01 송국리 취락 청동기시대 유구에 대한 조사 경과

연차	조사기관	조사기간	조사지역	조사내용	출전
·	·	74.4.19	53지구	석관묘 1기	金永培·安承周 1975
·	·	75	53지구	옹관묘 1기	安承周 1980
제1차	국립중앙박물관	75.9.25~12.25	농지 확대 개발 사업 지구 전지역	장방형 주거지 2기, 원형 주거지 10기, 타원형 주거지 1기, 저장공 3기, 수혈유구 1기, 소성유구 1기, 옹관묘 2기	姜仁求 外 1979
제2차	국립중앙박물관	76.4.6~4.17	43, 59지구	소성유구 1기, 옹관묘 1기	姜仁求 外 1979
제3차	국립중앙박물관	77.11.15~11.26	17, 53, 54지구	장방형 주거지 2기, 원형 주거지 1기	姜仁求 外 1979
제4차	국립중앙박물관	78.5.2~5.18	54지구	장방형 주거지 2기, 수혈유구 1기	姜仁求 外 1979
제5차	국립중앙박물관	85.9.23~10.19	54지구	방형 주거지 1기, 장방형 주거지 1기, 수혈유구 1기	지건길 외 1986
제6차	국립중앙박물관	86.10.10~11.2	54지구	방형 주거지 1기, 장방형 주거지 4기, 수혈유구 1기	국립중앙박물관 1987
제7차	국립중앙박물관	87.10.12~11.7	54지구	방형 주거지 2기, 장방형 주거지 4기	국립중앙박물관 1987
제8차	국립공주박물관	91.3.10~3.20	유적 주변 곡간부	유구 확인 못함	金吉植 1993, 1998
제9차	국립공주박물관	92.3.20~3.28	54지구	목책렬	金吉植 1993, 1998
제10차	국립공주박물관	92.4.27~6.23 93.2.8~4.8	49, 50, 51, 52, 53, 54, 55, 57지구	방형계 주거지 18기(17기 미조사), 원형 주거지 5기(3기 미조사), 목책렬, 녹채, 호상유구 2기, 대지조성면, 석관묘 3기(1기 미조사), 토광묘 6기(1기 미조사), 옹관묘 2기	金吉植 1993, 1998
제11차	국립부여박물관	97.3.6~6.12	54, 55지구	방형 주거지 1기, 장방형 주거지 3기, 세장방형 주거지 1기(부분조사), 원형 주거지 2기, 수혈유구 2기, 목책렬	國立扶餘博物館 2000
제12차	한국전통문화대학교 고고학연구소	08.4.7~11.19	53, 54지구	방형 주거지 2기, 장방형 주거지 6기, 세장방형 주거지 1기, 원형 주거지 11기, 타원형 주거지 2기, 저장공 3기, 수혈유구 6기, 소성유구 1기, 굴립주건물지 8기, 울책 5기, 구상유구 1기, 토광묘 1기	김경택 외 2011
제13차	한국전통문화대학교 고고학연구소	09.8.25~12.22	53, 54지구	방형 주거지 2기, 장방형 주거지 6기, 세장방형 주거지 1기, 원형 주거지 11기, 타원형 주거지 2기, 저장공 3기, 수혈유구 6기, 소성유구 1기, 굴립주건물지 8기, 울책 5기, 구상유구 1기, 토광묘 1기	김경택 외 2011

연차	조사기관	조사기간	조사지역	조사내용	출전
제14차	한국전통문화대학교 고고학 연구소	10.9.28~11.30 11.4.4~9.30	50, 54, 55 지구	방형계 주거지 3기(미조사), 방형 주거지 10기, 장방형 주거지 10기, 세장방형 주거지 1기(재조사), 원형 주거지 1기, 수혈유구 25기(1기 부분조사), 목주열 4기, 울책 4기, 주공군 3기	김경택 외 2013
제15차		12.6.11~10.24	50지구	장방형 주거지 3기, 수혈유구 17기, 목주열 7기, 울책 6기, 주공렬 2기, 주공군 1기	김경택 외 2014
제16차 제17차		13.11.26~14.1.22 14.4.17~6.10	57지구	방형 주거지 4기, 장방형 주거지 2기, 수혈유구 6기, 목주열 2기	김경택 외 2016
제18차 제19차 제20차		14.8.27~11.24 15.4.3~5.31 15.7.17~9.11	50지구	방형 주거지 1기, 장방형 주거지 3기, 세장방형 주거지 1기, 원형 주거지 1기, 목주열 3기, 구상유구 1기	김경택 외 2017
제21차		16.10.26~12.20	52지구	원형 주거지 2기, 수혈유구 18기, 소성유구 2기, 굴립주건물지 1기, 울책 5기, 주공렬 2기, 소주공렬 6기, 주공군 1기	김경택 외 2019
제22차		17.8.14~12.20	·	원형 주거지 3기	
제23차		18.6.27~12.17	·	원형 주거지 1기, 수혈유구 3기	김경택 외 2020
제24차		19.10.21~12.26	53, 54지구	원형 주거지 9기, 수혈유구 17기, 굴립주건물지 2기, 구상유구 1기	한국전통문화대학교 고고학연구소 2019
제25차		20.4.28~8.24	53지구	원형 주거지 3기, 수혈유구 3기, 소성유구 3기, 구상유구 1기, 미상유구 2기, 옹관묘 1기	한국전통문화대학교 고고학연구소 2020

인 연차별 조사 내용을 간략하게 정리한 것이 표 01이다. 전체 조사 범위는 약 1,737,000㎡에 달하지만, 보고서에 발굴 대상 면적으로 표현되어 있는 약 450,000㎡가 실제 조사가 이루어진 범위라 생각된다. 1976년에 사적으로 535,107㎡가 지정되었으며, 2004년에는 535,746㎡가 문화재 보호 구역으로 확정·고시되었다(도 01).

이 가운데 유구가 주로 분포하는 지역은 남-북 방향으로 뻗은 구릉의 남쪽에 해당한다. 특히 가장 집중적으로 유구가 밀집하는 곳은 남서쪽의 구릉지역(49~58지구)으로 그 면적은 약 200,000㎡에 달한다. 물론 조사지역 북쪽에서도 옹관묘 1기와 무문토기 포함층 1개소가 확인되었지만, 전체적인 시·발굴 조사 결과를 참조하면 남쪽지역에 주로 청동기시대의 유구가 분포하는 것으로 판단된다. 유구 밀집 분포 지역 이외에 15~18지구에서 주거지, 옹관묘, 유물 포함층, 40지구에서 유물 포함층, 43지구에서 옹관묘가 조사된 바 있다.

주변 유적으로는 조사지역 북쪽에 위치한 남산리 분묘군(金鍾萬 外 2001; 安承周·李南奭 1990; 尹武炳 1987)과 남쪽에 자리한 산직리 지석묘(부여문화재연구소 1993), 초평리 마제석검 출토지(忠南大學校博物館 1998: 206) 등이 있다. 이 중 남산리 분묘군에서는 송국리 취락과 동일 시기에 해당하는 석관묘, 석개토광묘, 옹관묘 등이 조사되었는데, 비파형동검의 출토 유무를 근거로 송국리 분묘군이 지배자의 무덤, 남산리 분묘군은 일반 주민의 묘역이라는 주장이 제기된 바 있다(金吉植 1994: 184).

그러나 송국리 분묘군이 위치한 유구 밀집 지역으로부터 남산리 분묘군은 3km 정도 떨어져 있으며, 양 유적의 사이에는 몇 개의 구릉과 곡부가 자리하여 동일한 성격의 취락 내 신분 차이로 설명하기에는 무리가 있다. 오히려 유적 남쪽의 산직리 지석묘가 1.2km 정도의 상대적으로 가까운 거리에 위치하며 송국리 취락으로부터의 가시권 영역에 포함되기 때문에, 양자 사이의 적극적인 관련성을 상정하는 것이 가능하다. 초평리 마제석검 출토지의 경우도 정밀 조사는 실시되지 않았지만 같은 맥락에서 관련성이 인정된다.

III. 시기와 성격

송국리 취락에서는 지금까지 주거지 117기(미조사 제외), 저장공 6기, 수혈유구 101기, 소성유구 8기, 대형 굴립주 건물지 3기, 굴립주 건물지 8기, 목주열 16기, 울책 20기, 주공렬 10기, 주공군 5기, 구상유구 4기, 미상유구 2기, 석관묘 4기(미조사 1기 포함), 토광묘 7기(미조사 1기 포함), 옹관묘 7기 등이 조사되었다(도 02). 이 가운데 주거지는 평면 형태에 따라 방형 22기, 장방형 43기, 세장방형 3기, 원형 46기, 타원형 3기로 구분된다. 크게 방형계 68기와 원형계 49기로 나누어지는데, 전자가 주로 취락 중심부의 평탄 대지에 자리한 반면 후자는 그 아래쪽 구릉 사면부에 분포한다.

　이전 조사에서는 유구 간 중복 관계가 거의 발견되지 않았으나, 2000년 이후 전면 제토 방식을 이용한 발굴 조사가 본격적으로 진행되면서 다수의 중복 축조 사례가 확인되었다. 이 가운데 단계 설정의 근거가 되는 중요한 선후 관계 사례로는 '대형 굴립주 건물지 → 원형 주거지', '방형 주거지 → 장방형 주거지', '장방형 주거지 → 원형 주거지', '세장방형 주거지 → 원형 주거지' 각 1건씩과 '방형계 주거지 → 목주열' 9건, '목주열 → 방형계 주거지' 6건 등을 들 수 있다. 이 밖에 대지 조성 이전에 축조된 것으로 보고된 53-A호 장방형 주거지에 대해서는(金吉植 1993: 102), 뚜렷한 근거가 제시되지 않아 현 시점에서 선후 관계를 인정하기는 어렵다.

1. 시기

송국리 취락의 시기를 밝히기에 앞서 유구별 시기 차이의 존재 여부를 살펴볼 필요가 있다. 필자는 과거 유구의 중복 사례가 소수에 불과한 점, 주거지 간의 일정한 간격과 배치 등을 근거로 유적 전체의 시기를 고고학적인 동일 단계로 판단한 바 있다(손준호 2010: 49). 그러나 추가적인 발굴 조사 결과 대지 조성면 위에서 방형계 주거지와 목주열의 중복 분포가 확인되어 단계 구분이 불가피하게 되었다. 이러한 조사 성과를 바탕으로 다섯 단계로 구분되기도 하지만(이동희 2014: 63-67), 그렇게까지 단계를 세분할 만한 뚜렷한 근거 제시는 이루어지지 못하고 있다.

　상대적으로 좀 더 분명한 것은 대지 조성면 위에 방형계 주거지와 대형 굴립주 건물이 조성되는 첫 번째 단계에서 대지 조성면에 목주열, 사면부에 원형계 주거지가 조성되는 두 번째 단계로의 변화이다. 그리고 목주열보다 후대에 축조된 방형계 주거지가 확인되지만, 이들이 기존 주거를 피해 배치되는 양상을 볼 때 별도의 단계로 설정하기보다는 원형계 주거지와 병존하였을 가능성이 높다. 두 번째 단계에서 목주열과 방형계 주거지가 중복되는 것은 양자의 빈번한 축조와 폐기를 반영한 결과로 생각된다. 결국 주거지의 형태에 따라 '방형계 → 원형계+방형계'로의 변화를 상정하는 것이 가능하다.

　주거지 형태별 선후 관계를 주장한 논의들은 일찍부터 존재해 왔다. 대다수는 주거지 형태에 따라 출토 유물상의 차이를 인정하고, 이를 근거로 주거지 간의 시기 차이를 상정하고 있다. 먼저 안재호(1992: 12)는 외반구연토기가 출토된 비율을 근거로 원형 주거지보다 점유 비율이 증가하는 방

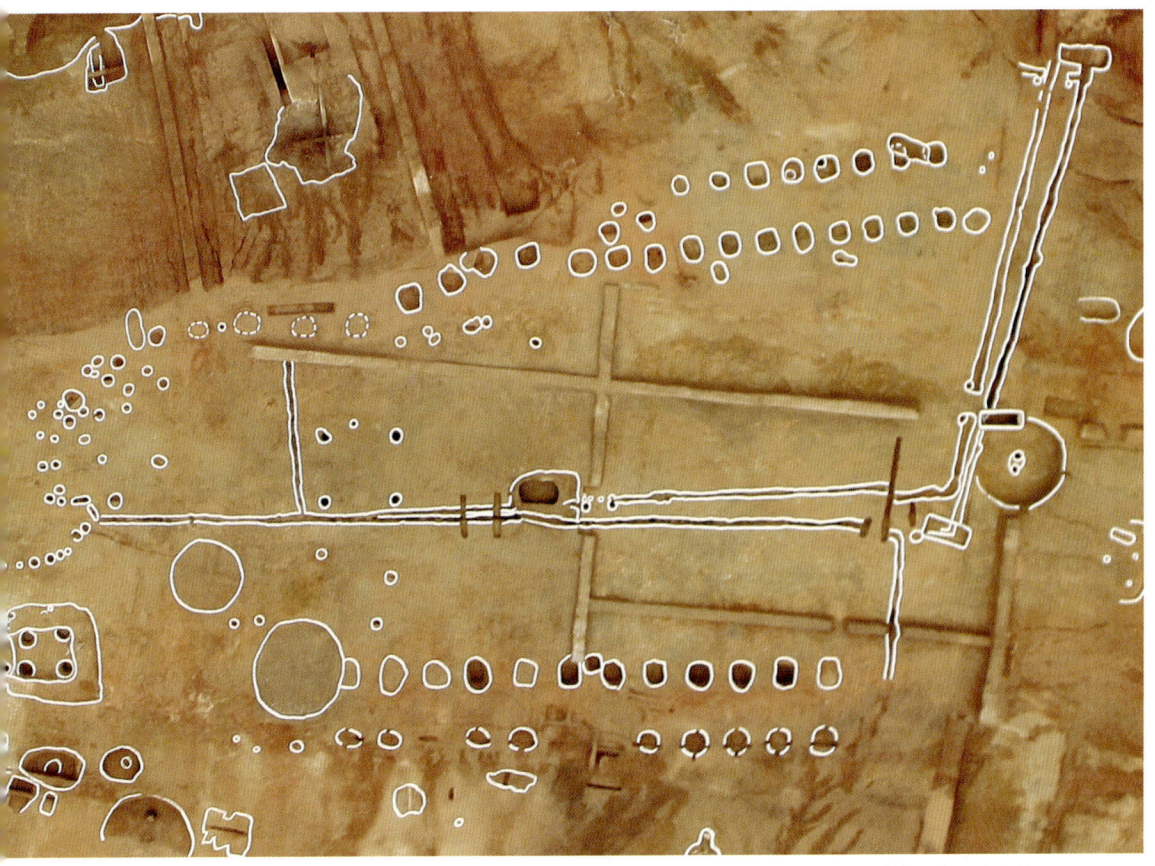

사진 01 대형 굴립주 건물지(김경택 외 2011)

형 주거지가 후대에 축조된 것이라 생각하였다. 송만영(1995: 74-91)은 이에 대하여 적은 자료를 무리하게 통계화하는 동시에 자료를 획일적으로 처리하였다고 비판하면서, 석도, 플라스크형토기, 마연발의 형식 변화를 통하여 '소형의 방형 주거지 → 대형의 장방형 주거지 → 원형 주거지'라는 순서를 제시하였다.

　　이는 당시 조사된 유구의 중복 관계와 일치하는 결과라 받아들이기에 무리가 없었다. 하지만 안재호(1996: 72)는 해당 견해에 대해 송만영이 분석한 유물 가운데 플라스크형토기와 마연발의 경우

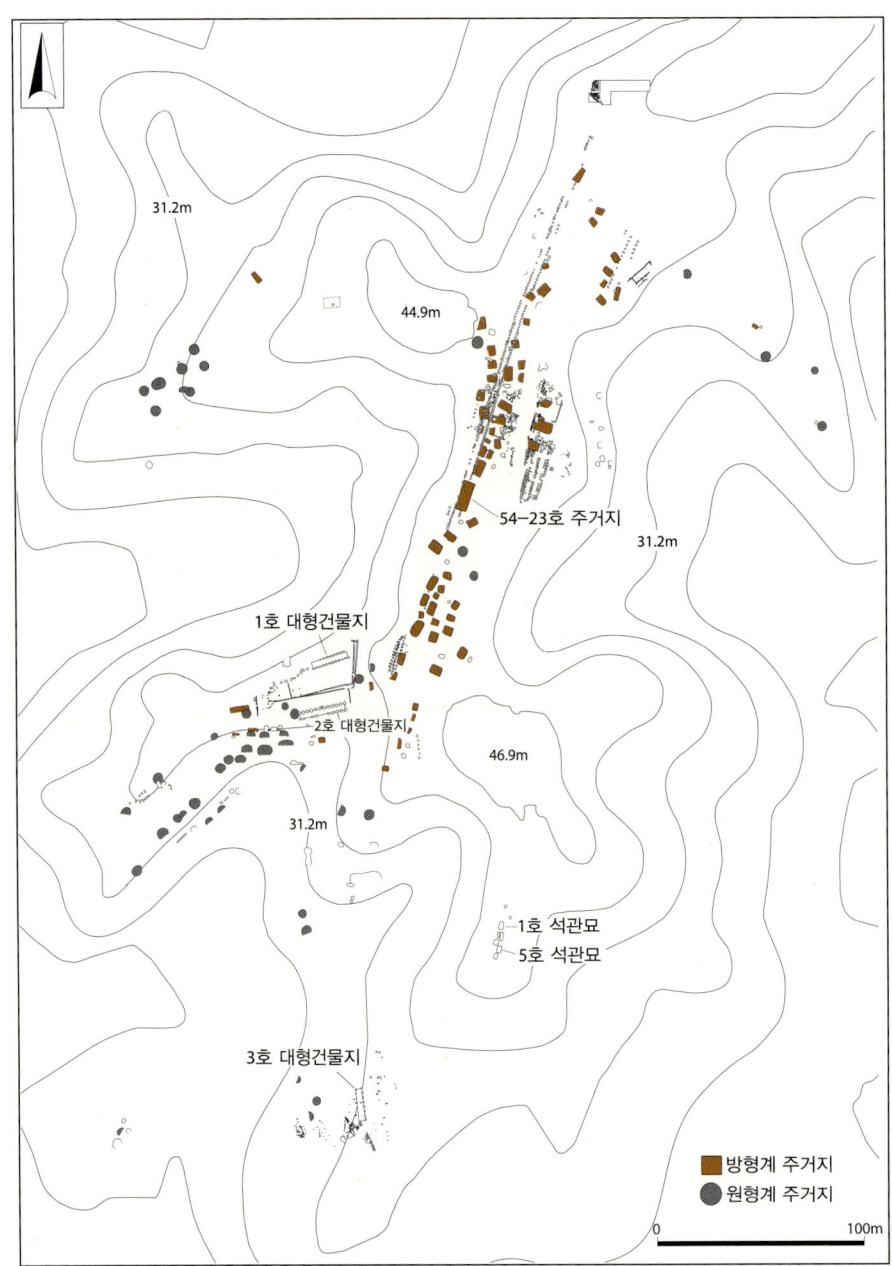

도 02 송국리 취락 청동기시대 유구 배치도

선행 형식의 설정 근거가 제시되지 않아 역순도 성립한다는 점, 석도는 이 단계에 이미 송만영이 분류한 모든 형식이 공존한다는 점을 들어 반박하였다. 그리고 송국리 취락의 원형 주거지 모두가 방형 주거지보다 선행한다고 볼 수는 없지만, 원형 주거지 중 대다수는 54지구의 방형 주거지보다 이른 시기에 속한다는 다소 모호한 주장을 하게 된다.

이후 庄田愼矢(2007: 38)에 의하여 다시 한 번 '원형 주거지 → 장방형 주거지'의 순서가 제시되었는데, 그는 後藤直(1992: 52-53)의 견해를 받아들인 토기 형식상의 차이와 송국리 취락 이외에 다른 유적의 중복 관계를 근거로 삼고 있다. 그런데 그가 분명한 차이를 보이는 자료로서 제시한 원형 주거지 출토 토기는 대부분이 55-2호 주거지에서만 확인된 특징적인 것으로 대표성을 가진다고 볼 수 없다. 또, 주거지의 중복 관계에 대해서도 송국리 취락 내에서의 양상을 무시하고 다른 유적에서의 사례를 적용한다는 것은 쉽게 받아들이기 어렵다.

이상과 같이 출토 유물을 근거로 한 선후 관계 설정에 다양한 의견이 존재하는 것은 그만큼 유물상의 차이가 크지 않음을 나타낸다. 그러나 이러한 양상이 취락의 점유 기간이 길지 않았음을 의미하는 것은 아니다. 절대연대 측정치를 바탕으로 상한을 올려 보거나(이홍종 2006: 252) 기존 편년의 공백을 메우기 위한 시도로서 하한을 내려 보는 견해(김장석 2009: 53; 이동희 2010: 52) 등을 참고할 때, 오랜 시간 동안 유물상의 커다란 변화가 관찰되지 않는 것이 송국리유형의 특징 중 하나이기 때문이다.

물론 시기를 달리하는 유물의 출토 예도 일부 확인된다. 이른 시기에 해당하는 유물로는 이중구연단사선문토기, 이단병식석검 등이 존재하지만, 유구 출토품으로는 5호 석관묘의 이중구연단사선문토기가 유일하다. 이 유물은 기존의 편년관에 따르면 시기가 올라가는 것임이 분명하다(李亨源 2001: 143-144). 그러나 5호 묘는 주변의 4·6호 석관묘와 동일 봉토 내에 포함되며 전체적으로 분묘군이 중복 없이 나란히 배열되어 있는 것을 볼 때, 비파형동검이 부장된 1호 석관묘와의 시기 차이를 상정하기는 쉽지 않다.

늦은 시기에 해당하는 유물로는 점토대토기 단계로 상정되는 두형토기의 대각부편이 50-1호와 55-5호, 흑색마연토기편이 55-2호와 6호 원형 주거지에서 출토되었다. 물론 후자의 경우 기벽이 매우 두꺼워 일반적인 흑색마연토기로 보기에 무리가 있지만, 이러한 늦은 시기의 유물들이 모두 원형 주거지에서만 출토되는 점은 원형계 주거지의 등장 시점이 상대적으로 늦다는 사실과 부합한다. 그러나 점토대토기 단계의 유물이 송국리형 주거지에 공반되는 사례가 점차 증가하고 있어(李亨源

도 03 방사성 탄소연대 측정 결과

2005: 16), 무조건 시기를 낮추어 볼 필요는 없다.

그렇다면 구체적인 연대는 어떻게 상정할 수 있을까? 이는 방사성 탄소연대 측정치를 통하여 추정 가능한데, 현재까지 총 42건의 시료가 측정되었다(도 03). 대부분의 연대 측정치는 기원전 800~400년 사이에 집중되는데, 이는 송국리문화 관련 유적의 탄소연대 집중 범위인 동시에 보정 곡선의 평탄화 구간에 해당한다(金壯錫 2003: 35). 따라서 이를 통해 유구 사이의 시기적 선후 관계를 파악하기에는 무리가 있다. 아무튼 상기한 바와 같이 취락의 점유 기간이 짧지 않다는 점을 감안하여도, 아직까지 이 400년 사이를 벗어나는 시기의 상정은 어려울 것 같다.

마지막으로 시기적 선후가 인정된 방형계 주거지와 원형계 주거지의 관계에 대하여 간단히 살펴보고자 한다. 이에 대해서는 이미 축조 집단의 차이(金正基 1996: 47)나 기능상의 차이(오세연 1997: 171)로 파악하는 견해가 발표된 바 있다. 유물상에서 후자의 근거를 찾을 수 없기 때문에, 집단의 차이에 의해 양 주거형의 등장 시점이 달랐을 가능성이 상정된다. 그러나 최근 제기된 양 집단이 동일 지역을 반복적으로 점유하였다고 보는 주장(이기성 2018: 51)에 대해서는 전체적인 주거지 배치상의 규칙성을 볼 때 동의하기 어렵다.

즉, 최초에 대지 조성과 함께 방형계 주거 집단의 점유가 시작된 이후, 원형계 집단이 등장하면서 대지 조성면을 목주열이 자리하는 공간으로 활용하였으나 기존의 주거형을 일부 인정하여 양자를 모두 축조하였을 가능성이 추정된다. 이때 정상부 평탄 대지에 방형, 사면부에 원형 주거의 축조라는 취락 구성 원리가 규범적으로 작용하였을지도 모르겠다. 유구의 전반적인 배치 상태를 볼 때 이러한 과정에서 점유 기간의 공백은 존재하지 않았음이 분명하다. 이전의 유구가 폐기되더라도 그 존재를 인지하면서 되도록 그곳을 피해 다른 유구를 축조하였지만, 다양한 유구가 다수 확인된 점이나 장기 지속 취락으로서의 중심지적 역할(庄田愼矢 2007: 165) 등을 감안할 때 유적의 전체 점유 기간은 짧지 않았을 것이다.

2. 성격

송국리 취락의 가장 큰 특징은 대지 조성면과 대형 건물의 축조, 그리고 목주열의 설치라 할 수 있다. 이러한 유구들은 다른 유적에서는 거의 확인된 바 없는 것으로, 송국리 취락의 성격을 대변한다. 먼저 대지 조성면은 사면부의 생토층을 굴착하고 점토로 다진 후, 그 위에 높은 곳의 흙을 깎아 아래

사진 02 1호 석관묘 부장 유물

(國立中央博物館·國立光州博物館 1992)

쪽으로 평탄하게 퇴적시킴으로써 넓은 입지 공간을 확보한 것이다. 이는 대규모 토목 공사에 해당하기 때문에 상당한 노동력이 요구되며, 이러한 노동력의 동원을 가능케 한 것으로 유력 개인 혹은 집단에 의해 주도되는 사회 체제를 상정할 수 있다.

유력 계층의 존재는 대규모 토목 공사 이외에 동검 부장묘를 통하여 이미 지적된 바 있다. 비파형동검이 출토된 1호 석관묘를 유력 개인의 무덤으로 상정하여 계층화 논의가 진행되었는데(崔鍾圭 1991: 145), 동검의 희소성을 볼 때 이에 대한 이견은 거의 없을 것이다. 분묘군 전체를 지배자의 묘역으로 볼 수도 있지만, 앞에서 밝힌 것처럼 남산리유적과 직접 비교하는 견해(金吉植 1994: 184)에는 동의하기 어렵다. 직접적인 관련성이 상정되는 주변 유적으로는 송국리 분묘군에서 약 1.2km의 거리에 위치하며 가시권 영역에 포함된 산직리 지석묘를 들 수 있다.

필자는 다른 논문에서 1호와 5호 석관묘에서 관찰되는 개석의 성혈, 벽석 뒤편의 할석 채움, 비파형동검과 이중구연단사선문토기의 출토 등을 지석묘 요소로 판단한 바 있다(孫晙鎬 2002: 18-19). 다른 유적의 송국리형 묘제에서는 이러한 양상이 거의 확인되지 않고 지석묘와 배타적인 분포를 보

사진 03 산직리 1호 지석묘(부여문화재연구소 1993)

이기 때문에, 송국리 분묘군의 지석묘 요소는 양 묘제 사이의 밀접한 관련성을 짐작게 한다. 이와 함께 산직리 지석묘 진입 도로에 대한 시굴 조사 결과 다수의 원형 주거지가 확인된 점(충청남도역사문화원 2004)도 동일 취락 범위 내의 시설로 볼 수 있는 중요한 근거가 된다.

한편, 산직리 1호 지석묘가 기반식을 이루고 있는 점이나 넓은 들을 내려다보는 곳에 위치한다는 사실 등을 통하여, 송국리 취락 거주민의 제사 행위가 이루어지던 공간으로 볼 수도 있다. 제단적 성격을 가진 지석묘의 특징으로는 대형 상석에 기반식을 이루며 무덤의 흔적이 확인되지 않거나(李隆助 外 1988: 29), 조망이 좋은 곳에 위치하는 점이 제기된 바 있다(이융조·하문식 1989: 47). 이러한 지석묘는 무덤 이외에 신성한 모임의 장소, 묘역을 표시하는 기념물, 영역을 뜻하는 경계 등 상징적 의미를 지닌 것으로 파악되기도 한다(李榮文 1993: 53).

이 밖에 주거지와 여기서 출토된 유물을 통해서도 유력자의 존재를 상정할 수 있다. 집단 내의

사진 04 23호 주거지(김경택 외 2013)

　계층 분화 과정에서 상위 신분을 지닌 자에 의해 점유된 주거지를 나타내는 고고학적 현상으로는 대규모, 입지상의 우위, 최상위 계층 주거지들의 상호 밀접성, 공공 건물과의 지리적 근접성, 위신재의 존재 등을 들 수 있다(金承玉 1997: 109). 송국리 취락에서는 대지 조성면 위에서 확인된 주거지들이 이러한 조건을 충족시키는데, 그중에서도 특히 54-23호 주거지가 이와 같은 특징을 가장 잘 나타내고 있다.

　23호 주거지는 면적이 약 80m^2로 다른 주거지에 비하여 현격한 차이를 보인다. 내부에서는 다량의 유물이 출토되었는데, 특히 석기 제작과 관련된 유물의 비율이 높은 편이다. 이 가운데 환상석부와 관옥은 이미 상징성이 강한 유물로 상정된 바 있다(孫晙鎬 2008: 40·42). 이러한 유물뿐만 아니라 주거지의 위치도 남동쪽으로 광장이 확인되는 등 어느 정도의 독립성과 우월성이 확보된 상태이다. 따라서 23호 주거지는 석기 제작과 관련된 공동 작업장이나 집회소보다는 우월적 신분을 가진 유력자의 거주지로 보는 편이 합리적이다.

　이상과 같이 송국리 취락에서 유력자 또는 유력 집단의 존재를 상정하는 것이 가능하다. 이들은 논농사의 집약화를 바탕으로 더 많은 경제력을 소유한 개인 혹은 집단이라 할 수 있다. 비록 송국리 취락에서 논이 확인되지는 않았지만 이는 토지 주인의 반대로 조사가 이루어지지 못하였기 때문이며(金吉植 1993: 11), 실제로 유구가 존재할 가능성은 매우 높다. 청동기시대 논이 조사된 관창리 취락과 비교하면 양 유적의 농경 도구 비율이 유사하고(孫晙鎬 2003: 18) 모두 논농사에 적합한 토양이 분포하며(李基星 2001: 16), 지형상으로는 오히려 송국리 취락이 더 넓은 면적을 개전할 수 있다(이홍종 2003: 127).

　이는 송국리 취락의 주거지와 수혈유구에서 출토된 쌀과 조를 통해서도 확인할 수 있는데, 특히 조의 발견은 이 단계에 논농사뿐만 아니라 밭을 이용한 경작 또한 여전히 주요한 생계 수단으로서 존재하였음을 나타내는 것이다. 그리고 울책으로 둘러싸인 대형 굴립주 건물의 기능에 대하여 단순한 지상 창고(송만영 2014: 34), 저장과 농경의례가 동시에 수행된 공간(鄭治泳 2009: 71), 의례적 성격을 보다 강조하는 입장(김경택 2014: 14; 安在晧 2019: 109) 등이 있는데, 어떠한 견해를 따르든 송국리 취락에서 농경이 중요한 위치를 차지한다는 점에는 변함이 없다.

　한편, 송국리 취락의 또 하나 특징적 유구인 목주열을 보면, 과거에는 필자도 이를 목책으로 파악하여 전쟁에 대한 대비의 증거로 생각한 바 있다(손준호 2011: 16). 그러나 발굴 조사 결과 주거군을 감싸는 형태가 아니라 대지 조성면의 중앙을 일직선으로 가로지르고 있어 다른 해석이 필요하게 되었으며, 현재까지는 제의적 성격의 기념물인 '선상열주'로 상정한 견해(李宗哲 2019: 47)가 가장 타당해 보인다. 최대 길이는 200m 정도로 추정되는데, 여러 번에 걸쳐 축조되었으며 역시 대규모의 노동력이 투입되었을 가능성이 높다.

　또 다른 전쟁의 증거로 제시된 화재 주거지는 평면 방형계가 대다수를 차지하여 원형계 주거 집단과의 분쟁이 상정되기도 하였다(金吉植 1994: 186). 화재 폐기율이 매우 높아 방화와 같은 불의의 화재로 판단되지만(宋滿榮 1995: 95), 분쟁의 근거로 삼는 것에 대해서는 부정적인 시각도 존재한다(安在晧 2020: 45). 이에 대하여 '방형계 주거지 → 목주열'의 선후 관계를 보이는 총 9기의 주거지 중 6기가 화재 폐기된 것을 볼 때, 목주열 축조 시 기존 주거를 신속하게 제거하기 위하여 의도적으로 소각하였을 가능성을 생각해 볼 수도 있겠다.

사진 05 목주열(김경택 외 2013)

이상의 내용을 정리하면 송국리 취락에서는 논농사의 집약화를 통하여 생산량을 증대시켰으며, 이러한 경제력을 바탕으로 유력자 또는 유력 집단이 등장하게 되었을 것이다. 그들은 대형 굴립주 건물을 관리하여 주민들의 식량 조달 및 분배에 적극 개입함으로써 자신의 권위를 구축하였으며(김경택 2020: 17), 대형 건물, 목주열, 지석묘에서 이루어지는 제사권의 장악을 통해 집단의 지배를 강화하였을 것이다(이상길 2006: 134). 이 밖에 대지 조성과 목주열에서 추정되는 대규모의 노동력 동원은 집단 성향 족장 사회의 특징이라 할 수 있다(김승옥 2006: 64).

　　또한 송국리 취락의 주민들은 어느 정도의 안정적인 삶을 유지하였을 것으로 생각되는데, 이는 유적의 확대 과정으로 설명할 수 있다. 즉, 대지 조성면에 목주열이 설치되면서 원형 주거지가 사면부에 배치되는 양상은 주거 및 의례 공간의 확대를 나타내며, 이는 취락의 인구가 점차 증가하였음을 보여준다. 앞에서 언급한 공백 없이 장기간 점유된 취락의 지속성은 방형계와 원형계 주거 집단의 차이에도 불구하고 당시의 평화로운 분위기를 짐작게 한다. 이러한 내부적인 변화와 함께 송국리 취락은 주변 유적들과 다양한 관계를 맺으면서 결국 그 정점에 위치하는 중심 취락으로 성장하였을 것이다.

IV. 다양한 자연 과학적 분석

1. 방사성 탄소연대 측정

54-1호와 54-5호 주거지에서 출토된 3개의 시료가 측정된 이후(中村俊夫 1989: 133; Nelson 1982: 537), 지금까지 총 42건의 탄소연대 측정치가 축적되었다(도 03). 방형계와 원형계가 모두 포함된 다양한 평면형의 주거지와 대형 굴립주 건물지, 울책, 목주열, 수혈유구, 구상유구 등 거의 모든 종류의 유구에서 시료가 채취되었다. 연대 측정치는 대부분 기원전 800~400년 사이에 집중되는데, 이는 보정곡선의 평탄화 구간에 해당하여 연대 값을 통해 유구 사이의 선후 관계를 상정하는 것은 불가능하다(金壯錫 2003: 35-37). 일부 평탄화 구간을 벗어나는 측정치가 존재하지만, 출토 유물이나 유구의 배치 관계 등을 고려할 때 이들만을 특별히 이르거나 늦은 시기로 볼 수도 없다. 따라서 송국리 취락의 탄소연대 측정치를 근거로 방형계와 원형계 주거지의 시기 차이를 인정하거나(유병록 2019: 12), 단계별

절대연대를 상정하는 견해(李宗哲 2019: 49) 등은 모두 받아들이기 어렵다.

2. 토양 미세 형태 분석(이희진 2017, 2019, 2020)

총 세 차례의 분석이 시도되었다. 첫 번째는 20차 조사 대지 조성층에 대한 분석으로, 기대하였던 인위적 성토 흔적은 확인되지 않았다. 두 번째 22차 조사 곡부 퇴적층에 대한 분석은 논 경작에 대한 증거 확보를 위해 진행되었으나, 역시 관련 흔적의 관찰에는 실패하였다. 마지막 세 번째 22차 조사 송국리형 주거지의 내부 토양에 대한 분석에서는, 바닥면을 의도적으로 처리하지 않았거나 주거의 사용이 단기간이었을 가능성이 제기되었다. 세 차례의 분석 모두 인위적 행위 여부에 대한 뚜렷한 근거는 확보하지 못하였지만, 그렇다고 이러한 결과가 관련 행위의 부재를 의미하는 것은 아니다. 다양한 분석 방법을 활용한 지속적인 연구의 축적이 이루어질 필요가 있다.

3. 탄화 종자 분석(김경택 외 2012; 김민구·류아라 2013; 김민구 외 2013; 안승모 2011; 이경아 2000)

54지구 1호 주거지에서 탄화미가 출토된 이후, 5~7차, 11차, 14차 조사 주거지와 수혈유구에서 부

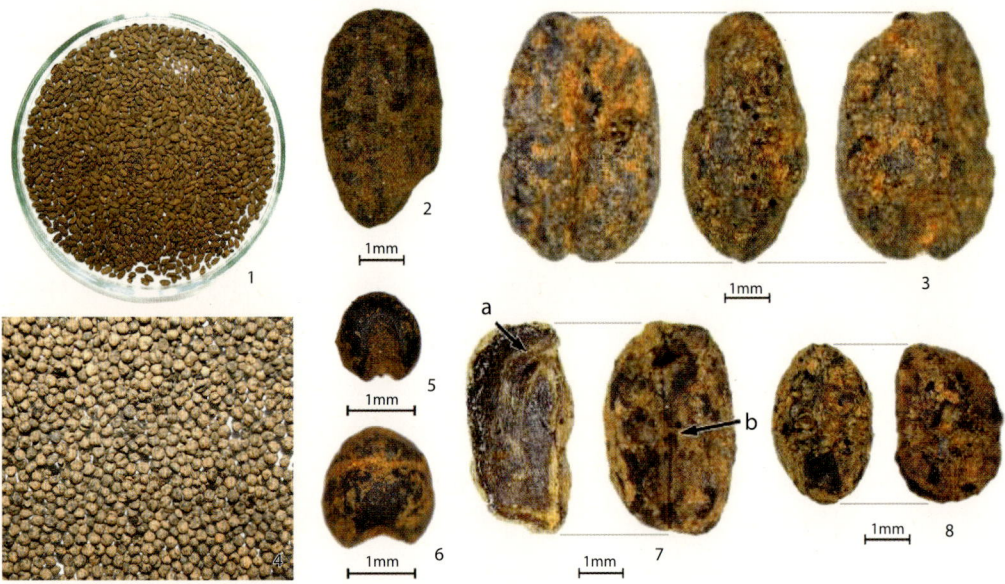

도 04 송국리유적 출토 탄화 종자 1·2. 쌀, 3. 밀, 4·5. 조, 6. 기장, 7. 팥, 8. 콩

유 선별법을 통해 다량의 탄화 종자와 기타 식물 부위가 검출되었다. 동정 결과 쌀과 조가 다수를 차지하며, 기타 밀, 기장, 콩, 팥 등의 작물과 잡초류 종자가 확인되었다(도 04). 이를 근거로 쌀과 조 농사를 병행하면서 주변 환경을 적극적으로 활용한 여러 작물의 재배 가능성이 상정되었는데, 특히 조의 재배와 소비가 기존의 이해 정도에 비해 활발하게 이루어졌음이 추정되었다. 계측을 통해 쌀은 자포니카에 해당할 가능성이 높은 것으로 파악되었다. 쌀과 함께 조·기장 등의 잡곡이 모두 탈각된 낟알 상태로 발견되었는데, 이를 통해 일용할 정선된 곡물의 보관은 주거, 탈곡된 작물의 단기 저장은 수혈 형태의 저장공, 껍질이 붙어 있는 상태로의 장기 저장은 굴립주 건물에서 이루어졌을 가능성이 제기되었다.

4. 탄화 목재 수종 분석(김민구 2007; 木方洋二 1989)

구체적인 출토 맥락은 알 수 없지만 참나뭇과의 속소리나무로 판명된 목탄재가 보고된 이후, 11차 조사 방형계 주거지 4기와 원형 주거지 1기의 목탄 시료에 대한 수종 분석이 시도되었다. 분석 결과 소나무속이 28편, 참나무속이 30편으로, 압도적 다수를 차지하는 두 수종이 건축재로 선호되었음을 확인할 수 있었다. 기타 오리나무속과 느릅나무속은 소수에 불과하며, 원형 주거지에서만 출토된 느릅나무속 목탄의 경우 바닥면에서 수습된 것이 아니기 때문에 검토 대상에서 제외하였다. 각각의 수종은 서로 다른 가옥 축조에 구별되어 사용되는 것이 특징적인데, 이러한 현상에 대해 주변 식생의 시간적 변화, 개별 가옥의 성격 차이, 동시기 가구들의 독자적인 목재 선택 결과 등을 반영할 가능성이 제시되었다. 이 가운데 특히 세 번째 가설의 타당성을 높게 평가하면서, 목재 선택의 기준이 공동체 단위에서 공유되지 않는 상황을 상정하고 있다.

5. 토기 태토 분석(조대연 2013; 조현종·양삼렬 1988)

1~7차, 13·14차 조사 출토 토기에 대한 두 차례의 분석이 있었다. 분석 대상은 무문토기 51점과 적색마연토기 22점이며, 분석 방법으로는 X선 회절 분석, 형광 X선 분석, 주사 전자 현미경 분석, 암석학 분석 등을 이용하였다. 분석 결과 무문토기와 적색마연토기는 바탕흙의 기원지가 동일하며, 소성온도도 750~800℃로 크게 다르지 않은 것으로 확인되었다. 바탕흙의 성분은 차이가 있는데, 적색마연토기의 경우 특별히 선별되었으나 동시에 거친 입자가 포함된 것도 관찰되었다. 한편, 적색마연토

도 05 적색마연토기의 현미경 관찰 결과 왼쪽 : 대상 토기, 가운데 : 편광 현미경 관찰, 오른쪽 : 주사 전자 현미경 관찰

기는 제작 방식에 따라 철 성분이 다량 포함된 분말을 바른 후 소성한 것과, 슬립이나 마연이 이루어지지 않고 정교한 산화 처리로 발색시킨 것으로 구분되었다(도 05). 결과적으로 후자는 적색마연토기의 범주에 포함되지 않는데, 관련 자료의 추가 확보와 정밀 관찰 등을 통해 일반적 적색마연토기와의 외형적 차이점 도출도 가능할 것으로 기대된다.

6. 토기와 토양 시료의 안정 동위 원소 분석(곽승기 2017 : 68-70, 2021 : 17-19 ; 郭永基·金庚澤 2018 : 15-18)

13·14차 조사 주거지 출토 토기편 18점에 대한 분석 결과, 절반 정도의 시료에서 반추 동물의 지방이 검출되었다. 비 반추 동물 중에서는 야생 멧돼지에 해당하는 측정치가 확인되었으며, 나머지 값들은 벼를 포함한 재배 작물의 지방으로부터 산출되었을 것으로 추정하였다. 그리고 이러한 분석 결과를 바탕으로 야생 동물의 수렵 활동이 집약적 도작 농경의 정착 이후에도 활발하게 이루어졌을 가능성이 제기되었다. 한편, 24차 조사 추정 야외 노지의 토양 시료에 대한 분석에서도 반추 동물의 지

방이 확인되었다. 해당 시기의 수렵 비중 증가 현상은 식량 확보의 불안정성을 극복하기 위한 대체 자원 개발 전략의 일환으로 설명되기도 한다(金範哲 2013: 74). 단, 이 분석은 토기를 이용하거나 야외 노지에서 조리한 식재료만 확인하는 것이기 때문에, 당시의 식생활을 보다 분명하게 이해하기 위해서는 인골에 대한 안정 동위 원소 분석이 시도될 필요가 있다(최경철 2020: 117).

7. 관옥 산지 추정 분석 (金奎虎·藁科哲男 2013)

12·14차 조사에서 출토된 관옥 10점에 대한 비중 측정 결과 8점이 벽옥, 나머지 2점은 녹색 응회암으로 동정되었다. 그리고 형광 X선 분석을 통하여 2점은 미정C 유물군, 3점은 관창리1 유물군에 속하는 것으로 확인되었다. 전자의 경우 한반도는 물론 일본열도까지 넓은 분포 범위를 보이며, 후자는 보령 관창리유적과의 관련성을 상정할 수 있다. 나머지 5점은 지금까지 분석한 유물군에 포함되지 않지만, 이 중 측정 결과가 유사한 2점은 동일 산지의 원석을 사용하였을 것으로 추정되었다. 하지만 이상의 분석만으로는 산지를 특정할 수 없다. 최근 포항 구평리 해안에서 벽옥이 채집된 바 있는데(박홍국 2018: 97-98), 이러한 자료들과의 비교·분석이 지속적으로 이루어진다면 구체적인 산지 추정도 가능할 것이다.

8. 석기 암질 동정과 산지 추정 분석 (이상헌 2000)

11차 조사 출토 석기 70점을 육안 및 실체 현미경으로 관찰한 결과 천매암, 반화강암, 셰일, 편암 등이 다수 이용된 것으로 확인되었다. 기종별로 살펴보면 지석은 편암과 반화강암, 석도는 천매암과 화강암, 석촉은 천매암이 주로 사용되고 있다. 석재의 산지에 대해서는 유적 주변의 지형 조건 등을 감안하여 인근 하천으로부터의 채집을 상정하였다. 유적에서 출토되는 석기는 풍화된 경우가 많아 육안 관찰에 의한 동정이 쉽지 않은데(황창한 2007: 791), 본 분석에서도 어느 정도의 오류 가능성이 인정된다. 지금까지의 분석 사례와 비교하면 석도 가운데 화강암으로 동정된 것은 유문암, 천매암제 석촉 중 일부는 셰일이나 이암일 가능성이 높다.

V. 맺음말 : 학술적 의미와 가치

이상과 같이 지금까지 발굴 조사된 내용을 바탕으로 송국리 취락의 시기와 성격을 살펴보았다. 그리고 다양한 자료를 이용한 각종 자연 과학적 분석 결과를 정리하였다. 마지막으로 이를 통해 송국리 취락의 학술적 의미와 가치에 대하여 간단히 언급하면서 글을 마치고자 한다. 크게 송국리 취락 발굴 조사와 보고의 학사적 의미, 완전한 형태를 갖춘 청동기시대 대단위 취락으로서의 자료적 가치, 발굴 조사할 부분이 많이 남아있다는 측면에서의 학술적 발전 가능성이라는 세 가지 범주로 나누어 설명하겠다.

먼저 첫 번째로 송국리 취락의 발굴 및 보고는 머리말에서 언급한 송국리유형과 송국리문화를 설정케 한 기초 자료의 최초 제공이라는 측면에서 학사적으로 의미가 크다. 송국리형 토기와 송국리

사진 06 석기 각종(충남대학교박물관 2007)

형 석검(趙現鐘 1989), 송국리형 주거지(李健茂 1992), 송국리형 묘제(金承玉 2001), 송국리형 취락과 송국리형 취락 경관(이홍종 2003) 등을 설정할 때 유적명을 그대로 사용한 이유도 모두 이러한 의미를 반영하였기 때문일 것이다. 이 밖에 송국리 취락에서 최초 발견된 것으로 출토 맥락이 분명한 용범, 비파형동검과 석검의 공반, 손잡이 장착 석검, 플라스크형 적색마연토기와 석검 등이 제시되기도 하였다(李宗哲 2018: 41-42).

하지만 최초만을 지나치게 강조하는 것은 송국리 취락의 진정한 가치를 떨어뜨릴 수도 있다. 물론 상기한 학사적 의미를 무시하는 것은 아니지만, 최초라는 타이틀에 단순히 먼저 발견되었다는 사실 이상의 의미를 부여하기는 어렵다. 새로운 고고학 자료의 등장에 의해 그 의미가 퇴색할 수밖에 없는 운명이며, 실제로 많은 수는 아니지만 비슷한 시기와 성격이면서 송국리 취락보다 큰 규모의 발전된 취락으로 상정되는 유적도 확인되고 있다. 송국리 취락의 학술적 가치와 잠재력은 그 이상이기 때문에, 최초보다는 다른 유적에서 찾아볼 수 없는 유일무이한 특성을 더욱 부각시키는 편이 바람직하다.

아무튼 송국리 취락의 조사 이후 출토 토기를 기반으로 청동기시대 중기가 설정되었으며(藤口健二 1986: 155), 같은 단계를 문화상 전반에 대한 급격한 변화가 이루어진다는 관점에서 후기로 부르기도 한다(李弘鍾 2000b: 5-6). 청동기시대의 전 기간에서 물질문화상 가장 극적인 변화가 관찰되는 시기로, 변화의 발생 원인으로는 기후 변화(金範哲 2019: 45), 인구 증가(金壯錫 2003: 49), 농경 집약화(金範哲 2005: 87), 계층화 진전(裵眞晟 2007: 169) 등 다양한 환경적·사회적·문화적 이유가 개별 혹은 복합적으로 작용하였을 가능성이 상정된다.

송국리유형의 발생에 대해서는 재지 기원설(김장석 2006; 宋滿榮 2004; 安在晧 1992)과 외래 기원설(安在晧 2019; 禹姃延 2002; 이홍종 2002)의 두 가지 주장이 존재하는데, 최근까지도 양자의 견해 차이는 좁혀지지 않고 있는 실정이다(宋滿榮 2015: 66). 그러나 특정 고고학적 요소만을 강조하여 기원을 상정하는 것은 무의미한 소모적 논쟁이 될 수 있기 때문에, 관련 유구와 유물의 세밀한 분석과 함께 기원지로 추정되는 지역의 고고학적 상황 등을 종합적으로 살펴보는 관점이 필요하다(孫晙鎬 2015: 31).

다음 두 번째로는 완전한 형태를 갖춘 대단위 취락으로서의 자료적 가치를 들 수 있다. 물론 지정된 문화재 보호 구역에서 조사되지 않은 부분이 많이 남아있고, 실제 취락의 전체 범위도 이보다 훨씬 더 확장될 가능성이 충분하다. 하지만 현재까지 조사된 범위에서도 대단위 취락의 위용을 관찰

사진 07 중도동유적의 환호와 주거지(춘천중도동유적연합발굴조사단 2020)

하는 것이 가능하며, 추가 조사를 통하여 어느 정도 취락의 전모를 파악할 수 있을 것으로 기대된다. 이와 달리 지금까지 확인된 청동기시대의 대규모 유적들은 구제 발굴의 특성상 개발이 이루어지는 범위에 대한 조사만 진행된 경우가 대부분이다.

청동기시대의 도시로 불리는 진주 대평리유적(이상길 2002: 144)도 조사가 이루어지지 않은 부분이 적지 않다. 최대급 취락으로 평가받는 춘천 중도동유적(정연우 2020)의 경우 전면적인 조사가 실시되었지만, 청동기시대의 이른 시기부터 늦은 시기까지의 유구들이 혼재하여 시기를 한정하면 상대적으로 유구의 분포 밀도는 낮아지게 된다. 이에 반해 송국리 취락은 점유 기간이 청동기시대 후기라는 시간 범위를 벗어나지 않기 때문에, 특정 시기의 취락 구성 원리나 해당 기간 내에서의 변화 과정을 살피는 데에 양호한 자료를 제공하고 있다.

마지막 세 번째 송국리 취락의 가치는 학술적 발전 가능성에서 찾을 수 있다. 송국리 취락에는 아직까지 조사되지 않은 많은 부분이 남아있다. 발굴은 기본적으로 유적의 훼손을 전제로 이루어지므로, 고고학자는 조사 시 최소한의 훼손만으로 최대한의 정보를 확보하기 위해 노력해야 한다. 그 일환으로 최신 장비와 각종 ICT 기술을 활용한 새로운 발굴 조사 기법이 오늘도 개발 및 적용되고 있다. 조사 기법은 더욱 발전할 것이기 때문에, 앞으로 조사될 지점에서 훨씬 더 다양하고 많은 정보가 획득될 것이 분명하다.

기존 조사에서 방어용 목책으로 이해하였던 기둥 구멍들이 전혀 다른 성격의 대형 굴립주 건물과 목주열로 판명된 것이나, 주거지와 목주열의 중복 관계를 통해 단계가 세분된 것 등은 모두 전면 제토 방식이라는 새로운 조사 기법이 적용되었기 때문에 가능한 일이었다. 이처럼 오늘보다 내일이 더 기대되는 무궁무진한 학술적 발전 가능성을 가진 청동기시대의 유적은, 문화재 보호 구역으로 보존되어 학술 발굴이 이루어지고 있는 송국리 취락이 유일하다. 필자는 이것이 다른 유적과 비교할 수 없는 송국리 취락의 가장 큰 학술적 가치라고 생각한다.

사실 이러한 측면을 감안하면 매년 이루어지고 있는 송국리 취락의 발굴 조사를 앞으로도 지속하는 것은 득보다 실이 많을지도 모른다. 2000년 이후의 발굴 조사를 통해 송국리 취락을 새롭게 이해할 수 있었던 것은 분명한 성과이지만, 발굴 기술상의 한계로 지금은 알지 못하는 수많은 중요 자료들이 유실되었을 가능성도 충분하다. 한편, 앞에서 살펴본 자연 과학적 분석 중에서도 발굴 조사 당시에만 수행할 수 있는 것들이 적지 않다. 이러한 분석법들의 발전 속도와 새로운 분석 방법의 개발 가능성 등을 고려할 때, 조금이라도 늦게 조사하는 편이 더 많은 고고학 정보의 획득을 가능케 할 것임은 분명하다.

하지만 송국리 취락의 세계 유산 등재(이기성 2021)나 활용 등을 위한 현실적인 필요성으로 앞으로도 발굴 조사는 계속될 것이다. 그렇다고 한다면 지금까지와는 달리 보다 계획적인 조사가 이루어질 필요가 있다. 이를 위해서는 무엇보다 먼저 유적의 전체적인 범위와 유구의 대략적인 분포를 파악하기 위한 시굴 조사가 선행되어야 한다. 그 결과를 바탕으로 세워진 정밀한 계획에 따라 뚜렷한 목적을 가진 발굴 조사가 실시되어야 하며, 단순히 발굴 가능한 지점을 순차적으로 조사하는 방식은 상기한 바와 같이 잃는 것이 더 많을 수 있기 때문에 지양하는 편이 바람직하다.

이상 지금까지의 조사 및 연구 성과를 바탕으로 송국리 취락의 학술적 의미와 가치에 대한 필자 나름의 견해를 제시하였다. 송국리 취락에서는 앞에서 살펴본 바와 같이 결코 적지 않은 수의 다종다양한 유구가 확인되었다. 또한 다른 유적에서는 조사된 바 없는 특이한 성격의 유구와 유물들이 발견되었으며, 그 양상도 매우 독특한 모습을 보이고 있어 여러 가지 측면에서 주목된다. 이에 따라 이미 양적이나 질적으로 상당한 수준의 연구가 축적되었으나, 아직까지 조사되지 않은 부분이 많기 때문에 앞으로의 학술적 발전 가능성이 더 크다고 할 수 있다. 계획적인 추가 발굴 조사와 정밀한 분석을 통해 연구가 더욱 활성화되기를 기대해 본다.

참고문헌

姜仁求·李健茂·韓永熙·李康承, 1979, 『松菊里』 I, 國立中央博物館.
곽승기, 2017, 「특정화합물 안정동위원소분석법을 이용한 청동기시대 중서부지방 생업양상 연구」, 『한국상고사학보』 95.
郭丞基, 2021, 「考古遺蹟 內 土壤試料를 통해 본 先史·古代의 人間 活動」, 『湖西考古學』 48.
郭丞基·金庚澤, 2018, 「先史 土器와 土壤試料 分析을 통한 韓半島 新石器·靑銅器時代 生計經濟 硏究」, 『湖西考古學』 40.
國立扶餘博物館, 2000, 『松菊里』 VI.
국립중앙박물관, 1987, 『松菊里』 III.

國立中央博物館·國立光州博物館, 1992, 『韓國의 靑銅器文化』, 汎友社.
김경택, 2014, 「청동기시대 복합사회 등장에 관한 일 고찰」, 『湖南考古學報』 46.
김경택, 2020, 「부여 송국리유적 성격 재고」, 『고고학』 19-2.
김경택·김민구·류아라, 2012, 「부여 송국리유적 수혈의 기능」, 『古文化』 79.
김경택·서현주·이기성·이동희, 2014, 『松菊里』 IX, 한국전통문화대학교고고학연구소.
김경택·서현주·정치영·이동희, 2013, 『松菊里』 VIII, 한국전통문화대학교고고학연구소.
김경택·이기성·서현주·주동훈·박병욱·노양지·백혜림, 2020, 『松菊里』 XIII, 한국전통문화대학교고고학연구소.
김경택·이기성·이건일·이동희·박병욱, 2016, 『松菊里』 X, 한국전통문화대학교고고학연구소.
김경택·이기성·이건일·주동훈·이동희·박병욱·김수영, 2017, 『松菊里』 XI, 한국전통문화대학교고고학연구소.
김경택·이기성·주동훈·박병욱·노양지, 2019, 『松菊里』 XII, 한국전통문화대학교고고학연구소.
김경택·정치영·이건일·민은숙·주혜미·정은지, 2011, 『松菊里』 VII, 한국전통문화대학교고고학연구소.
金奎虎·藁科哲男, 2013, 「송국리유적 출토 관옥의 산지 특성 분석」, 『松菊里』 VIII, 한국전통문화대학교고고학연구소.
金吉植, 1993, 『松菊里』 V, 國立公州博物館.
金吉植, 1994, 「扶餘 松菊里遺蹟의 發掘調査 槪要와 成果」, 『마을의 考古學』, 第18回 韓國考古學全國大會 發表要旨.
金吉植, 1998, 「扶餘 松菊里 無文土器時代墓」, 『考古學誌』 9.
김민구, 2007, 「부여 송국리유적 장방형주거지 출토 탄화 목재의 연구」, 『韓國上古史學報』 55.
김민구·류아라, 2013, 「부여 송국리유적 출토 탄화종자 분석 보고」, 『松菊里』 VIII, 한국전통문화대학교고고학연구소.
김민구·류아라·김경택, 2013, 「탄화작물을 통한 부여 송국리유적의 선사농경 연구」, 『湖南考古學報』 44.
金範哲, 2005, 「錦江下流域 松菊里型 聚落의 形成과 稻作集約化」, 『송국리문화를 통해 본 농경사회의 문화체계』, 서경.
金範哲, 2013, 「청동기시대 前-中轉移期 生計經濟戰略의 추이」, 『湖南考古學報』 44.
金範哲, 2019, 「韓國 先史時代 生計(經濟)戰略의 時·空間的 變異와 氣候」, 『湖西考古學』 44.
金相冕, 1985, 『三角形石刀의 一研究』, 嶺南大學校大學院 碩士學位論文.
金承玉, 1997, 「鋸齒文土器: 정치적 권위의 象徵的 表象」, 『韓國考古學報』 36.

金承玉, 2001, 「錦江流域 松菊里型 墓制의 硏究」, 『韓國考古學報』 45.
김승옥, 2006, 「분묘 자료를 통해 본 청동기시대 사회조직과 변천」, 『계층 사회와 지배자의 출현』, 한국고고학전국대회.
金永培·安承周, 1975, 「扶餘 松菊里 遼寧式銅劍出土 石棺墓」, 『百濟文化』 7·8.
金壯錫, 2003, 「충청지역 송국리유형 형성과정」, 『韓國考古學報』 51.
김장석, 2006, 「충청지역 선송국리 물질문화와 송국리유형」, 『韓國上古史學報』 51.
김장석, 2009, 「호서와 서부호남지역 초기철기-원삼국시대 편년에 대하여」, 『湖南考古學報』 33.
金正基, 1996, 「靑銅器 및 初期鐵器時代의 竪穴住居」, 『韓國考古學報』 34.
金鍾萬·申英浩·安敏子, 2001, 『公州 南山里 墳墓群』, 國立公州博物館.
蘆爀眞, 2001, 「有溝石斧 再檢討」, 『古文化』 57.
박홍국, 2018, 「옥류 원석 탐사」, 『야외고고학』 33.
裵眞晟, 2007, 『無文土器文化의 成立과 階層社會』, 釜山大學校大學院 博士學位論文.
부여문화재연구소, 1993, 『부여 산직리 고인돌』.
孫晙鎬, 2002, 「錦江流域 松菊里文化段階의 支石墓 檢討」, 『古文化』 60.
孫晙鎬, 2003, 「磨製石器 分析을 통한 寬倉里遺蹟 B區域의 性格 檢討」, 『韓國考古學報』 51.
孫晙鎬, 2007, 「松菊里遺蹟 再考」, 『古文化』 70.
孫晙鎬, 2008, 「石器 組成比를 통해 본 靑銅器時代 生計와 社會經濟」, 『韓國靑銅器學報』 3.
손준호, 2010, 「송국리 취락의 시기와 성격」, 『부여 송국리유적으로 본 한국 청동기시대 사회』, 제38회 한국상고사학회 학술발표대회.
손준호, 2011, 「청동기시대 전쟁의 성격」, 『고고학』 10-1.
孫晙鎬, 2015, 「松菊里文化의 石器 編年」, 『湖西考古學』 32.
宋滿榮, 1995, 『中期 無文土器時代 文化의 編年과 性格』, 崇實大學校大學院 碩士學位論文.
宋滿榮, 2004, 「湖南地方 靑銅器時代 硏究 現況과 展望」, 『밖에서 본 호남고고학의 성과와 쟁점』, 第12回 湖南考古學會 學術大會 發表要旨.
송만영, 2014, 「청동기시대 취락 구조의 변화」, 『崇實史學』 33.
宋滿榮, 2015, 「송국리유형 발생설의 학사적 검토」, 『한국고고학보』 95.
안승모, 2011, 「松菊里遺蹟 出土 炭化米 考察」, 『考古學誌』 17.
安承周, 1980, 「公州 南山里地域의 古代文化」, 『百濟文化』 13.
安承周·李南奭, 1990, 『公州 南山里·松鶴里 百濟古墳 發掘調査報告書』, 百濟文化開發硏究院.

安在晧, 1992, 「松菊里類型의 檢討」, 『嶺南考古學』 11.
安在晧, 1996, 「無文土器時代 聚落의 變遷」, 『碩晤尹容鎭教授 停年退任紀念論叢』.
安在晧, 2019, 「松菊里文化의 起源 再考」, 『영남고고학』 83.
安在晧, 2020, 「靑銅器時代 智佐里聚落의 形成過程과 社會相」, 『韓國靑銅器學報』 26.
오세연, 1997, 「송국리유적의 주거양상」, 『호남고고학의 제문제』, 제21회 한국고고학전국대회 발표요지.
禹姃延, 2002, 「중서부지역 송국리복합체 연구」, 『韓國考古學報』 47.
유병록, 2019, 「금호강하류역 송국리문화와 방형계주거지」, 『한국고고학보』 110.
尹武炳, 1987, 「公州郡 灘川面 南山里 先史墳墓群」, 『三佛金元龍教授 停年退任紀念論叢』 I.
李健茂, 1992, 「松菊里型 住居分類試論」, 『擇窩許善道先生停年退任紀念 韓國史學論叢』.
이경아, 2000, 「송국리유적 제11차 조사 출토 식물유체 보고」, 『松菊里』 VI, 國立扶餘博物館.
李基星, 2001, 「無文土器時代 住居樣式의 變化」, 『湖南考古學報』 14.
이기성, 2018, 「금강 중하류역 송국리문화의 성격」, 『고고학』 17-3.
이기성, 2021, 「부여 송국리유적의 세계유산 등재 추진 방향」, 『부여 송국리유적 세계유산 등재를 위한 UN-TACT 학술심포지엄』, 부여군·백제고도문화재단.
이동희, 2010, 「"호서와 서부호남지역 초기철기-원삼국시대 편년"에 대한 반론」, 『湖南考古學報』 35.
이동희, 2014, 「송국리취락의 변화와 그 의미」, 『湖南考古學報』 47.
이상길, 2002, 「우리는 왜 남강유역의 유적에 주목하는가?」, 『청동기시대의 大坪·大坪人』, 국립진주박물관.
이상길, 2006, 「祭祀와 權力의 發生」, 『계층 사회와 지배자의 출현』, 한국고고학전국대회.
이상헌, 2000, 「송국리유적 출토 석기의 암석에 대한 특징」, 『松菊里』 VI, 國立扶餘博物館.
李榮文, 1993, 『全南地方 支石墓 社會의 硏究』, 韓國教員大學校大學院 博士學位論文.
李隆助·李錫麟·河文植·禹鍾允, 1988, 「牛山里 곡천 고인돌」, 『住岩댐 水沒地域 文化遺蹟 發掘調査報告書』 II, 全南大學校博物館.
이융조·하문식, 1989, 「한국 고인돌의 다른 유형에 관한 연구」, 『東方學志』 63.
李宗哲, 2018, 「부여 송국리유적의 고고학적 의의와 과제」, 『부여 송국리유적의 의미와 활용』, 국립부여박물관 특별전 〈부여 송국리〉 연계 국제학술심포지엄.
李宗哲, 2019, 「부여 송국리 線狀列柱의 성격과 시간성」, 『호남고고학보』 61.
李淸圭, 1988, 「南韓地方 無文土器文化의 展開와 孔列土器文化의 位置」, 『韓國上古史學報』 1.
李亨源, 2001, 「可樂洞類型 新考察」, 『湖西考古學』 4·5.
李亨源, 2005, 「松菊里類型과 水石里類型의 接觸樣相」, 『湖西考古學』 12.

李弘鍾, 1993, 「松菊里式 土器文化의 登場과 展開」, 『先史와 古代』 4.
이홍종, 2000a, 「우리나라의 초기 수전농경」, 『한국농공학회지』 42-3.
李弘鍾, 2000b, 「無文土器가 彌生土器 성립에 끼친 영향」, 『先史와 古代』 14.
이홍종, 2002, 「松菊里文化의 時空的 展開」, 『湖西考古學』 6·7.
이홍종, 2003, 「松菊里型 聚落의 景觀的 檢討」, 『湖西考古學』 9.
이홍종, 2006, 「무문토기와 야요이 토기의 실연대」, 『한국고고학보』 60.
이희진, 2017, 「부여 송국리유적 제20차 토양분석 보고서」, 『松菊里』 XI, 한국전통문화대학교고고학연구소.
이희진, 2019, 「부여 송국리유적 제21·22차 발굴조사 곡부지역 토양분석」, 『松菊里』 XII, 한국전통문화대학교고고학연구소.
이희진, 2020, 「부여 송국리유적 22-96호 주거지 토양 미세형태분석」, 『松菊里』 XIII, 한국전통문화대학교고고학연구소.
정연우, 2020, 「춘천 중도동유적 조사개요」, 『春川 中島洞遺蹟』 III·IV, 춘천중도동유적연합발굴조사단.
鄭治泳, 2009, 「송국리취락 '특수공간'의 구조와 성격」, 『韓國青銅器學報』 4.
조대연, 2013, 「부여 송국리유적 출토 토기에 대한 자연과학적 분석」, 『松菊里』 VIII, 한국전통문화대학교고고학연구소.
趙現鐘, 1989, 『松菊里形土器에 대한 一考察』, 弘益大學校大學院 碩士學位論文.
조현종·양삼렬, 1988, 「송국리유적의 토기분석」, 『新岩里』 I, 국립중앙박물관.
지건길·안승모·송의정, 1986, 『松菊里』 II, 국립중앙박물관.
최경철, 2020, 「인골의 화학적 분석을 통한 한반도 선사시대 식생활의 다양성」, 『한국고고학에서 다양성의 이해』, 제44회 한국고고학전국대회.
崔仁善, 1985, 「韓國交刃石刀에 對한 考察」, 『全南文化』 3.
崔鍾圭, 1991, 「무덤에서 본 三韓社會의 構造 및 特徵」, 『韓國古代史論叢』 2.
춘천중도동유적연합발굴조사단, 2020, 『春川 中島洞遺蹟』 I.
忠南大學校博物館, 1998, 『文化遺蹟分布地圖 扶餘郡』.
충남대학교박물관, 2007, 『호서지역의 청동기문화』, 호서지역 문화재조사연구기관 연합전.
충청남도역사문화원, 2004, 『부여 송국리-산직리 지석묘 진입도로 확·포장구간내 문화유적 시굴조사』.
河仁秀, 1992, 「嶺南地方 丹塗磨研土器의 編年」, 『嶺南考古學』 10.
한국전통문화대학교고고학연구소, 2019, 『부여 송국리유적 24차 발굴조사 약보고서』.
한국전통문화대학교고고학연구소, 2020, 『부여 송국리유적 25차 발굴조사 약보고서』.

황창한, 2007, 「岩石의 分析方法과 考古學的 適用」, 『東亞文化』 2·3.

藤口健二, 1986, 「朝鮮無文土器と彌生土器」, 『彌生文化の研究』 3, 雄山閣.

木方洋二, 1989, 「松菊里遺蹟 木炭材에 대하여」, 『新岩里』 Ⅱ, 국립중앙박물관.

庄田愼矢, 2007, 『南韓 靑銅器時代의 生産活動과 社會』, 忠南大學校大學院 博士學位論文.

中村俊夫, 1989, 「TANDETRON 가속기 질량분석에 의한 C_{14}년대 측정치에 관한 주의사항」, 『新岩里』 Ⅱ, 국립중앙박물관.

後藤直, 1992, 「松菊里型住居址と土器」, 『交流會報』 2.

Nelson, S. M., 1982, The Effects of Rice Agriculture on Prehistoric Korea, *Journal of Asian Studies* 41-3.

2부

송국리문화의 무덤, 저장공, 석기

손준호 | 지석묘와 송국리형 묘제
손준호 | 군집 저장공
손준호 | 석기 편년

松菊里文化
墓 / 貯藏孔 / 石器

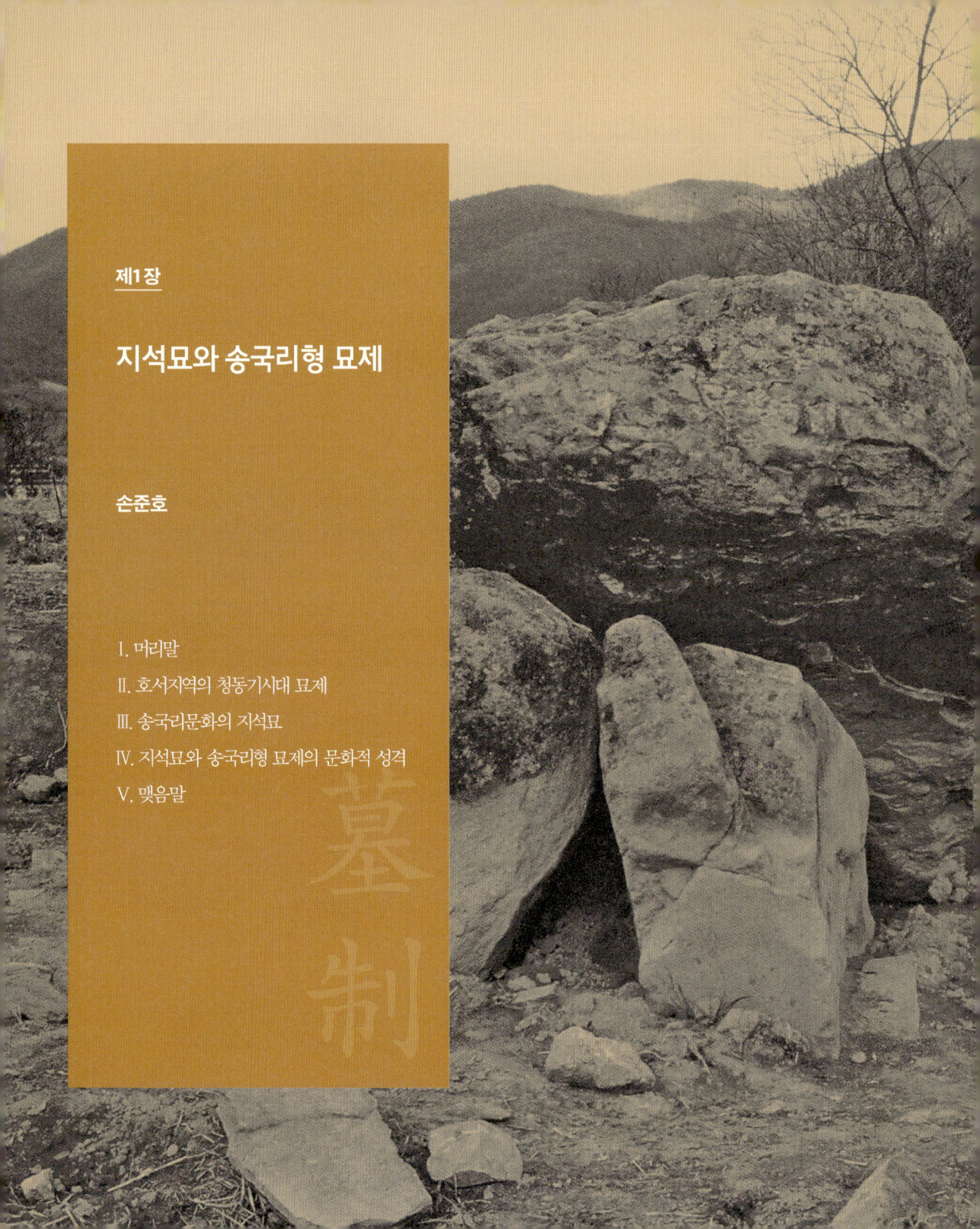

제1장

지석묘와 송국리형 묘제

손준호

I. 머리말
II. 호서지역의 청동기시대 묘제
III. 송국리문화의 지석묘
IV. 지석묘와 송국리형 묘제의 문화적 성격
V. 맺음말

I. 머리말

송국리문화 단계에 확인되는 분묘로는 석관묘, 석개토광묘, 옹관묘 등의 송국리형 묘제와 지석묘가 있다. 이 중 지석묘는 한반도의 청동기시대를 대표하는 유구 가운데 하나로, 전국 각지에 다양한 형태가 분포한다. 지석묘에 대한 분석도 여러 연구자들에 의하여 시도되었는데, 지석묘 문화의 구체적인 성격에 대해서는 학자들 간의 이견을 좁히지 못하고 있는 실정이다. 이는 지석묘에서 출토된 유물이 소량이며, 또 지석묘와 동일한 문화권으로 설정할 수 있는 관련 유구의 조사가 부족하다는 사실에 기인한다. 최근에는 새로운 자료의 축적과 더불어 좀 더 다양한 시각에서의 접근이 이루어지고 있지만, 호서지역 지석묘에 대한 연구는 여전히 소수에 불과한 편이다.

호서지역은 다른 지역에 비해 지석묘의 조사 사례가 적은 반면, 송국리형 묘제가 상대적으로 다수 분포한다. 송국리형 묘제란 용어는 김승옥(2001: 55-56)에 의하여 처음 사용되었는데, 그는 이러한 묘제와 지석묘가 공반되어 발견되는 경우가 거의 없기 때문에 직접적인 관련이 없다고 주장하였다. 다만 평지에 위치하거나 하천 방향으로 배치된 송국리형 묘제, 2단의 묘광이나 2중 개석을 갖춘 지석묘 등을 송국리문화와 지석묘 문화가 혼합된 결과물로 보았다. 이와 관련하여 몇몇 유적에서 송국리문화 단계의 지석묘가 발견되거나 지석묘 관련 요소가 관찰되는 사례가 확인된다. 비록 아직까지 이러한 양상을 보이는 유적의 수가 많지 않지만, 이를 통해 지석묘 문화와 송국리문화 사이의 관련성을 상정할 수 있을 것으로 기대된다.

이와 같이 지석묘와 송국리형 묘제가 비교적 유사한 비율로 공존하는 것이 호서지역 청동기시대 분묘의 가장 큰 특징이다. 특히 옹관묘는 주로 호서지역에 집중 분포하여(孫晙鎬·庄田愼矢 2004: 112-113), 다른 지역과 뚜렷이 구분되는 이 지역 분묘의 특징을 잘 보여준다. 따라서 호서지역은 양 묘제의 관계나 그 문화적 배경 등을 연구하기에 최적의 장소라 할 수 있다. 이를 위해 다음 II장에서는 먼저 호서지역 분묘의 전반적인 양상과 그 특징을 간략히 정리하였다. 그리고 III장에서 관련 유적의 검토를 통해 지석묘와 송국리형 묘제의 관계를 유형화하였으며, 마지막 IV장에서는 이를 바탕으로 양 묘제의 관계에 대한 새로운 견해를 제시함으로써 호서지역 청동기시대 분묘의 문화적 성격을 보다 분명하게 나타내고자 하였다.

II. 호서지역의 청동기시대 묘제

1. 지석묘

호서지역의 지석묘는 행정구역상 충청북도와 충청남도로 구분되지만, 자연 지리적 환경 및 문화권역으로 볼 때에는 한강유역권과 금강유역권으로 나누어진다. 금강유역과 달리 한강유역에서는 송국리문화의 직접적인 증거들이 거의 확인되지 않기 때문에, 이러한 유역별 구분이 문화적으로 의미가 있다. 금강유역권을 금강 본류역과 서해안지역으로 세분하는 것도 가능하지만, 한강유역과 달리 양자 모두에 송국리형 묘제가 분포하고 있어 본고의 분석에서는 큰 의미가 없다고 판단하여 따로 구분하지 않았다.

호서지역에서 확인된 지석묘의 수는 약 1,000여 기에 이르지만, 이 중 실제 발굴 조사가 이루어져 보고된 것은 200여 기뿐이다(황재훈 2021: 55·60). 이들의 형식적 특징을 살펴보면, 먼저 전체적으로 개석식이 다수를 차지한다는 점이 관찰된다. 이는 남한지역 지석묘 형식의 일반적인 경향성으로 호서지역 또한 예외가 아님을 알 수 있다. 개석식 이외의 형식으로는 한강유역권에서 기반식이,

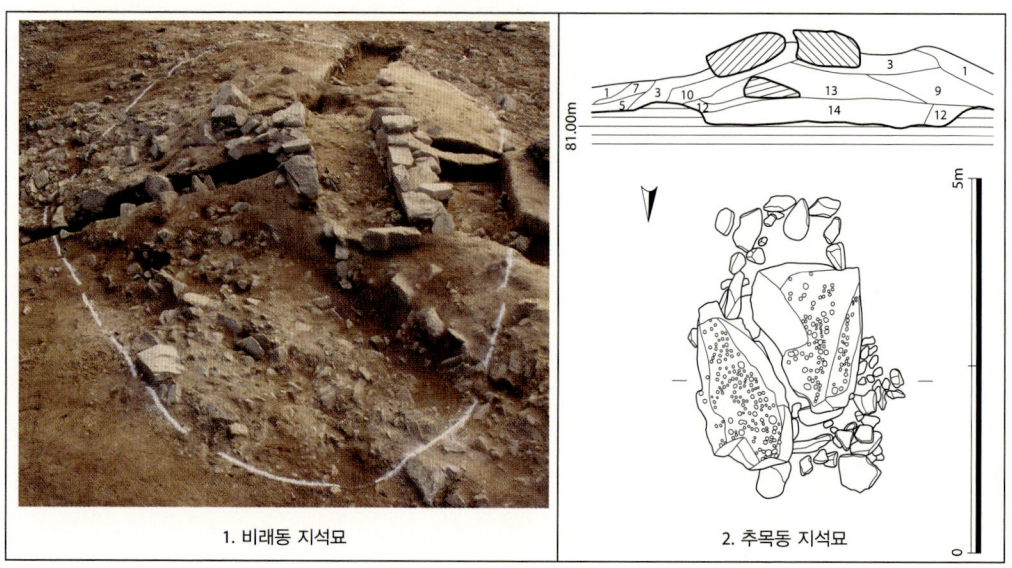

1. 비래동 지석묘   2. 추목동 지석묘

도 01 지석묘의 성토부 흔적

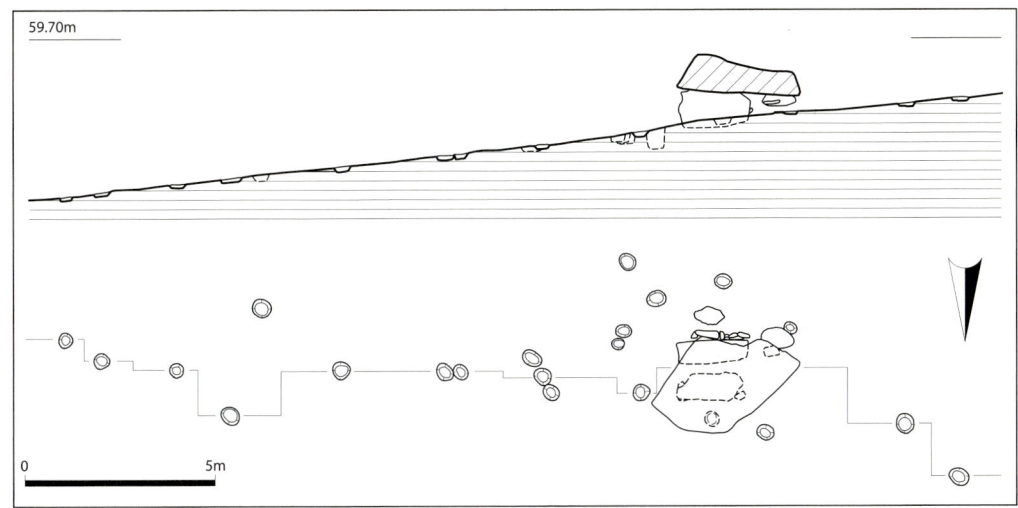

도 02 주교리유적의 지석묘와 주변 주공렬

 금강유역권에서는 탁자식의 비율이 높은 편이며, 위석식의 경우 평동리에서 조사된 1기가 유일하다. 세부적으로는 한강유역에서 탁자식이 거의 보이지 않는 것에 비해, 금강유역에는 기반식 또한 적지 않게 분포한다. 결국 전체적으로 개석식의 비율이 가장 높은 가운데 탁자식과 기반식 또한 다수 확인되는 것이 호서지역 지석묘 형식의 특징이라 하겠다.

 이 밖에 몇 가지 주목할 만한 특징을 보면, 우선 비래동과 추목동 지석묘에서 확인된 성토부의 흔적을 들 수 있다(도 01). 그리고 묘역이 설치된 지석묘가 황석리, 구룡리, 진목리, 함암리, 달산리, 월오동에서 조사되었는데, 주로 개석식 지석묘와 조합되는 사례가 많다. 이러한 성토 흔적과 묘역 시설은 다른 지역에서 상대적으로 다수 관찰되는 것에 반해, 호서지역에서는 발견된 수도 많지 않고 그 형태도 뚜렷하지 않아 그다지 선호되지 않은 구조라 할 수 있다. 한편, 성혈은 12개 유적에서 관찰되었는데(도 01-2), 특별한 지석묘 형식과의 상관관계나 지역성 등은 확인되지 않는다.

 호서지역 지석묘에서 관찰되는 특수한 사례로서 지석묘 주변에 설치된 주공렬이 주목된다. 주교리와 월산리 지석묘에서 확인되었는데, 지석묘 축조 또는 보호와 관련된 시설일 가능성이 제기된 바 있다(李弘鍾·孫畯鎬 2004: 93; 이홍종 외 2012: 532). 잔존 상태가 양호한 주교리유적의 사례를 보면 주공은 지석묘 주위를 원형으로 둘러싸고, 경사면 아래쪽으로는 약 2m 정도의 간격을 이루며 1열로 배치되어 있다(도 02). 주공의 깊이는 대체로 10cm 내외인데 지석묘의 북쪽과 남쪽에 자리한 2개의 주공만 30cm 이상으로 차이를 보인다. 2개의 주공만 특히 깊은 것은 지석묘 상석 축조와 관련된 시설의 존재를 짐작케 하며, 지석묘 주위를 원형으로 둘러싼 것은 지석묘를 보호하기 위한 시설, 경사면에 열상으로 배치된 주공은 묘도로서의 구조물일 가능성이 상정된다.

마지막으로 살펴볼 지석묘의 축조 시기는 출토 유물을 통하여 추정하는 것이 가능하다. 그러나 실제로 대부분의 지석묘가 도굴되거나 하부 구조가 훼손된 상태로 확인되었기 때문에 유물의 출토 예는 소수에 불과하다. 전기의 확실한 유물 형식이 출토된 것으로는 한강유역권에서 황석리, 구룡리, 능강리, 사창리유적의 삼각만입촉, 이단경촉, 금강유역권에서 비래동유적의 비파형동검, 적색마연토기, 삼각만입촉을 들 수 있다(도 03-1~6).

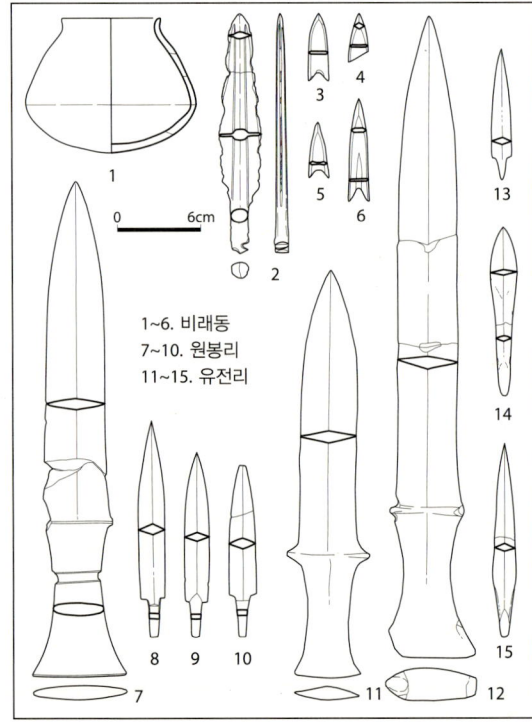

도 03 지석묘 출토 유물

상대적으로 한강유역권에서 전기의 사례가 많은 편인데, 가장 많은 유물이 출토된 황석리 지석묘의 경우 이미 전기에서 후기로 넘어가는 과도기에 해당하는 것임이 지적된 바 있다(宋滿榮 2001: 93-94).

지석묘에서 후기 송국리문화 단계에 해당하는 유물이 확인된 예도 그렇게 많은 편은 아니지만, 상대적으로 전기에 비하여 다수를 차지한다. 한강유역권의 황석리, 구룡리, 계산리, 능강리유적과 금강유역권의 석우리, 원봉리, 유전리유적에서 유절병식석검, 일단병식석검, 일단경촉 등이 출토되었다(도 03-7~15). 상석이 발견되지 않아 본고의 검토 대상에서는 제외되었지만, 지석묘 하부 구조의 가능성이 높은 매장주체부 출토 유물을 모두 합해 보아도 역시 후기 단계의 형식이 다수를 차지한다 (孫晙鎬 2009: 146). 호서지역에 비하여 많은 부장 유물이 확인된 다른 지역의 지석묘에서도 후기에 해당하는 형식의 출토 사례가 많기 때문에, 호서지역에 있어서도 지석묘의 축조는 주로 후기에 이루어진 것임을 짐작할 수 있다.

　좀 더 늦은 시기의 유물로는 제천 도화리유적의 지석묘 매장주체부에서 출토된 평기식촉 1점이 있다. 공반 관계가 다소 불분명한 부분이 있지만, 상석 아래와 매장주체부 주변에서 평기식의 석검과 검파두식도 각 1점씩 수습되었다. 이들은 모두 초기철기시대의 표지적 유물 형식이기 때문에, 지석묘의 축조 시기가 이에 해당함을 짐작할 수 있다. 호서지역에서는 가장 늦은 시기의 지석묘로 판단되는데, 1기에 불과하여 단정하기는 어렵지만 한강유역권의 지석묘가 금강유역권에 비해 존속 기간이 길었을 가능성도 생각해 볼 수 있다. 한강유역권에서 송국리문화의 영향이 상대적으로 약하고 송국리형 묘제가 확인되지 않는 점이 지석묘 장기 존속의 배경이 되었을지도 모르겠다.

2. 송국리형 묘제

지금까지 호서지역에서 발굴 조사된 송국리형 묘제는 552기에 이른다(황재훈 2021: 60). 세부적으로는 석관묘 355기, (석개)토광묘 113기, 옹관묘 84기로 구분된다. 송국리형 묘제의 입지와 분포, 형식별 특징과 시기 등에 대해서는 이미 김승옥(2001)에 의하여 지적된 바 있다. 필자도 그의 주장에 대체로 찬동하지만 약간 생각을 달리하는 부분을 이야기하면, 먼저 옹관의 매장 방법 가운데 기존에 제시된 직치와 사치 이외에 횡치를 상정할 수 있을 것 같다. 상대적인 수량은 많지 않지만, 옥남리유적, 제천리유적, 그리고 기존 불명유구로 명명된 송국리유적의 예 등이 모두 횡치 옹관의 존재를 나타내는 사례들이다(도 04-4).

　다음으로 단순 토광묘의 존재를 인정할 수 있다. 송국리유적 분묘군에 포함된 토광묘 2기는 동일한 구조를 이루고 있는데, 개석의 존재가 확인되지 않았으며 다량의 석재편이 묘광 내부로 함몰되는 양상을 볼 때 목판 등을 뚜껑으로 사용한 뒤 그 위에 돌을 덮었을 가능성이 높다(도 04-1). 개석이 유실되었을 수도 있지만, 인근 석관묘를 보면 개석은 모두 2단 굴광의 상단광 바닥, 즉 하단광의 어깨에 걸쳐 위치하는 데 반하여 토광묘의 경우 2단 굴광이 확인되었음에도 불구하고 개석의 흔적이 전혀 발견되지 않아 원래부터 존재하지 않았던 것으로 판단된다. 목판을 이용한 이러한 묘제는 54지구와 57지구에서도 확인된 바 있어, 이 모두를 토광묘로 보는 것이 가능하다.

　한편, 호서지역의 송국리형 묘제에서 새로운 자료로서 주목되는 사례들이 있다. 보은 부수리유적 1호 석관에서는 10세 전후 소아와 성인 인골이 함께 출토되었으며, 바닥면이 2차에 걸쳐 축조된

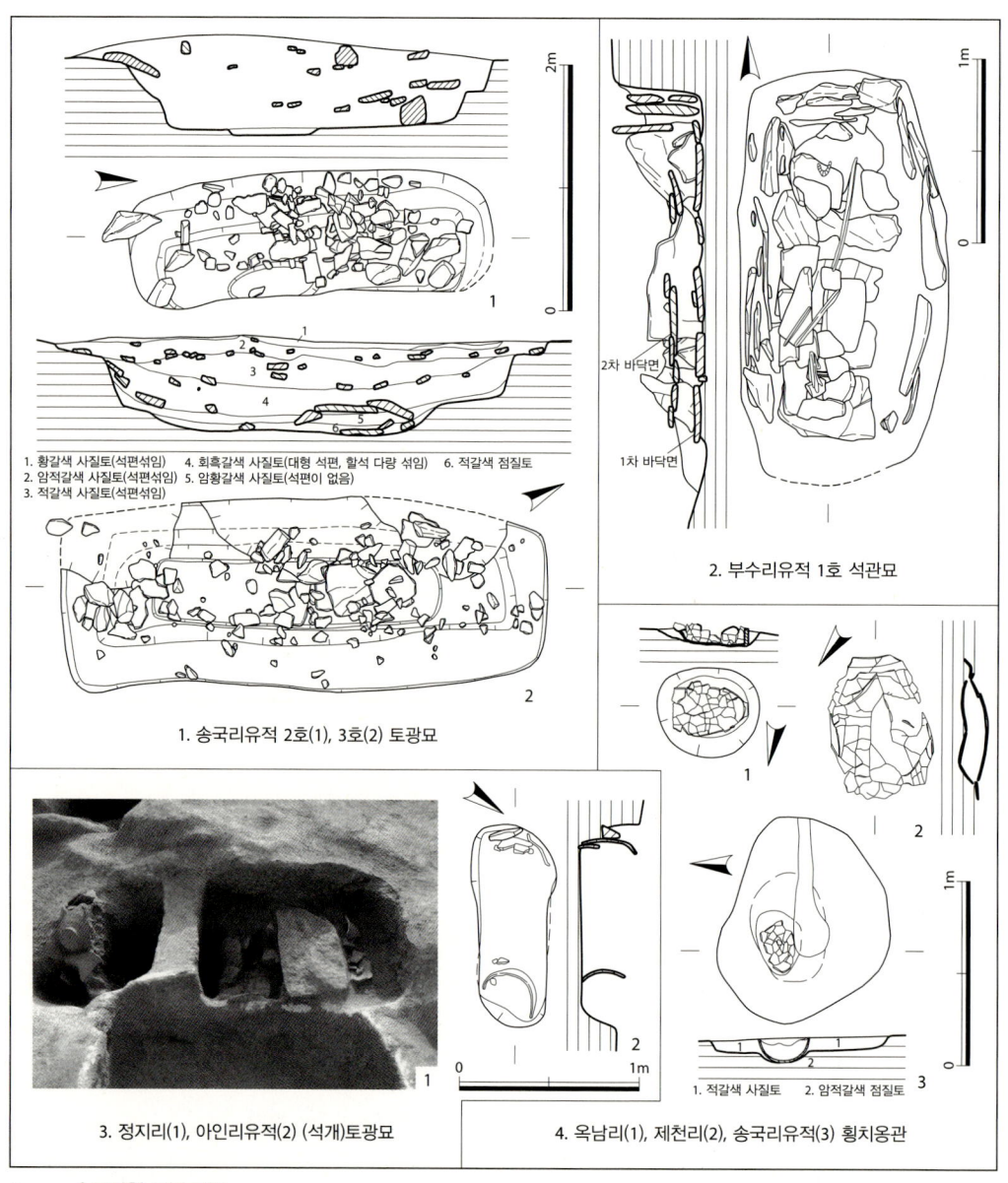

도 04 송국리형 묘제 각종

것으로 확인되었다(도 04-2). 보고자는 성인을 위해 석관묘가 조영된 다음 일정한 시간이 흘러 2차적으로 소아가 매장된 것으로 파악하였는데(中央文化財硏究院 2004: 115), 석관묘에 있어서의 추가장 흔적과 기존에 무덤의 규모로만 추정되었던 소아묘의 존재가 실증적으로 입증되었다는 점에서 큰 의미가 있다.[1] 또, 정지리유적 1호 석개토광묘와 아인리유적의 2호 (석개)토광묘에서는 하나의 토기를 둘로 나누어 묘광의 양쪽 끝에 부장하는 양상이 공통적으로 확인되었다(도 04-3). 이는 지석묘에 비하여 연구가 거의 이루어진 바 없는 송국리형 묘제의 매장 의례에 관한 사례로서 주목된다.

III. 송국리문화의 지석묘

본 장에서는 송국리문화의 지석묘를 분포 양상에 따라 크게 세 가지 형태로 분류하였다. 첫째는 송국리유형의 취락에서 송국리형 묘제가 확인되지 않고 지석묘만 발견된 유적, 둘째는 송국리형 묘제와 지석묘가 공존하는 유적, 셋째는 송국리형 묘제에 지석묘 요소가 반영된 유적이다. 세 번째로 분류된 유적의 경우 실제 지석묘는 존재하지 않지만, 그 영향으로 추정되는 요소가 송국리형 묘제에서 관찰된다. 구체적으로 개석의 성혈, 매장 시설 중 석곽 구조, 하부 구조가 없는 대형석의 존재, 비파형동검의 출토를 지석묘 요소로 간주하였다.

1. 송국리형 주거지와 지석묘가 공반하는 유적

1) 보령 주교리유적(李弘鍾·孫晙鎬 2004)

주교리유적에서는 청동기시대 주거지가 17기 조사되었는데, 중복 관계에 의하여 방형계보다 송국리형 주거지가 후대에 축조된 것으로 확인되었다. 지석묘 1기는 조사지역의 남쪽 구릉 사면에 위치한다. 형식은 탁자식으로 괴석형의 상석과 2개의 지석이 쓰러진 상태로 발견되었다. 지석묘가 방형계

---

[1] 그런데 2차 바닥석의 범위가 140×50cm에 달하고 있어, 기존에 소아용 무덤으로 상정된 규모(金承玉 2001: 64)에 비하여 약간 큰 편이다. 청동기시대 인골 자료가 소수에 불과하기 때문에 유사 사례의 발견이 증가되기를 기다려야 할 것 같다.

사진 01 주교리유적 지석묘(李弘鍾·孫唆鎬 2004)

주거지의 상층에 자리하기 때문에 이보다 늦은 시기, 즉 송국리형 주거지와 동일 시기로 상정할 수 있다. 한편, 지석묘 주변에 분포하는 다수의 주공렬은 축조 및 보호 관련 시설이나 묘도로서의 구조물을 추정케 하는데, 이에 대해서는 앞에서 설명한 바와 같다(도 02).

2) **보령 죽청리유적**(韓國文化財保護財團 2000)

죽청리 '가' 유적에서는 송국리형 주거지 10기와 무시설식 노지를 갖춘 방형 주거지 2기가 확인되었는데, 출토 유물상 차이가 없는 것을 볼 때 모두 동일 시기에 축조·이용된 것으로 추정된다. 지석묘 1기는 조사 지역의 남사면 하단부에 위치한다(도 05). 형식은 탁자식으로 상석과 함께 2개의 지석이 쓰러진 상태로 발견되었다. 하부 구조로는 불규칙하게 배치된 다수의 할석이 조사되었다. 보고자는 이를 매장주체부로 파악하였으나, 묘역 시설의 일부일 가능성도 배제할 수 없다.

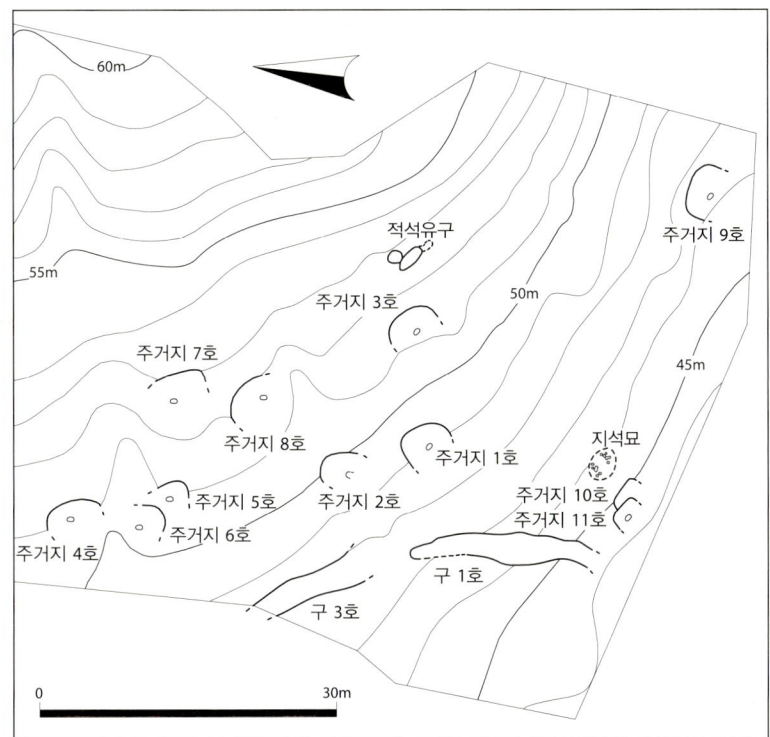

도 05 죽청리유적의 지석묘와 주변 유구

2. 송국리형 묘제와 지석묘가 공존하는 유적

1) 보령 평라리유적(이융조 외 1996)

평라리유적의 청동기시대 유구는 I지구에서 분묘군, IV지구에서 송국리형 주거지 1기가 조사되었다. I지구의 분묘는 지석묘 3기, 석곽묘 4기, 석관묘 14기가 열상으로 배치되어 있다(**도 06**). 크게 2개의 열로 구분되는데, 지석묘와 석곽묘가 북쪽 열에서만 확인되는 데 반하여 남쪽 열은 석관묘만으로 구성되어 차이를 보인다. 지석묘는 3기 모두 각각 상석과 함께 석관형의 하부 구조, 주변으로 다수의 할석이 발견되었다. 이를 통하여 볼 때 지석묘의 형식은 묘역 시설을 갖춘 개석식으로 판단된다. 석곽묘는 다수의 할석으로 축조되었는데, 묘광의 형태는 장방형 또는 원형이다. 지석묘와 동일

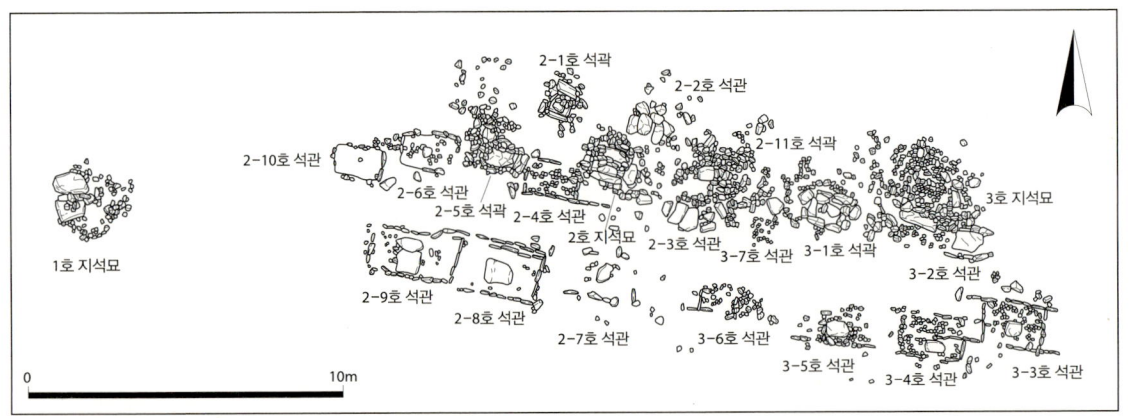

도 06　평라리유적 Ⅰ지구 분묘군

사진 02　2-8호 석관묘 조사 과정(이융조 외 1996)

한 열에 분포하는 점, 석곽 주변의 다수 할석 등을 통하여 지석묘와의 관련성을 상정할 수 있다.

석관묘는 모두 14기가 확인되었는데, 북쪽 열의 지석묘와 석곽묘 사이에 7기, 남쪽 열에 7기가 배치되어 있다. 평라리유적의 석관묘는 특이한 구조를 이룬다.[2] 먼저 상부에는 장방형의 묘역을 설정하였으며, 그 내부에 개석이 위치한다. 이 개석으로부터 약 30~90cm 정도 내려가면 묘광이 2단으로 굴광되면서 또 다른 개석과 함께 석관이 조성되어 있다. 석관 내부에서 출토된 석검 1점은 비교적 소형에 경부 끝이 좌우로 돌출된 소위 '송국리형 석검(趙現鐘 1989: 50-52)'이다.

2) 보령 관창리유적(吳相卓·姜賢淑 1999)

관창리유적의 청동기시대 분묘는 A구역에서 주로 확인되었다. 조사된 분묘는 지석묘 1기, 석관묘 11기, 석개토광묘 1기, 옹관묘 1기 등이다(도 07). 지석묘의 형식은 탁자식으로 괴석형의 상석과 지석 2개가 쓰러진 상태로 발견되었다. 이 지석묘를 중심으로 그 주변에 석관묘와 석개토광묘가 배치되어 있다. 지석묘의 남동쪽을 제외한 주변부 전체를 석관묘와 석개토광묘가 2중으로 둘러싸며, 구릉 아래쪽으로는 석관묘가 1열로 분포하면서 구릉 최하단부에 옹관묘가 자리한다. 유물은 일단병식석검 4점과 유절병식석검 1점이 출토되었다.

사진 03　관창리유적 지석묘(吳相卓·姜賢淑 1999)

2　오강원(1998: 13-14)은 평라리유적 석관묘의 특이 구조 가운데 묘표석과 묘역의 존재를 가장 특징적인 요소로 파악하여 '위장(圍牆) 석관묘'로 명명한 바 있다.

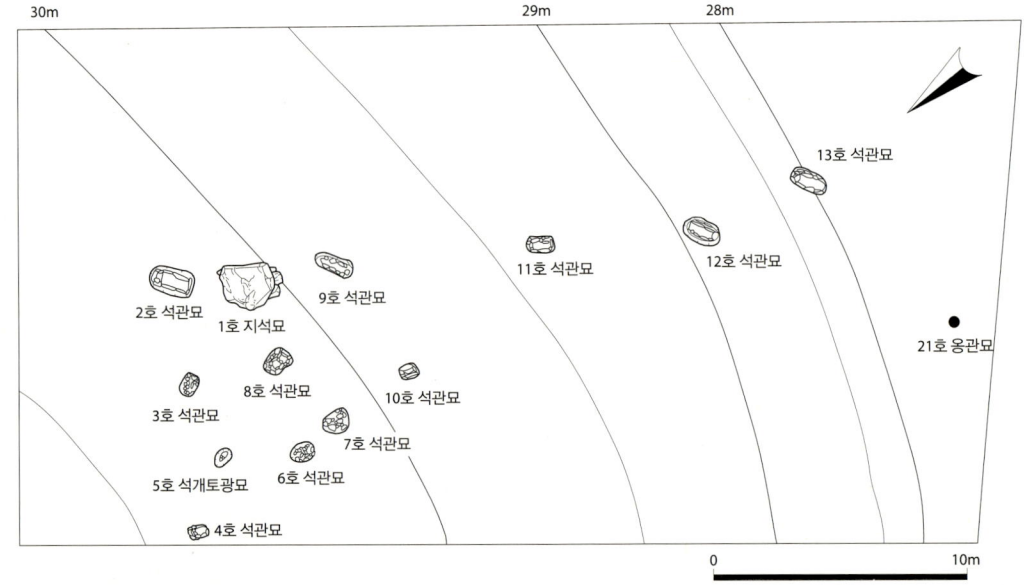

도 07 관창리유적 A구역 분묘군

3. 송국리형 묘제에 지석묘 요소가 반영된 유적

1) 부여 송국리유적(金吉植 1998)

송국리유적에서 지석묘 요소가 관찰된 분묘는 52·53지구에 존재한다. 해당 지구의 분묘군은 석관묘 4기, 토광묘 2기, 옹관묘 2기로 구성되어 있다(**도 08**). 분묘는 열을 이루며 일정한 간격으로 배치되는데, 지석묘 요소가 확인된 유구는 1호와 5호 석관묘이다. 1호 석관묘는 비파형동검이 출토되어 일찍부터 학계에 주목을 받아왔다(金永培·安承周 1975). 비파형동검은 대부분 지석묘에 부장되며, 본 유구를 제외하면 송국리형 묘제에서 출토된 사례가 없다. 따라서 필자는 비파형동검의 부장을 지석묘 요소로 파악하고자 한다. 이와 관련하여 1호 묘에서 또 하나 주목되는 사실은 개석에 74개의 성혈이 존재하는 것이다. 일반적으로 성혈도 지석묘의 상석에서 관찰되며, 석관묘에서 발견된 경우는 송국리유적의 사례가 유일하다. 즉, 송국리유적 1호 묘는 출토 유물과 함께 무덤 형태에 있어서도 지석묘의 영향을 강하게 받은 것으로 판단된다.

이 밖에 5호 묘에서는 이중구연단사선문토기가 출토되어 주목된다. 이 유물에 대하여 후대에

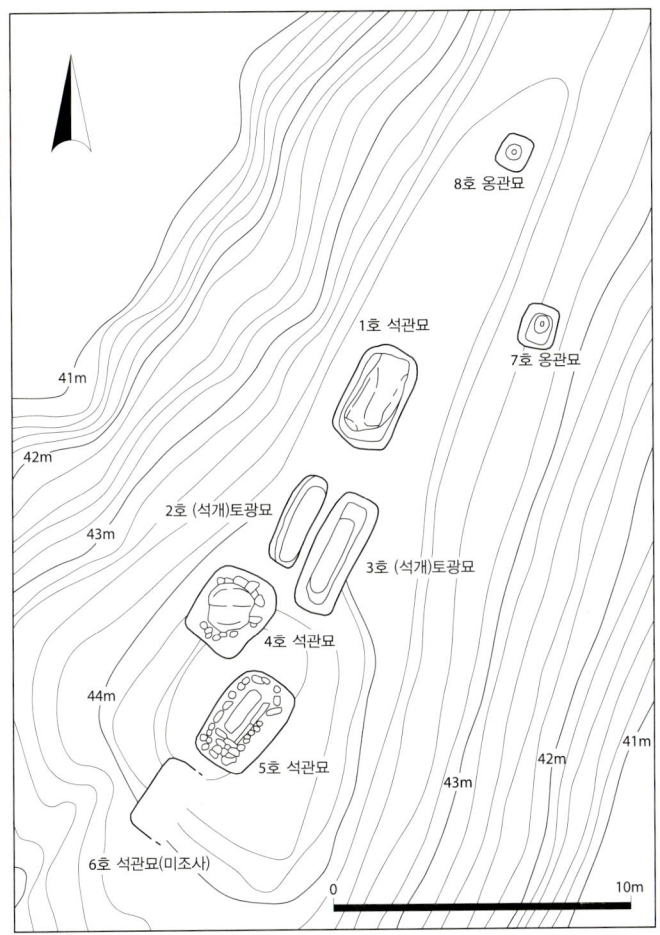

도 08 송국리유적 52·53지구 분묘군

유입된 것으로 보는 견해도 있지만(武末純一 2002: 35), 안정된 층위에서 발견되었다는 보고자의 주장을 따른다면 송국리형 묘제에서 출토된 바 없는 토기 형식이다. 또, 분묘의 구조를 보면 판석형 벽석이 일부 남아있는데, 벽석 뒤편을 다량의 할석으로 채워 일반적인 석관 구조와 상이한 형태를 이룬다. 그러므로 5호 묘도 1호 묘와 마찬가지로 출토 유물과 무덤 형태에 있어서 전형적인 지석묘 요소가 관찰된다고 할 수 있다. 한편, 이 5호 묘와 4호·6호 석관묘는 하나의 분구 내부에 포함된 것으로 확인되어 이들의 축조 시기가 동일하였음을 알 수 있다.

2) **부여 나복리유적**(忠淸南道歷史文化院 2004)

나복리유적의 분묘는 조사지역 북쪽에서 석관묘 1기와 옹관묘 1기, 남쪽에서 석관묘와 석개토광묘 9기가 확인되었다. 남쪽지역의 유구들은 대부분이 유실된 상태이지만, 하부 구조로 볼 때 석관묘 4기, (석개)토광묘 5기로 추정된다(도 09). 이 가운데 1호 석관묘는 장방형의 묘광 내부에 양쪽 장벽석 일부가 잔존하는데, 한쪽은 편평한 할석을 세워 일반적인 석관묘의 벽석 축조 방식을 따른 반면, 다른 한쪽은 가로로 눕혀 쌓아 석곽의 형태를 이루고 있다. 이 특이한 구조의 무덤은 나복리유적의 청동기시대 분묘 가운데 규모가 가장 크며, 유일하게 부장품으로 일단병식석검이 출토되었다. 또, 입지상 구릉의 정상부에 위치하며, 석관묘 및 (석개)토광묘가 이를 둘러싸는 형태로 배치되어 있다. 석곽 형태의 하부 구조는 지석묘의 특징 중 하나로 송국리문화 관련 묘제에서는 확인되지 않기 때문

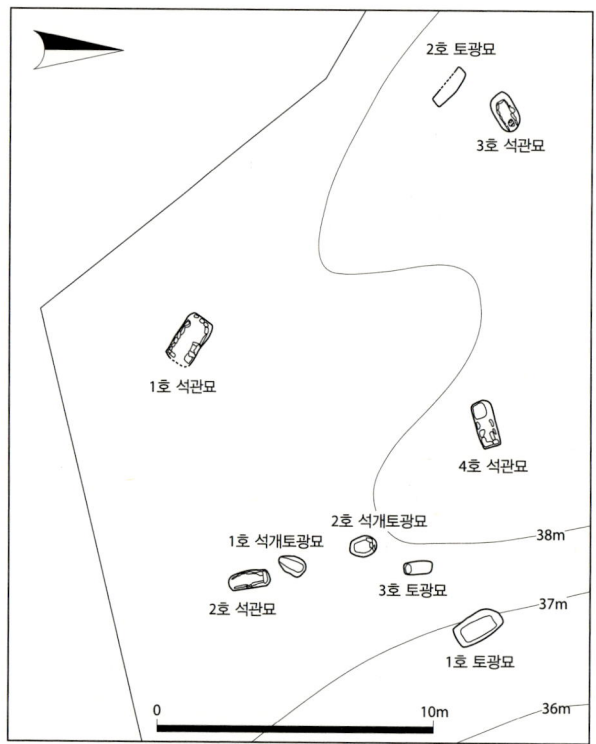

도 09   나복리유적 남쪽지역 분묘군

사진 04 나복리유적 1호 석관묘(忠淸南道歷史文化院 2004)

에, 이 또한 지석묘의 영향에 의한 것으로 볼 수 있다.

3) 공주 산의리유적(李南奭 1999)

산의리유적의 청동기시대 분묘는 석관묘 28기와 옹관묘 8기로, 모두 조사지역 동쪽의 비교적 평탄한 구릉부에 위치한다(도 10). 석관묘와 옹관묘는 어느 정도 구역을 달리하여 분포하는데, 대형석을 중심으로 그 주변에 배치되는 양상을 보인다. 대형석은 묘역의 가장 높은 지역에 자리하며, 그 아래쪽으로 석관묘와 옹관묘가 대형석을 둘러싸는 형태를 이루고 있다. 대형석의 아래에서는 소수의 고임석이 관찰되었을 뿐 뚜렷한 하부 구조는 발견되지 않았다. 보고자는 대형석의 형태가 지석묘의 상석과 유사하다는 점을 언급하면서, 그 성격을 표지 시설이나 의례와 관련된 것으로 추정하였다.

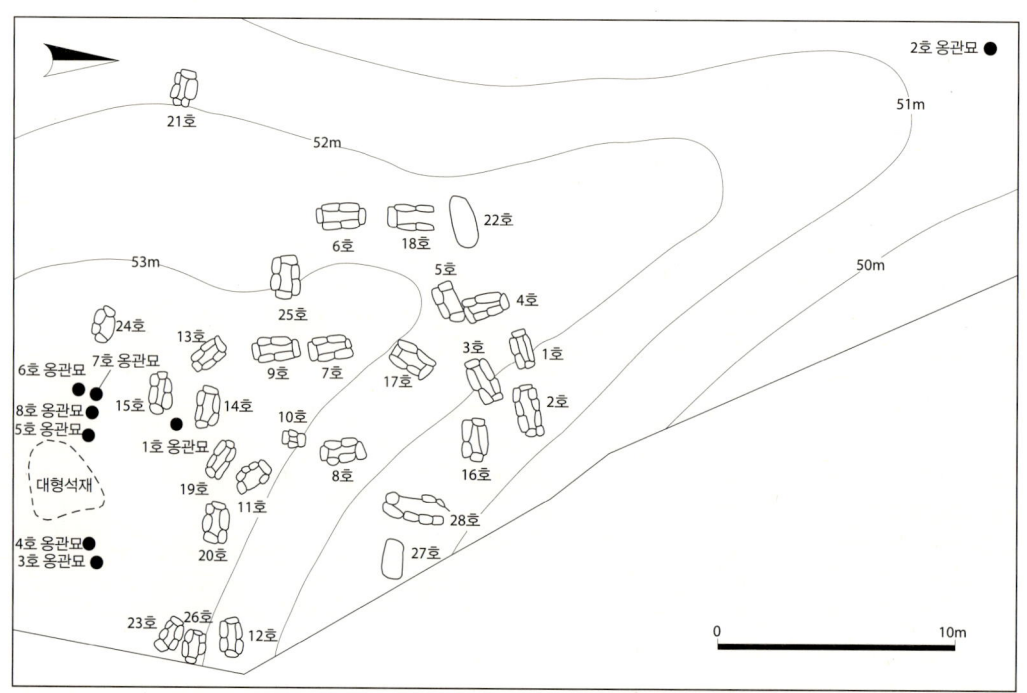

도 10 산의리유적 분묘군

4. 유형의 설정

송국리문화에서 확인되는 지석묘의 양상은 상기한 바와 같이 세 가지 형태로 구분된다. 여기서는 이를 각각의 유형으로 설정하여 그 특징을 살펴보고자 한다. 먼저, 첫 번째는 송국리형 주거지와 지석묘가 공반하는 유형이다. 이를 I유형이라 명명한다. 이 유형에서는 송국리형 묘제가 발견되지 않는다. 지석묘의 형식은 주교리유적과 죽청리유적 모두 1기의 탁자식이다. 일반적으로 조망이 좋은 곳에 단독으로 위치하면서 상석과 2개의 지석으로 이루어진 지석묘는 무덤으로서의 기능보다 제단적 성격(이융조·하문식 1989), 신성한 모임의 장소, 묘역을 표시하는 기념물, 영역을 뜻하는 경계 등 상징적 의미를 지닌 것으로 본다(李榮文 1993: 53). 이와 관련하여 주교리유적 지석묘 주변의 주공렬이 주목된다. 이는 지석묘를 보호하기 위한 시설과 묘도로서의 구조물을 추정케 하여, 지석묘의 상징적인 의미를 더욱 부각시키고 있다.

　두 번째는 송국리형 묘제와 지석묘가 공존하는 유형이다. 이를 Ⅱ유형이라 명명한다. 보령 평라리유적과 관창리유적이 Ⅱ유형에 해당한다. 분묘군의 분포 상태를 보면 평라리유적에서는 지석묘, 석곽묘, 석관묘가 2열로 배치되는데, 남쪽 열의 석관묘가 일정한 간격을 유지하는 데 반해 북쪽 열의 석관묘는 지석묘와 석곽묘 사이에 자리한다. 관창리유적 A구역의 경우에도 1기의 지석묘를 중심으로 석관묘와 석개토광묘가 이를 둘러싸며 배치되어, 두 유적 모두에서 지석묘의 위치가 정해진 다음 송국리형 묘제가 그 주위에 분포하는 양상이 관찰된다. 즉, 두 유적 모두 지석묘가 입지상 중심을 이루면서 송국리형 묘제와 공존한다는 공통점이 확인된다. 이는 지석묘의 상징적 의미를 반영하는 것이라 할 수 있다.

　그러나 Ⅱ유형 지석묘가 가진 무덤으로서의 기능을 완전히 부정하는 것은 아니다. 다만 양 묘제 사이에 부장품의 수량이나 종류에서 큰 차이가 없기 때문에, 피장자의 신분이나 위계를 나타내는 요소는 많지 않은 것으로 판단된다. 한편, Ⅱ유형에 해당하는 두 유적은 분묘의 구성에서 상이함이 관찰된다. 우선 평라리유적에서는 지석묘 3기에 송국리형 묘제로 석관묘만 조사된 데 반해, 관창리유적에서는 지석묘 1기와 석관묘 이외에 석개토광묘·옹관묘 등 다양한 송국리형 묘제가 확인되어 대조를 보인다. 이를 통해 평라리유적이 관창리유적에 비하여 지석묘 문화의 영향을 보다 강하게 받았음이 추정되며, 이는 평라리유적의 분묘군이 지석묘의 일반적인 분포 양상인 하천 방향의 열상 배치를 이루는 것에서도 확인할 수 있다.

　마지막 세 번째는 송국리형 묘제에 지석묘 요소가 반영된 것으로, 이를 Ⅲ유형이라 명명한다. 이 유형은 지석묘가 존재하지 않는 것을 볼 때, 지석묘 문화의 영향이 Ⅰ·Ⅱ유형에 비하여 상대적으로 적었음을 짐작할 수 있다. 지석묘 요소는 일반적인 송국리형 묘제에서는 보이지 않고 지석묘에서 더 자주 관찰되는 속성으로, 유적에 따라 다양한 형태로 확인된다. 송국리유적 1호와 5호 석관묘에서는 개석의 성혈, 벽석 뒤편에 할석을 채우는 양상, 비파형동검과 이중구연단사선문토기의 출토 등이 지석묘 요소로 판단된다. 나복리유적도 1호 석관묘의 경우 한쪽 벽석만 석곽 형태를 이루는 것을 지석묘 요소라 할 수 있다. 또, 산의리유적의 대형석은 이와 관련된 하부 구조가 발견되지 않았으나, 지석묘의 가장 중요한 속성인 대형 석재(盧爀眞 1999: 100)가 확인된다는 점에서 지석묘의 요소가 반영된 것으로 볼 수 있다.

Ⅲ유형에 해당하는 유적에서 공통적으로 확인되는 특징은 지석묘 요소가 반영된 송국리형 묘제가 입지상 중심을 이루면서 분묘군을 구성한다는 것이다. 송국리유적의 경우 5호 묘는 분묘군이 위치한 구릉의 가장 정상부에 입지하며, 나복리유적과 산의리유적에서는 1호 묘와 대형석을 중심으로 송국리형 묘제가 배치되는 모습이 관찰된다. 이는 Ⅱ유형의 유적에서 지석묘가 입지상 중심을 이루면서 송국리형 묘제와 공존하는 양상이 그대로 반영된 것이라 하겠다. 한편, 입지상 중심을 이루는 분묘는 규모나 출토 유물에 있어서도 해당 분묘군에서 가장 상위의 위치를 차지한다. 송국리유적에서는 1호 묘와 5호 묘의 규모가 가장 크며, 이 두 유구에서만 비파형동검, 동착, 석검, 석촉, 옥, 이중구연단사선문토기 등의 유물이 출토되었다. 나복리유적에서도 1호 묘가 가장 대형이며, 분묘군 내에서 유일하게 마제석검이 부장되어 있다. 이를 통하여 Ⅱ유형 지석묘의 단순한 상징적 의미를 넘어 유력자의 분묘가 등장하였음이 짐작된다.

Ⅳ. 지석묘와 송국리형 묘제의 문화적 성격

앞에서 관련 유적의 검토 결과 송국리형 묘제와 지석묘가 결합하는 양상을 3개의 유형으로 설정하였다(표 01). 이 가운데 Ⅰ·Ⅱ유형의 지석묘는 무덤으로서의 기능보다 상징적인 성격을 지닌 것으로, Ⅲ유형의 지석묘 요소가 반영된 송국리형 묘제를 유력자의 분묘로 판단하였다. 각 유형의 시간적인 관계에 대해서는 절대연대 측정치의 비교가 어렵다는 측면이나(金壯錫 2003: 35), 유구·유물상의 상이함이 지역에 따른 집단별 수용 양상의 차이일 수 있다는 점(이홍종 2002: 21) 등을 고려하여 여기서는 판단을 유보하고자 한다. 대신 Ⅰ·Ⅱ유형에 해당하는 유적들이 보령지역에 위치하는 반면 Ⅲ유형

표 01 유형별 해당 유적과 특징

유형	유적	특징
Ⅰ유형	보령 주교리·죽청리	송국리형 주거지와 상징적 의미를 지닌 지석묘가 공반
Ⅱ유형	보령 평라리·관창리	지석묘가 입지상 중심을 이루면서 송국리형 묘제와 공존
Ⅲ유형	부여 송국리·나복리 공주 산의리	지석묘 요소가 반영된 송국리형 묘제가 입지상 중심을 이루면서 분묘군을 구성

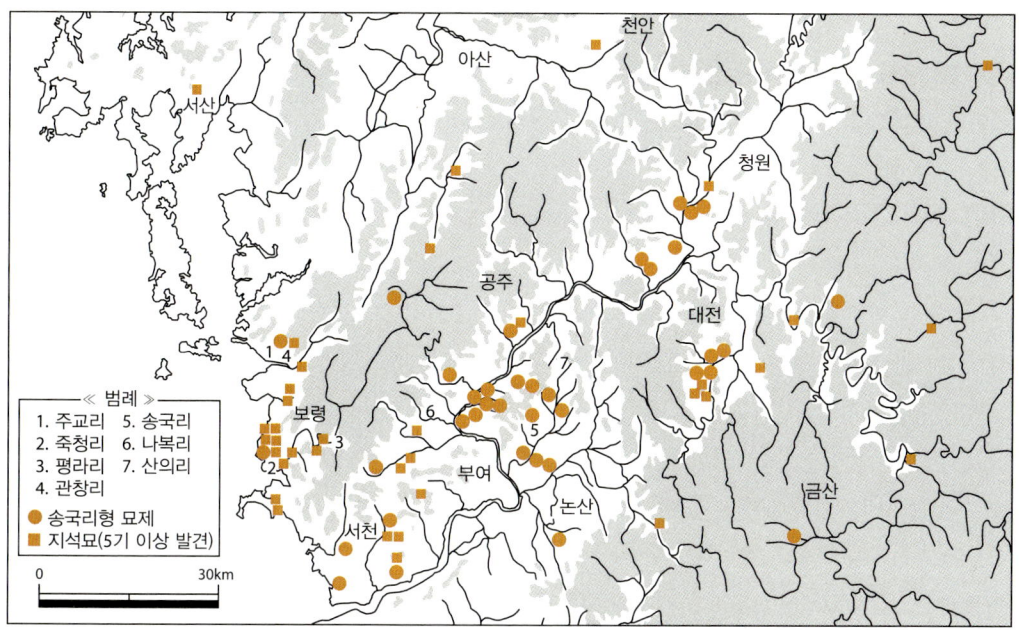

도 11 호서지역 지석묘와 송국리형 묘제 분포

에 속하는 유적은 부여·공주지역에 분포하고 있어, 송만영(2001: 77-78)과 김승옥(2001: 60)이 설정한 송국리문화의 중심 분포권(Ⅲ유형)과 주변 지역·문화 혼합지대(Ⅰ·Ⅱ유형)에 각각 대응하는 지역적 특성을 확인할 수 있다(도 11).

송국리문화의 중심 분포권은 공주 남부·부여 동부·논산지역 등이 해당된다. Ⅲ유형의 특징이 확인되어 지석묘 문화의 영향이 상대적으로 적은 지역이며, 보다 발달된 농경을 통하여 축적된 잉여 생산물을 바탕으로 유력자의 분묘가 등장한 것으로 판단된다. 이 밖에 평면 원형의 송국리형 주거지 축조, 외반구연토기의 성행, 옹관묘의 사용, 플라스크형 저장공의 밀집 분포 등을 그 특징으로 한다. 다음으로 송국리문화의 주변 지역은 보령지역 이외에도 대전·청원·천안·아산·서천지역 등이 해당된다. Ⅰ·Ⅱ유형의 특징이 확인되는 지역으로 지석묘 문화의 영향이 보다 강하였음을 알 수 있다. 송국리문화의 중심 분포권과 구별되는 특징으로는 가락동유형과 역삼동유형에 해당하는 유적이 다수 확인되는 점, 휴암리형 주거지의 축조, 직립구연토기 및 구순각목외반구연토기의 성행 등을 들 수 있다.

즉, 지석묘와 송국리형 묘제가 각각 지역성을 나타내며 서로 배타적인 분포를 보이게 되는데, 이러한 배타성을 부정하는 견해도 발표된 바 있다(이명훈 2015: 44-47). 이 연구에 따르면 양 묘제가 동일 유적 내에 존재하는 사례가 적지 않고 대부분 10km 범위 내에 공존하며, 지석묘가 1기만 확인된 유적까지 모두 포함할 경우 송국리형 묘제와의 분포상 차이를 발견할 수 없다고 한다. 그러나 지석묘 주변에서 확인된 1~2기의 석관묘는 지석묘의 하부 구조일 가능성이 있기 때문에, 이를 무조건 송국리형 묘제로 판단하여 양 묘제의 공존 사례로 볼 수는 없다. 또한 10km의 범위 상정과 소수 지석묘 유적까지 모두 포함한 송국리형 묘제와의 분포 비교는, 상대적으로 가까운 거리에 자리한 분묘 간의 관계나 유적별 지석묘 밀집도의 차이를 무의미하게 만들어버리기 때문에 그대로 받아들이기는 어렵다.

그러나 이와 같은 배타성을 인정한다 하여도, 지석묘가 주로 분포하는 지역의 양상을 지석묘 문화나 지석묘 집단으로 명명하여 송국리문화와 대응하는 개념으로 상정하는 것(金承玉 2001: 55-57)은 문제가 있다. 지석묘는 전기부터 축조되었지만, 주로 이용되는 것은 청동기시대 후기, 즉 송국리문화 단계이다. 이는 지석묘의 최대 밀집 지역인 호남지역의 사례를 통해서도 확인된다(孫晙鎬 2006: 86). 그리고 호서지역에서 지석묘가 주로 밀집하는 보령, 서천, 부여 등지(박양진 1999: 1067)에서도 역시 송국리문화의 주거지나 취락 등이 다수 조사되는 것을 볼 때, 지석묘 또한 송국리문화 집단이 채용한 묘제 가운데 하나로 파악하는 것이 당연하다. 결국 전기에 해당하는 일부 분묘를 제외하면 대부분의 지석묘와 송국리형 묘제는 모두 송국리문화와 관련된 것으로 생각되며, 묘제의 지역별 편중현상은 송국리문화 집단이 송국리형 묘제와 지석묘를 선택적으로 받아들인 결과라 할 수 있다. 지석묘가 전기부터 사용된 묘제라는 점을 감안하면 지석묘를 채택한 집단은 전기의 전통이 상대적으로 오래 지속되었다고 이야기하는 것도 가능하다.

여기서 또 다른 문제점으로 제기될 수 있는 것은, 실제로 송국리문화 집단의 취락 내에서 지석묘가 확인된 사례가 매우 적다는 점이다. 위에서 언급한 것처럼 송국리형 취락 내에서 지석묘가 조사된 경우는 소수에 불과하며, 해당 유적에서 발견된 지석묘 또한 1기뿐이다. 송국리형 취락과 관련된 다수의 지석묘를 상정할 수 있는 사례로는 이사리·월기리유적과 관창리유적을 들 수 있다(도 12). 이사리·월기리유적에서는 9기의 지석묘 상석과 환호로 둘러싸인 송국리형 주거지가 확인되었는

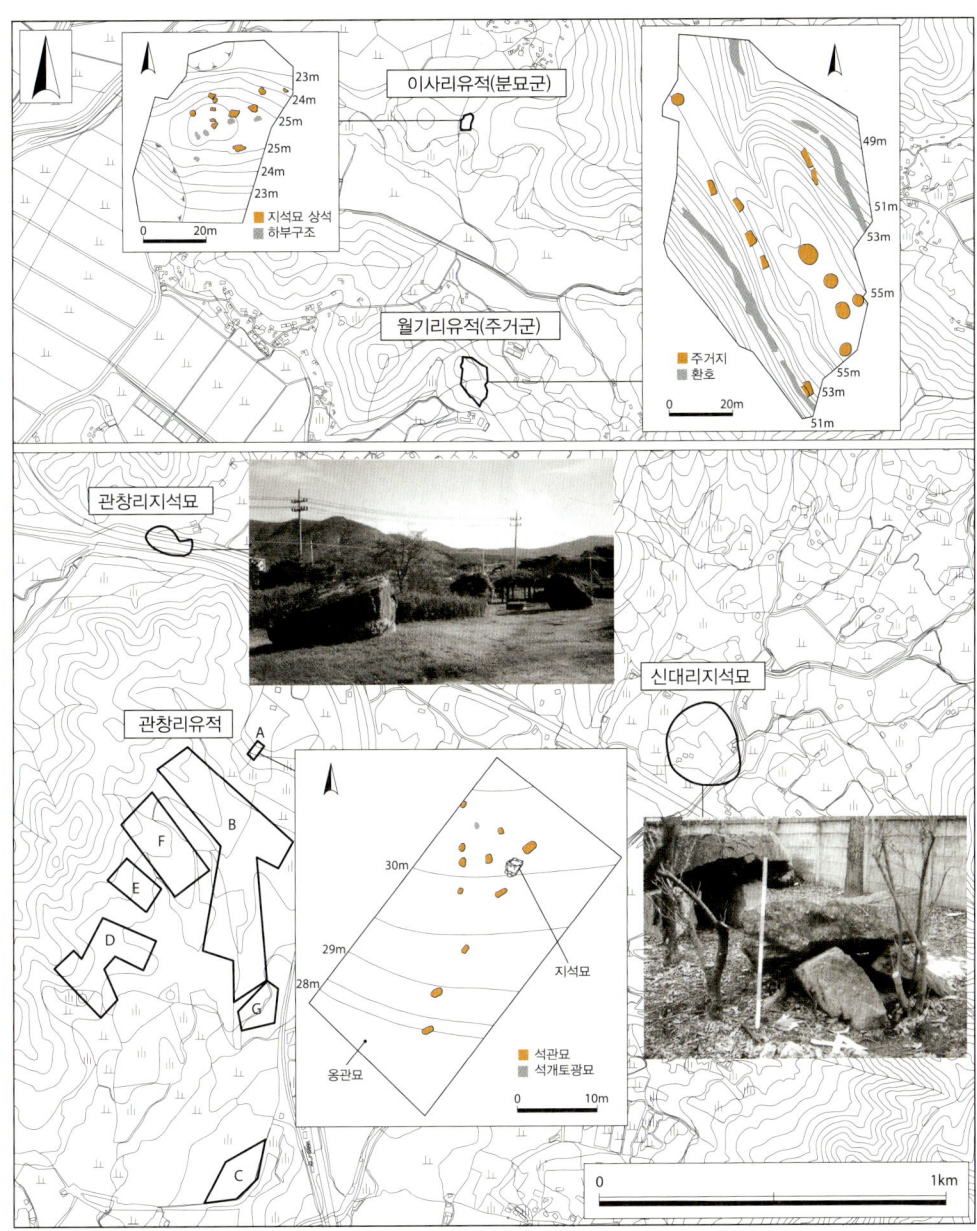

도 12 이사리·월기리유적, 관창리유적의 주거군과 분묘군

사진 05 이사리유적 분묘군(李弘鍾 外 2005)

데, 주거군과 분묘군의 거리는 약 600m 정도 떨어져 있다(李弘鍾 外 2005). 관창리유적에서는 발굴 조사된 A구역의 지석묘 1기 이외에 취락으로부터 550m와 1,100m 정도 떨어진 지점에서 각각 3기와 10기의 지석묘가 발견되었다(忠淸南道 1999: 65). 관창리 취락의 전체 규모를 생각할 때 이 정도의 범위까지 분묘군이 존재할 가능성은 충분하다.

  이러한 사례들을 보면 주거군 근처에 위치하는 송국리형 묘제와 달리, 지석묘로 구성된 분묘군은 상대적으로 좀 더 멀리 떨어져서 형성되는 것이 당시의 취락 구성 원리 가운데 하나였을 수도 있다. 아마도 이러한 이유 때문에 송국리형 취락 내에서 지석묘가 잘 발견되지 않는 것으로 판단된다. 한편, 이렇게 지석묘군과 주거군 사이의 거리가 멀어지는 이유에 대해서는, 송국리형 묘제에 비하여 상대적으로 채석, 운반, 축조 등에 상당한 노동력이 소모되기 때문에 이를 고려하여 입지가 선정되었을 가능성과 함께 송국리형 묘제와는 다른 입지상의 무덤 축조 전통이 존재하였을 가능성도 생각해 볼 수 있다.

  이와 관련하여 호서지역의 지석묘를 선송국리문화의 묘제로 파악한 견해가 황재훈(2009: 41-46)에 의하여 발표된 바 있다. 그는 평면 방형의 휴암리형 주거지를 선송국리문화의 지표로 삼고, 이러한 주거형과 지석묘의 밀집 지역이 어느 정도 일치하는 점을 근거로 양자의 대응 관계를 상정하고 있다. 그러나 지석묘의 주요 분포 지역인 서천이나 부여에서는 원형의 송국리형 주거지가 압도적 다수를 차지하며, 보령에서도 다른 지역에 비해 휴암리형 주거지가 많이 확인되었을 뿐 역시 원형 주거지의 비율이 좀 더 높다(김규정 2010: 135·139).

　또, 휴암리형 주거지만으로 이루어진 유적에서 지석묘가 출토된 사례로 주교리유적과 죽청리유적을 들고 있지만, 단 2개의 유적에서 각 1기씩의 지석묘만 확인되어 상대적으로 다수의 지석묘와 결합된 송국리문화 취락(이사리·월기리유적, 관창리유적)에 비하여 대표성을 가진다고 하기 어렵다. 따라서 이러한 양상들을 근거로 호서지역의 지석묘를 선송국리문화에 한정하여 관련시키기에는 무리가 있다고 하겠다. 결국 청동기시대 전기부터 존재하였던 지석묘가 후기가 되면 다수 축조되기 시작하지만, 구체적으로 송국리문화의 어느 단계에 주로 이용되었는지는 현재까지의 자료로 보는 한 단정할 수 없다.

　휴암리형 주거지와 지석묘가 다수 확인된 보령지역의 사례를 무리하게 양자의 관련성으로 상정하기보다는, 오히려 청동기시대 전기의 주거지가 방형의 평면을 이루고 있는 점을 감안하여 이 지역에서 상대적으로 전기의 전통이 오래 지속되었다고 해석하는 편이 바람직하다. 특히 최근의 연구 성과에 의하면 후기가 되어도 송국리문화 양상이 나타나지 않고 전기의 주거형이 기본적인 속성을 유지하는 지역도 존재한다. 역삼동유형의 천안 백석동유적이나 가락동유형의 연기 송담리유적에서는 전기 유형 주거지에서 후기 병행 단계의 물질 자료가 확인되고 있는데(오원철 2010: 59; 李眞旼 2005: 67), 이러한 지역은 보다 전통성이 강한 곳으로서 지석묘가 주로 이용되던가 아니면 아예 무덤의 축조가 일반화되지 않는 전기의 전통을 그대로 받아들였을 가능성도 있다.

　한편, 전기부터 존재하였던 지석묘와 달리 송국리형 묘제는 어떠한 배경에서 등장한 것일까? 이는 송국리문화의 발생과 관련된 문제로 외래 기원설과 자체 발생설 어느 설을 따르느냐에 의해 전혀 다른 해석이 내려질 수 있다. 최근 전기 단계의 석관묘, 석곽묘, 토광묘 등이 확인되는 것을 외래 기원론자들에게 불리한 상황이라고 평가하는 견해도 있다(李亨源 2007: 13). 그러나 여전히 송국리형 묘제는 전기 분묘와 형식상 차이가 크며, 특히 옹관묘나 2단 굴광의 석개토광묘 등은 전기 단계에 유사 사례를 찾아볼 수 없는 새로운 자료임에 틀림없다. 하지만 묘제의 양상만을 바탕으로 송국리문화의 발생이라는 복잡한 문제를 다루기에는 무리가 있기 때문에, 본고에서 이에 대하여 자세히 언급하기는 어렵다.

사진 06 마전리유적 분묘군(李弘鍾 外 2004)

V. 맺음말

이상 호서지역의 지석묘와 송국리형 묘제의 문화적 성격을 살펴보았다. 마지막으로 상기한 호서지역 청동기시대 묘제의 특징을 다시 한 번 요약하면, 지석묘와 송국리형 묘제가 모두 다수 확인된다는 점, 송국리형 묘제와 지석묘가 서로 지역성을 보이면서 배타적인 분포상이 나타난다는 점, 일부 양 묘제의 결합 양상이 관찰되는 경우 지석묘가 상징적으로 사용된다는 점, 지석묘의 형식은 개석식의 비율이 가장 높지만 탁자식도 적지 않은 수를 차지한다는 점, 옹관묘가 밀집 분포한다는 점 등을 들 수 있다. 결국 호서지역은 다른 지역에 비하여 다수의 송국리형 묘제가 분포하고 있기 때문에, 이러한 관계 속에서 지석묘 문화가 일정 수준 이상 번성하기 어려운 측면이 존재하였던 것으로 추정된다. 이 밖에 송국리형 묘제 가운데 석관묘의 경우 여러 매의 판석을 세워서 석관을 조성한 사례가 다수 확인되는 점 또한 호서지역 청동기시대 묘제의 특징으로 이미 지적된 바 있다(池健吉 1983: 241-242; 中村大介 2008: 23).

　상기한 바와 같이 호서지역은 지석묘와 송국리형 묘제가 어느 정도 분포상의 배타성을 보이면서 공존하고 있어, 양 묘제의 관계나 문화적 배경 등을 연구하기에 최적의 대상이라 할 수 있다. 그러나 아직까지 이 지역 청동기시대 묘제에 대한 연구는 많지 않은 실정이다. 이는 최근의 발굴 조사에서 연구자들의 관심을 끌 만한 새로운 성격의 분묘 관련 자료가 발견되지 않은 것에 일차적인 원인이 있다고 생각한다. 하지만 자료 자체가 수량적으로 부족한 것은 아니기 때문에, 새로운 시각이나 방법론을 적용한다면 다양하고 신선한 견해들이 양산될 가능성은 충분하다. 특히 유구와 유물의 개별적인 연구에서 벗어나 모든 고고학 자료를 하나의 문화 현상 속에서 통합적으로 파악하고자 하는 경향이 주류를 이루고 있는 지금, 묘제에 대한 연구는 청동기시대 사회상 복원에 있어 절대 빠뜨릴 수 없는 대상임이 분명하다. 앞으로의 연구를 기대해 본다.

참고문헌

김규정, 2010,「호서·호남지역 송국리형 주거지 연구」,『열린정신 인문학연구』11-1.
金吉植, 1998,「扶餘 松菊里 無文土器時代墓」,『考古學誌』9.
金承玉, 2001,「錦江流域 松菊里型 墓制의 硏究」,『韓國考古學報』45.
金永培·安承周, 1975,「扶餘 松菊里 遼寧式銅劍出土 石棺墓」,『百濟文化』7·8.
金壯錫, 2003,「충청지역 송국리유형 형성과정」,『韓國考古學報』51.
盧爀眞, 1999,「形式學 批判」,『韓國上古史學報』31.
박양진, 1999,「충청남도」,『한국 지석묘(고인돌)유적 종합조사·연구』Ⅱ, 문화재청.
孫晙鎬, 2006,『韓半島 靑銅器時代 磨製石器 硏究』, 高麗大學校大學院 博士學位論文.
孫晙鎬, 2009,「湖西地域 靑銅器時代 墓制의 性格」,『先史와 古代』31.
孫晙鎬·庄田愼矢, 2004,「松菊里型甕棺의 燒成 및 使用方法 硏究」,『湖西考古學』11.
宋滿榮, 2001,「南韓地方 農耕文化形成期 聚落의 構造와 變化」,『한국 농경문화의 형성』, 제25회 한국고고학전국대회.

吳江原, 1998,「保寧 平羅里 발견 '異形石棺墓'(圍牆石棺墓)유적에 관한 考察」,『白山學報』50.

吳相卓·姜賢淑, 1999,『寬倉里遺蹟』, 亞洲大學校博物館.

오원철, 2010,『송담리·송원리유적 청동기시대 취락 검토』, 고려대학교대학원 석사학위논문.

李南奭, 1999,『公州 山儀里遺蹟』, 公州大學校博物館.

이명훈, 2015,「松菊里型 墓制의 檢討」,『한국고고학보』97.

李榮文, 1993,『全南地方 支石墓 社會의 研究』, 韓國教員大學校大學院 博士學位論文.

이융조·정동찬·우종윤·윤용현·홍현선, 1996,『평라리 선사유적』, 忠北大學校博物館.

이융조·하문식, 1989,「한국 고인돌의 다른 유형에 관한 연구」,『東方學志』63.

李眞旼, 2005,「中部地域 無文土器時代 前·中期 文化에 대한 一考察」,『송국리문화를 통해 본 농경사회의 문화체계』, 서경.

李亨源, 2007,「京畿地域 青銅器時代 墓制 試論」,『고고학』6-2.

이홍종, 2002,「松菊里文化의 時空的 展開」,『湖西考古學』6·7.

李弘鍾·朴性姬·李僖珍, 2004,『麻田里遺蹟』, 高麗大學校埋藏文化財研究所.

李弘鍾·孫晙鎬, 2004,『舟橋里遺蹟』, 高麗大學校埋藏文化財研究所.

李弘鍾·孫晙鎬·朴性姬, 2005,『梨寺里·月岐里遺蹟』, 高麗大學校考古環境研究所.

이홍종·허의행·신광철, 2012,『燕岐 月山里 황골遺蹟』, 韓國考古環境研究所.

趙現鐘, 1989,『松菊里形土器에 대한 一考察』, 弘益大學校大學院 碩士學位論文.

中央文化財研究院, 2004,『報恩 富壽里 古墳群』.

池健吉, 1983,「墓制Ⅱ(石棺墓)」,『韓國史論』13.

忠清南道, 1999,『文化遺蹟分布地圖 保寧市』.

忠清南道歷史文化院, 2004,『扶餘 羅福里遺蹟』.

韓國文化財保護財團, 2000,『西海岸高速道路(藍浦~熊川) 建設區間內 文化遺蹟 發掘調查報告書』.

황재훈, 2009,「전남지역 선송국리~송국리단계의 인구분포 변동」,『湖西考古學』20.

황재훈, 2021,「호서지역 청동기시대 무덤의 특징과 전개」,『湖西考古學』48.

武末純一, 2002,「遼寧式銅劍墓와 國의 形成」,『悠山姜仁求教授停年紀念 東北亞古文化論叢』.

中村大介, 2008,「東北アジアにおける支石墓の成立と傳播」,『中國史研究』52.

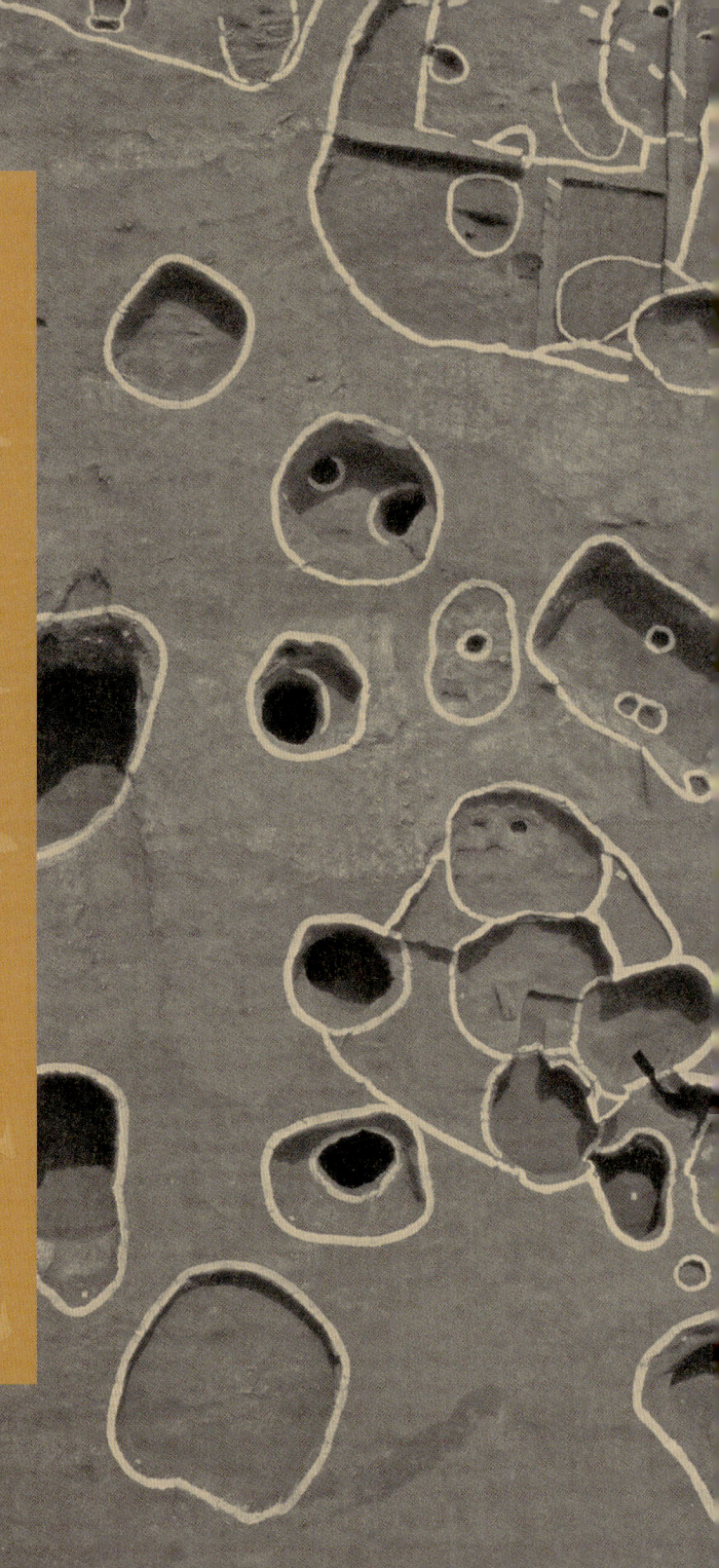

제2장

군집 저장공

손준호

I. 머리말
II. 송국리문화 저장공의 특징
III. 유적별 군집 양상
IV. 저장 체계 복원에 관한 시론적 검토
V. 맺음말

I. 머리말

저장은 안정적 식량 공급을 위한 수단으로서 필수불가결한 요소이다. 신석기시대의 획득 경제 단계에 있어서도 저장성의 확보를 통하여 정착 생활이 가능하였다는 사실(김희찬 1995: 86)을 통해 볼 때, 식량의 생산 체계뿐만 아니라 저장 체계의 양상에 의해서도 한 집단의 생계 경제 패턴이 결정됨을 알 수 있다. 이와 같이 저장의 개념은 한 문화 집단의 성격을 밝히는 데에 중요한 의미를 갖는다. 최근 송국리문화 유적의 조사 확대와 더불어 저장공의 발굴 사례도 증가하고 있다. 특히 저장공이 집중 분포하는 유적의 예가 금강유역을 중심으로 증가하는 추세이다. 그러나 이에 대한 연구는 미진한 편이다. 청동기시대 저장 시설에 대한 종합적인 연구가 시도된 바 있지만(李昌浩 2004), 시대 전반을 대상으로 하고 있기 때문에 송국리문화의 저장공에 대한 분석은 부족하다.

이러한 인식을 바탕으로 본고에서는 송국리문화에서 확인되는 저장공에 대하여 검토함으로써, 송국리문화 저장 체계의 일면을 파악해 보고자 한다. 이를 위하여 먼저 송국리문화 단계의 유적에서 확인되는 저장공의 입지, 형태, 퇴적 양상, 출토 유물 등 대략적인 특징에 대하여 기술하였다. 또한 구체적인 저장 대상물과 저장 방법의 추정을 위하여 상대적으로 많은 자료가 확보된 일본 측의 연구 성과를 참조하였다. 다음으로는 저장공의 유적별 군집 양상에 대하여 살펴보았는데, 대체로 이러한 양상을 보이는 유적이 금강유역에 집중되고 있기 때문에 이들을 주요 검토 대상으로 하였다. 마지막으로 저장공의 특징 및 분포 상황을 바탕으로 그 시공간적 의미를 파악하고, 송국리문화 저장 체계의 복원을 시도하였다.

II. 송국리문화 저장공의 특징

땅을 파고 그 내부에 저장물을 보관하는 지하식의 저장공은 신석기시대부터 존재하였다. 신석기시대 유적의 저장 시설은 주거지 내부에서 토기를 이용한 것이 대표적이지만, 주거지 내부 또는 외부에서 소형의 지하식 저장공이 확인된 예도 있다(李相均 2002). 청동기시대 전기가 되면 주거지 내부에서 다수의 소형 수혈이 확인되는데, 대부분 그 내부에 저장용 토기를 안치한 것으로 판단하고 있다.

물론 수혈의 규모나 잔존 양상을 볼 때 토기를 사용하지 않고 저장공으로 이용되었으리라 추정되는 것도 확인되지만 상대적으로 소수에 불과하다. 주거지 외부에서 저장공이 조사되기도 하는데, 대부분 저장공의 수가 적고 형태 또한 정연하지 못한 것이 특징이다.

이와 달리 송국리문화 단계에 이르면 저장공이 군집을 이루는 유적 사례가 다수 확인된다. 이 유적들의 가장 큰 특징은 저장공의 수가 주거지 수에 비하여 다수를 차지하면서, 분포상에 정연성이 확인된다는 점이다. 즉, 저장 중심의 기능이 상정되는 유적이라 할 수 있는데, 이러한 성격의 유적이 송국리문화 단계에 처음으로 등장한 것이다. 본 장에서는 이와 같이 그 이전 시기와는 뚜렷이 구분되는 송국리문화 저장공의 특징에 대하여 간략하게 기술하여 보고자 한다.

먼저 저장공이 확인되는 유적의 입지는 모두 구릉상이다. 따라서 저장공은 기본적으로 습기를 피하기 좋은 곳에 입지한 것으로 판단된다. 아직까지 저습지에서 송국리문화 단계의 저장공이 조사된 예는 없지만, 일본에서 이러한 유적이 다수 확인되는 것을 볼 때 저습지 조사의 미비에 기인한 현상일 가능성이 크다.[1] 저습지에서 확인된 저장공은 조몬 시대 서일본지역에서 주로 조사되었으며, 야요이 시대 말기까지 이어진다(乙益重隆 1983: 38-39). 이를 습식 저장혈이라 하는데, 도토리를 중심으로 견과류를 물에 넣어 장기 보관함으로써 기근이나 흉년을 대비한 시설로 추정하고 있다(今村啓爾 1988: 239-240).

저장공의 평면 형태는 방형과 원형으로 구분되는데, 대체적으로 원형 계통이 많은 편이다. 단면 형태는 플라스크형과 원통형, 역제형 등이 존재하며, 특이한 형태로 2중 또는 3단으로 굴광된 것도 있다(도 01). 입구부보다 바닥면이 넓은 단면 플라스크형을 기본적인 형태로 보고 있지만, 실제로 이러한 전형적인 형태의 유구는 소수에 불과하다. 이는 플라스크상 단면 형태가 붕괴되기 쉬운 구조이기 때문으로 추정된다. 따라서 단면 원통형이나 역제형의 저장공도 원래는 플라스크형이었을 가능성이 높다. 저장공의 면적과 깊이는 편차가 크며, 평면 및 단면 형태와 규모 사이에 일정한 상관관계는 확인되지 않는다. 즉, 다양한 형태와 규모의 저장공 군집이 일반적인 양상이라 할 수 있다.

---

1 군산 내흥동유적(柳昌善·尹淨賢 2006), 울산 세죽유적(東國大學校埋藏文化財硏究所 2007), 창녕 비봉리유적(윤온식 외 2012; 任鶴鐘 外 2008)의 저습지에서 신석기시대 도토리 저장공이 다수 확인된 바 있다. 원삼국시대에 해당하는 함평 용산리유적 저습지에서도 저장공 내부에서 다량의 도토리가 출토되었다(최성락·김건수 2000).

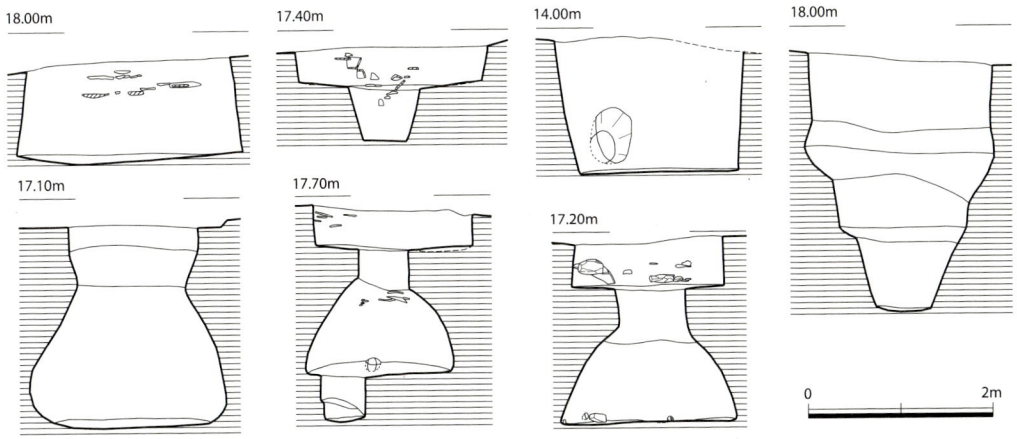

도 01 마전리유적 저장공의 단면 형태 각종

저장공의 퇴적 양상에 있어서 주목되는 것은 인위적인 매립의 흔적이다. 비교적 깊이가 깊은 대흥리유적 25·28호(林尙澤 1999: 113·120), 산의리유적 7호(李南奭 1999: 75) 저장공은 바닥면으로부터 80~130cm 가량이 동일 층위로 이루어졌으며, 그 상부는 자연적인 퇴적 양상을 보이고 있다. 따라서 적어도 유구의 절반 이상을 인위적으로 매립하였으리라 추정된다. 또, 산의리유적 저장공의 표면토에서는 평면 원형의 흑색 목탄층이 확인되었는데, 보고자는 이를 저장공이 완전히 메워진 다음에 형성된 것으로 보면서 저장공의 대부분이 인위적으로 매몰되었을 가능성을 제기하였다(李南奭 1999: 318-319). 이러한 양상은 마전리유적 30호 저장공에서도 확인된다(李弘鍾 外 2002: 227). 저장공의 퇴적 과정에 있어서 이와 같이 인위적인 행위가 확인되는 것은 청동기시대의 다른 유구와 상이한 양상이라 할 수 있다. 그 구체적인 원인을 밝히기에는 무리가 있지만, 저장공의 성격과 관련하여 의례적인 행위가 존재하였을 가능성 정도만을 언급하겠다.

출토 유물은 토기류와 석기류가 있는데, 완형으로 출토된 사례는 소수에 불과하다. 이 가운데 특히 주목되는 것은 대형 토기의 출토 예이다. 마전리유적 26호(李弘鍾 外 2002: 99), 장선리유적 22호(忠南發展研究院 2003: 91), 안영리유적 8호(李南奭·李賢淑 2002: 93) 저장공 출토 토기는 모두 송국리형 외반구연토기이며, 구경 25~30cm, 기고 60cm 이상으로 일반적인 주거지 출토품에 비하여 초대형이라 할 수 있다. 이러한 대형 토기가 다른 유구에서는 거의 확인되지 않고 저장공에서만 출토되는

사진 01 　대흥리유적 22호 저장공(林尙澤 1999)

것은 이들이 저장용임을 보여준다. 대형 토기 내부에 대상물을 담아 저장하였을 가능성이 높다. 한편, 완형 유물이 거의 출토되지 않는다고 하여 토기류나 석기류, 즉 생활 도구에 대한 저장이 이루어지지 않았다고 단정할 수는 없다. 다만 직접적인 고고학적 증거가 부족할 뿐, 이것이 곧 도구에 대한 저장 행위가 없었음을 나타내는 것은 아니다.

　　이상과 같이 송국리문화의 저장공에 대하여 그 특징을 기술하였다. 이를 기본으로 저장공의 구체적인 저장 대상물과 저장 방법을 추정해 보고자 한다. 그러나 지금까지 한반도에서 발굴 보고된 자료를 통하여 저장의 과정을 복원하기에는 자료가 부족한 실정이다. 송국리문화 단계의 저장공에서 구체적인 저장 대상물이 확인된 예로는 대흥리유적 저장공 내부 퇴적토에서 검출된 벼·피속형의 식물규소체(株式會社古環境硏究所 1999)와 원북리유적의 저장공에서 출토된 복숭아 씨앗 등이 있다(安承模 2001). 그러나 식물규소체 분석은 유전적 제약성에 의하여 많은 종류의 식물들이 규소체를 체내에 형성하지 않기 때문에, 이러한 식물들이 유구 내에 존재하였다 하더라도 이것을 입증할 수 없다는 약점이 있다(이경아 1999: 35). 그리고 원북리유적의 경우도 복숭아가 땅속에 저장되었다고는 보기 어렵기 때문에, 이들을 저장 대상물의 실물 자료라고 단정하기에는 무리가 있다. 따라서 우리나라에 비하여 상대적으로 많은 자료가 확보된 일본 측의 연구 성과를 참조하였다.

　　일본의 경우 조몬 시대 전기부터 지하로 깊은 수혈을 판 형태의 유구가 조사되며, 야요이 시대에도 초기부터 저장공이 다수 확인된다. 우리나라의 경우와 마찬가지로 평면 및 단면 형태가 다양한 편이지만, 플라스크형의 단면을 가장 특징적인 것으로 파악하여 일반적으로 주머니형 수혈(袋狀竪穴)이라 부르고 있다(乙益重隆 1983: 33). 이에 대한 뚜렷한 개념 규정은 없지만, 대체로 복원된 깊이와 바닥면의 직경이 각각 1m 이상이면서 바닥면이 입구부보다 넓은 단면 플라스크형 또는 원통형의 수혈을 의미한다(山本一郎 1991: 169).

주머니형 수혈의 기능에 대해서는 다양한 의견이 제시되었지만, 출토된 유기물 가운데 식물성 식료가 가장 많은 수를 차지하여 일반적으로 이의 저장에 이용된 것으로 보고 있다. 구체적인 저장 대상물에 대해서는 조몬 시대 저장공의 경우 호두, 밤, 도토리 등의 견과류만 출토되었으나, 근경류도 저장되었을 것으로 추정하고 있다. 겨울철 저장공에 뚜껑을 설치하여 내부의 온·습도를 측정한 결과 외부의 기온 변화와 상관없이 일정한 측정치를 유지하면서 동결되지 않는데, 이는 현재 견과류·근경류의 저장을 위한 적정 온·습도와 일치한다(永瀨福男 1982: 60-61).

그러나 다음해 봄이 되면 발아하기 때문에 더 이상의 저장은 어렵다. 따라서 한 해를 넘기는 단기간의 저장으로 판단하였다(橋口尙武 1996: 149). 한편, 군집 저장공과 타제석부 대량 사용 지역의 분포가 시공간적으로 대조적인 것을 근거로, 이를 각각 견과류와 근경류 의존형 생계의 차이로 이해하는 견해도 있다(今村啓爾 1989: 73-74). 저장 방법으로는 대상물을 가마니 등에 담아서 저장공 내부에 안치하고 뚜껑을 덮어 밀폐하였으며, 입구 주변에 주공이 확인된 사례도 있어 지붕이 설치된 경우도 존재하였을 것이다(塚本師也 1993: 65).

야요이 시대 저장공은 조몬 시대와 저장 대상물 등 기본적인 성격이 다른 것으로 추정되고 있다(乙益重隆 1983: 39). 즉, 조몬 시대의 저장공이 계기적으로 변화 발전한 것이 아니라, 한반도에서 전파된 도작 농경과 함께 새로이 출현한 요소로 파악하고 있다. 저장물로 확인된 것은 벼와 쌀을 중심으로 한 식물성 식료가 가장 많다(石野博信 1967: 51). 그러므로 야요이 시대의 저장공은 조몬 시대와 달리 벼를 저장하였던 것으로 판단하고 있다. 저장 방법으로는 토기에 담아서 보관하는 것과 직접 수납하는 것의 두 가지가 상정된다(森下靖士 1987: 182).

그러나 벼를 땅속에 저장하는 것은 습도의 문제가 해결되지 않고서는 불가능하다. 상기한 나가세 후쿠오(永瀨福男 1982: 59-60)의 실험에서 저장공 내부의 습도는 90%를 상회한다. 습도 문제의 해결을 위해 저장공 내부에 불을 붙이거나(森下靖士 1987: 181), 제습을 목적으로 하는 보호재를 집어넣

사진 02　이타즈케(板付) 유적 야요이 시대 저장공(山崎純男 2008)

는 방법이 사용되었다고 보기도 하지만(山本一郎 1991: 172), 이것이 근본적인 해결책은 되지 못했을 것이다. 따라서 지상식의 건조 저장이 가능한 상황에서 굳이 습기가 있는 지하에 벼를 저장할 이유는 없다고 판단된다.

그렇다면 어째서 야요이 시대의 저장공에서 벼의 출토량이 가장 많은 것일까? 먼저 생각해야 할 것은 저장공이라는 기능을 명확히 지적할 수 있는 사례가 실제로 소수에 불과하다는 점을 들 수 있다(山本一郎 1991: 169). 즉, 벼의 출토량이 상대적으로 많은 것은 사실이지만, 저장공의 전체 조사 예에 비하면 턱없이 부족한 자료일 뿐이다. 따라서 자료의 수량상 저장 대상물의 추정에 기본적으로 어느 정도 무리가 있다. 또한 벼의 건조와 병충해의 방지를 위하여 그을려서 저장하는 '초맥법'이 행하여짐으로써(木下正史 1988: 72), 다른 식물성 식료에 비하여 오랫동안 썩지 않고 잔존하였을 가능성도 있다. 이 밖에 연구자들이 벼에 대한 중요성을 너무 강조한 나머지 이전 시기와의 문화를 단절시켜 이해하는 것도 중요한 이유 중 하나이다.

결국 야요이 시대의 저장공에도 조몬 시대와 마찬가지로 견과류나 근경류가 주로 저장되었을 가능성이 높아 보인다. 따라서 저장 방법도 변화되지 않았으며, 조몬 시대의 저장법과 크게 다르지 않았을 것이다. 단지 새로운 요소로 벼의 저장이 추가되었지만, 특히 건조 저장이 요구되는 벼는 다른 저장 시설을 이용하였을 것으로 추정된다. 물론 저장공은 지상식 저장소에 비하여 화재나 비에 강하고 도둑이나 적들에게 발견되기 어려우며, 온도를 일정하게 유지하여 동결을 막는 데에 유리하다(坂口隆 2003: 43). 또, 실제 벼의 출토 사례도 분명히 확인되기 때문에, 벼의 저장 가능성을 완전히 배제하기는 어렵다.

이상 일본 측의 연구 성과를 바탕으로 송국리문화 저장공의 저장 대상물과 저장 방법을 정리하면 다음과 같다. 먼저 주요 저장 대상물은 견과류와 근경류로 판단된다. 보다 구체적으로는 신석기시대부터 식료로 이용되어 온 도토리·가래·밤 등의 견과류와 참나리·얼레지 등의 백합과 식물, 칡·참마 등의 근경류(安承模 2002: 93)가 청동기시대에도 계속적으로 식용되고 저장되었을 것이다. 한편, 앞서 언급한 대흥리유적의 식물규소체 분석 결과와 대형 토기의 출토 예를 통하여 벼 또는 종자의 토기 저장도 존재하였을 가능성이 있다.[2] 그러나 습도의 문제 때문에 장기간의 보관은 불가능

---

[2] 안승모(2011: 174)에 의하면 대흥리유적에서는 볏짚의 잔존물인 부채형 규소체만 검출되고 볍씨의 특징

하였을 것이다.

저장 방법은 조몬 시대와 마찬가지로 대상물을 가마니 등에 담아서 저장공 내부에 안치하고 뚜껑을 덮었다고 판단되지만, 아직까지 지붕의 존재가 추정되는 흔적은 확인되지 않았다. 저장공의 축조 목적은 겨울철 혹한기 동안 저장 대상물이 동결되지 않기 위함이며, 다음해 봄이 되어 저장물에 싹이 트기 이전까지 보관되었을 것이다. 즉, 송국리문화의 저장공은 견과류와 근경류의 월동용 단기 보관 장소라 할 수 있다. 여름철의 저장에 대해서는 저장공 내부 온·습도 측정 결과 온도 15℃, 습도 90% 이상을 일정하게 유지함이 확인된 바 있다(永瀬福男 1982: 60). 따라서 저장공 외부에 비하여 상대적으로 시원한 조건을 갖추고 있어 용기에 담은 액체나 과일 등의 임시적인 보관은 가능하였을 것이다. 그러나 습도가 높아 쉽게 부패하기 때문에 저장이라 할 수 있을 정도의 보관은 어려웠을 것으로 판단된다.

III. 유적별 군집 양상

본 장에서는 송국리문화 단계의 유적에서 확인되는 저장공의 유적별 군집 양상에 대하여 살펴보고자 한다. 검토 대상은 송국리형 주거지와 함께 저장공이 군집을 이루는 유적으로, 이 가운데 저장공의 수가 주거지 수에 비하여 다수를 차지하는, 즉 저장 중심의 기능이 상정되는 유적이다.

먼저 저장공과 주거지의 시기적 관계를 살펴보면, 주거지 간 또는 저장공 간의 중복 관계는 거의 확인되지 않는다. 주거지와 저장공의 중복 관계도 전혀 확인되지 않거나 소수에 불과하다. 소수의 중복 축조 예를 통하여 단계를 설정하는 것도 가능하지만, 저장공의 존속 시기가 주거지에 비

인 쌍봉유돌형 규소체가 검출되지 않았기 때문에, 저장공의 벼 저장을 증명하는 자료로 볼 수 없다고 한다.

사진 03 안영리유적 주거지와 저장공(李南奭·李賢淑 2002)

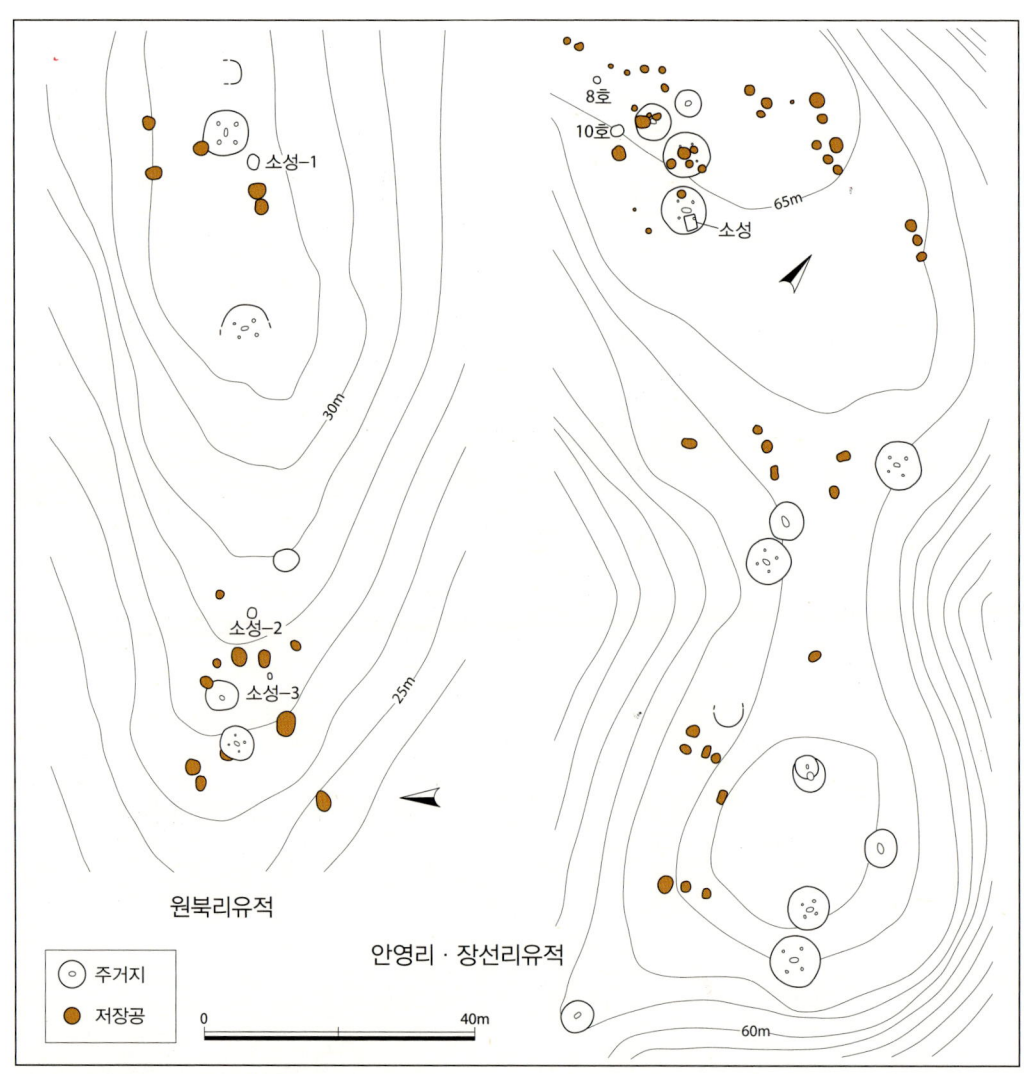

도 02 주거지에 인접하여 저장공이 분포하는 유적

하여 짧다는 점을 생각한다면(安在晧 2004: 4) 무리가 있는 시기 구분이라 할 수 있다. 또한 출토 유물 상에 있어서도 양자 간에 뚜렷한 시기적 차이는 확인되지 않는다. 따라서 검토 대상 유적에서 조사된 주거지와 저장공은 고고학적인 동일 시기로 보는 편이 합리적이다.

저장공의 군집 양상은 주거지와 저장공의 배치 방법에 따라 크게 세 가지로 구분된다. 각각의 특징에 대하여 간략하게 살펴보면 다음과 같다. 첫 번째는 주거지와 인접하여 저장공이 분포하는 형태이다. 해당 유적으로는 논산 원북리유적(中央文化財硏究院 2001), 공주 안영리·장선리유적(李南奭·李賢淑 2002; 忠南發展硏究院 2003)이 대표적이다(도 02). 이 밖에 공주 장원리유적(柳基正 外 2001)도 이러한 형태의 유구 배치로 추정되는데, 유적의 경계선 부근에서 주거지와 저장공이 조사되어 유구의 전체적인 분포 양상을 파악하기에 무리가 있다.

원북리유적에서는 주거지 6기와 저장공 16기, 소성유구 3기, 안영리·장선리유적에서는 주거지 14기, 저장공 48기, 소성유구 3기가 조사되었다. 전자의 경우 보고자는 주거지 7기에 저장공 15기로 보았으나, 5호 주거지는 내부 구조상 저장공으로 파악한 안재호(2004: 4)의 견해가 보다 타당하다고 생각한다. 이 밖에 안재호는 출토 유물, 내부 퇴적토의 양상 등을 근거로 청동기시대에 해당하는 유구를 주거지 5기, 저장공 22기, 소성유구 3기로 상정하였는데, 상기한 5호 주거지의 사례를 제외하고는 대부분 그대로 수용하기 어렵다. 안영리·장선리유적의 경우도 보고서에는 저장공 50기로 기재되어 있으나, 보고자가 지적한 바와 같이 장선리 8·10호는 소성유구일 가능성이 높다.

이 유적들에서는 능선 방향을 따라 축조된 주거지 주변으로 저장공이 분포하는데, 특히 안영리·장선리유적에서는 3기의 저장공이 일렬로 배치되는 형태가 5예 정도 확인된다. 서천 봉선리유적(忠淸南道歷史文化院 2005)에서도 이러한 양상이 관찰되는 것을 볼 때, 3기의 저장공이 하나의 군집 단위였을 가능성도 있다. 이 밖에 소성유구가 조사된 점도 주목할 만하다. 제시된 두 유적과 유사한 유구 분포상을 보이는 공주 안영리 새터유적(羅建柱 2003)에서도 소성유구가 조사되었다. 분명한 이유는 파악할 수 없지만, 주거지 주변에 저장공이 분포한 유적에서 주로 소성유구가 확인되고 있는 점은 의미 있는 관찰이라 생각한다. 한편, 주거지와 저장공 사이의 중복 관계가 다른 형태에 비하여 다수 확인되는 것도 특징이라 할 수 있다.

두 번째는 저장공이 주거지와 구역을 달리하면서 동일 레벨상에 열상으로 분포하는 형태이다. 해당 유적으로는 천안 대흥리유적(林尙澤 1999), 논산 마전리유적(李弘鍾 外 2002), 공주 산의리유적(李

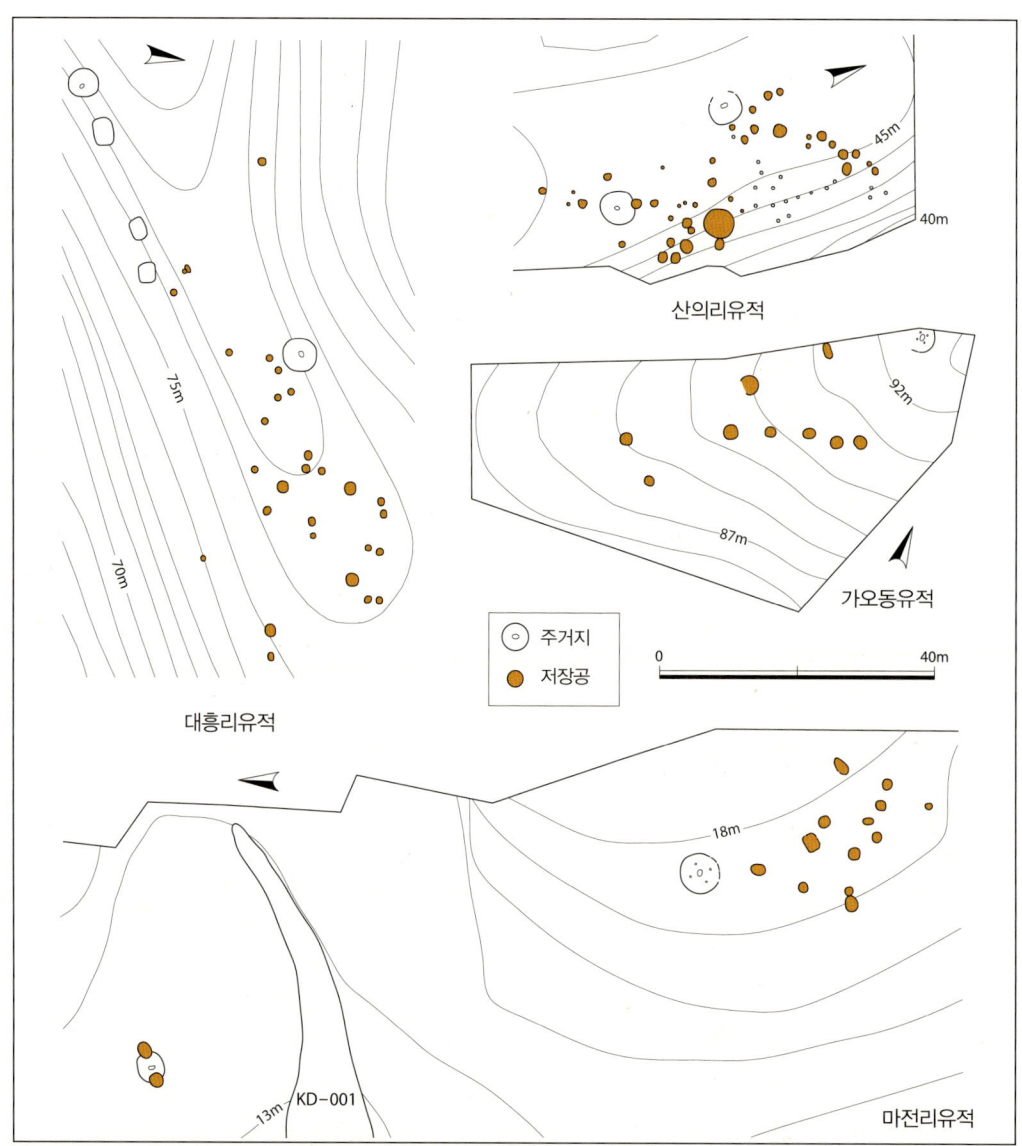

도 03 주거지와 저장공이 열상으로 분포하는 유적

사진 04 마전리유적 주거지와 저장공(李弘鍾 外 2002)

南奭 1999), 대전 가오동유적(中央文化財硏究院 2003)이 있다(도 03). 대흥리유적에서는 5기의 주거지와 29기의 저장공이, 마전리유적에서는 2기의 주거지와 15기의 저장공이 각각 조사되었다. 마전리유적의 경우 보고자가 청동기시대의 저장공을 17기로 보았으나, 이 가운데 KK-013·022호는 인접 유구와 연결된 소위 '토실'의 일부일 가능성이 높아 제외하였다. 산의리유적에서는 조사 지역 북쪽에서 주거지 2기와 저장공 41기가 확인되었으며, 가오동유적에서는 Ⅲ지구에서 주거지 1기와 저장공 9기가 조사되었다.

대부분 주거지와 저장공이 등고선과 나란한 방향을 이루며, 2열 이상의 열상 분포를 보이고 있다. 가오동유적의 경우 저장공이 능선 방향을 따라 분포하여 차이가 있는데, 뚜렷한 열상 분포를 보인다는 점에서 동일한 형태로 파악된다. 저장공의 수가 가장 많은 산의리유적의 경우 둥근 선을 이루면서 배치되었으나, 역시 열상으로 분포하고 있다. 저장공의 수가 제일 적은 가오동유적에서 가장 뚜렷한 열상 분포를 보이는 것을 통하여, 기본적인 배치 방식이 열상이며 저장공의 수가 증가함에 따라 이러한 원칙에서 벗어나는 사례가 발생한 것으로 추정된다.

마지막 세 번째는 주거지가 경사면 아래쪽에 위치하는 반면 저장공은 보다 상부에 분포하는 형태이다. 해당 유적으로는 천안 석곡리유적(李弘鍾 外 2000), 공주 신영리 여드니유적(吳圭珍 2005), 대전 복룡동유적(中央文化財硏究院 2005, 2008)이 있다(도 04). 석곡리유적에서는 주거지 5기와 저장공 11기, 신영리 여드니유적에서는 주거지 4기와 저장공 39기, 굴립주 건물지 1기, 구상유구 3기, 주공열 2기, 소성유구 1기, 수혈유구 등이 확인되었으며, 복룡동유적에서는 주거지 5기와 저장공 65기가 조사되었다.

이 유적들의 가장 큰 특징은 주거지와 저장공 사이의 입지상 차이가 뚜렷하다는 점이다. 특히 경사면 위쪽의 평탄면에 위치한 저장공의 입지상 우위가 인정되는데, 이는 저장의 기능이 보다 강조된 유구 배치로 판단된다. 신영리 여드니유적에서는 저장공과 주거지를 구획하는 구시설이 조사되어 이러한 양상을 가장 명확하게 보여주고 있다.[3] 저장공의 배치는 두 번째 형태와 마찬가지로 열상 분포가 기본을 이루는데, 복룡동유적의 경우는 다소 무질서한 군집 양상을 보이고 있다. 이는 앞서

---

[3] 일본 북부 규슈에서 저장혈군을 둘러싼 환호가 조사된 바 있는데, 이를 '저장혈 전용 환호'라 부른다(中間硏志 1990: 30-31). 신영리 여드니유적의 구시설도 동일한 성격 부여가 가능하다고 판단된다.

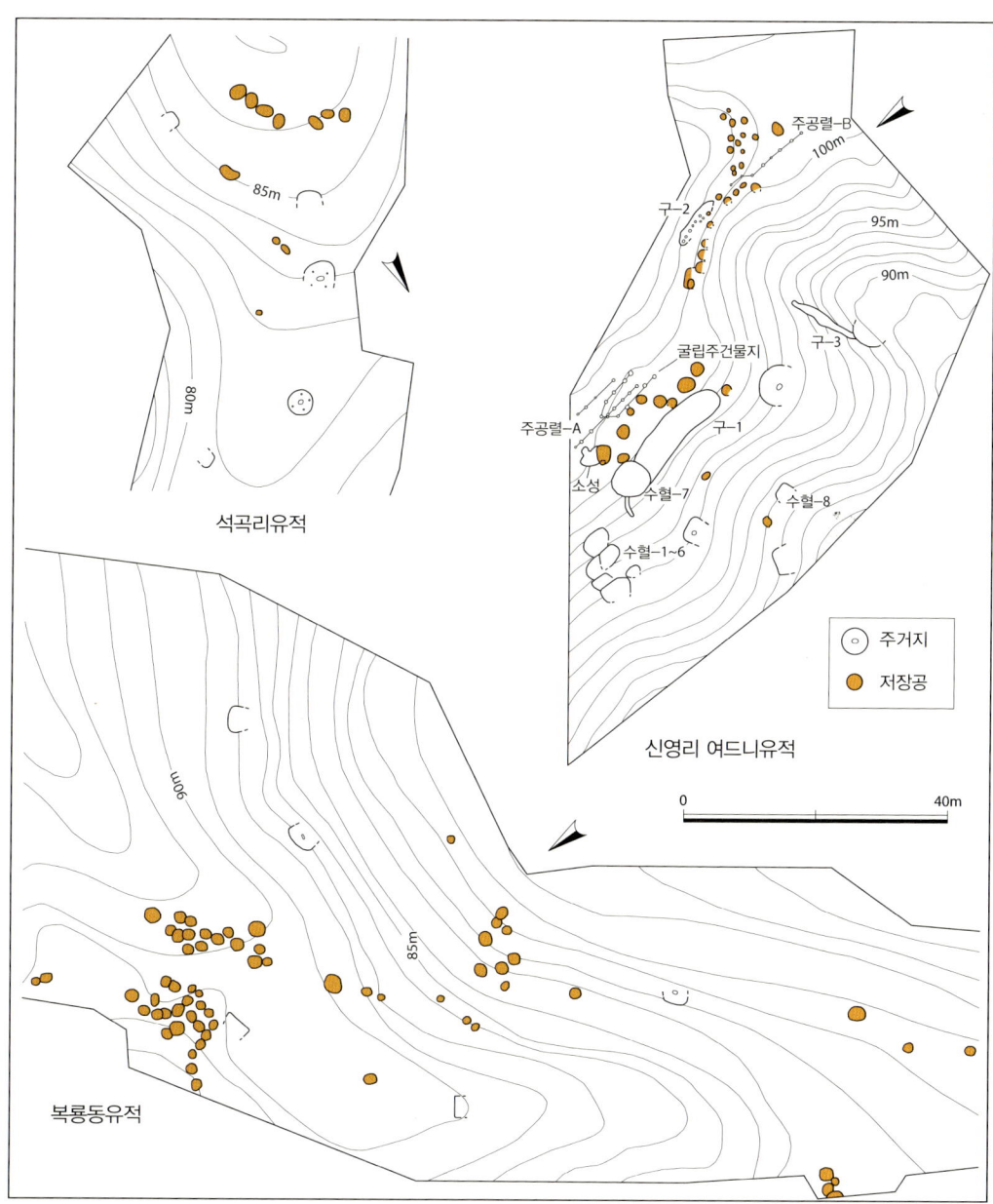

도 04 경사면 상부에 저장공, 하부에 주거지가 분포하는 유적

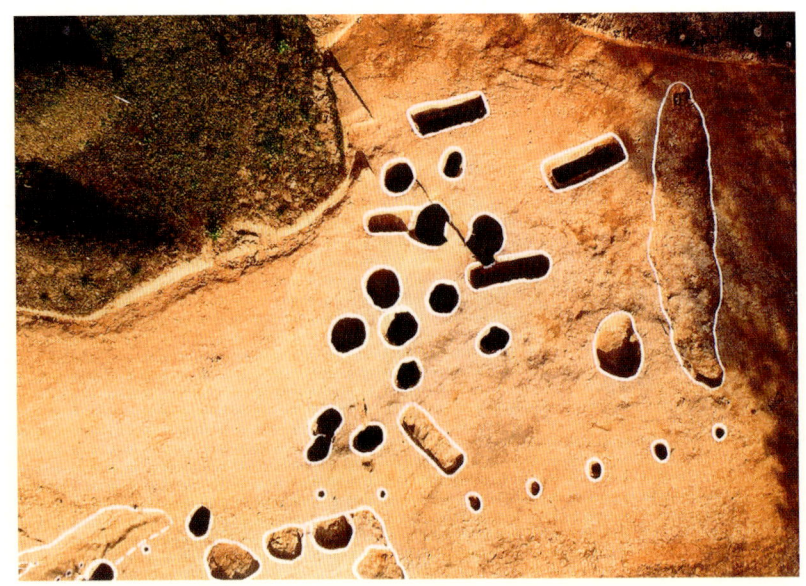

사진 05 신영리 여드니유적 저장공과 주공렬(吳圭珍 2005)

언급한 바와 같이 저장공의 수가 많아지면서 기본적인 배치 형태에서 벗어난 것이라 생각된다.[4]

이상의 내용을 요약하면 다음의 표 01과 같다.

표 01 주거지와 저장공의 분포 양상별 해당 유적과 특징

	주거지와 저장공의 분포 양상	해당 유적	특징
1	주거지와 인접하여 저장공이 분포	논산 원북리, 공주 안영리·장선리	3기의 저장공이 군집 단위, 소성유구 존재, 다른 형태에 비해 중복 관계가 다수 확인
2	주거지와 저장공이 구역을 달리하면서 동일 레벨상에 분포	천안 대흥리, 논산 마전리, 공주 산의리, 대전 가오동	열상 분포
3	경사면 상부에 저장공, 하부에 주거지가 분포	천안 석곡리, 공주 신영리 여드니, 대전 복룡동	열상 분포, 저장공의 입지상 우위가 인정

4   본고의 저장 전문 유적과 달리 청주 쌍청리유적에서는 주거지(41기)와 저장공(65기) 모두가 다수 확인되어, 저장과 소비를 동시에 수행하면서 잉여가 집중된 취락으로 보기도 한다(김장석 2008: 27).

IV. 저장 체계 복원에 관한 시론적 검토

본 장에서는 저장공의 특징과 군집 양상을 근거로 송국리문화의 저장 체계를 복원해 보고자 한다. 먼저 Ⅱ장에서 송국리문화의 지하식 저장공이 견과류와 근경류의 월동용 단기 보관 장소임을 추정한 바 있다. 따라서 장기적인 식료의 보관을 위한 별도의 시설이 필요하였을 것이다. 식료의 장기 보관에 있어서 가장 중요한 문제는 습기의 제거이기 때문에 장기 보관 시설은 이러한 조건에 적합한 구조로 설치되었을 가능성이 높다. 특히 송국리문화 단계 이후로 증가한 벼의 저장을 위해서는 건조한 상태를 유지할 수 있는 저장 시설이 요구되었을 것이다. 이를 위한 저장 시설로 가장 먼저 상정되는 것은 굴립주 건물이다.

굴립주 건물은 직사광선이 차단되고 통풍이 용이하여 건조한 저장 환경이 유지되기 때문에 벼를 비롯한 재배 곡물류의 저장에 유리하다(崔憲燮 1999: 106). 그러나 실제로 송국리문화 단계의 유적에서 굴립주 건물지가 조사된 예는 많지 않은 편이다. 금강유역에서는 관창리유적(李弘鍾 外 2001)과 송국리유적(김경택 외 2011, 2019)에서 규모와 형태가 다양한 굴립주 건물지가 보고된 바 있다. 그리고 그 기능에 대하여 토기의 창고나 의례 공간(安在晧 2004: 14), 저장과 농경의례가 동시에 수행된 공간(鄭治泳 2009: 71) 등으로 보는 견해가 제시되었다.

한편, 비교적 다수의 굴립주 건물지가 보고된 영남 내륙지역의 경우 유적의 대부분이 충적대지상에 위치하고 있어, 여름철에는 수혈 주거의 사용이 불가능하다는 점을 근거로 주거로서의 기능이 상정되기도 한다(嶺南文化財硏究院 2002: 274). 결국 지금까지의 발굴 자료에 있어서 송국리문화 단계의 유적 가운데 확실하게 저장의 용도로 축조된 굴립주 건물은 많지 않은 것으로 판단된다. 그렇다면 건조 저장이 요구되는 벼의 저장이나 다른 식료의 장기 저장은 어떠한 시설에서 이루어졌을까? 이 시기의 유적에서 저장공 이외의 저장 시설이 거의 확인되지 않는 것을 볼 때, 주거 내부에서의 저

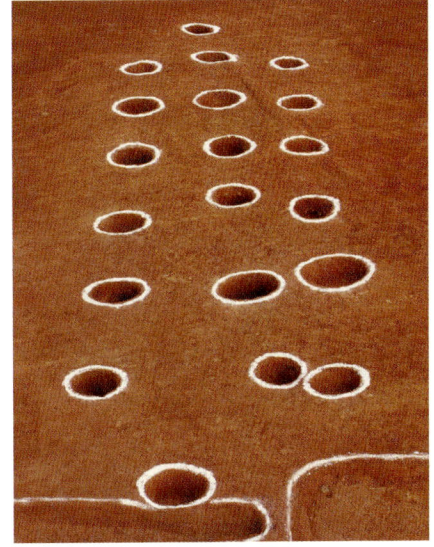

사진 06 관창리유적 굴립주 건물지(李弘鍾 外 2001)

장을 먼저 생각할 수 있다.

　주거 내부 저장은 지붕의 안쪽을 이용하는 저장법과 선반 시설을 천장에 매달아 저장 장소로 사용하는 방법이 상정된다. 선반 시설의 경우 천장에 매달아 노지의 상부에 위치하도록 설치하였을 것으로 추정되는데, 일본에서는 이를 '화붕(火棚)'이라 한다(橋口尙武 1996: 154). 이들은 모두 건조한 상태를 유지하기 쉬운 구조이기 때문에 식량의 장기 저장에 유리하다. 특히 종자의 경우 노지에 의하여 일정한 건조 상태가 유지되는 장소에서만 병충해를 피할 수 있어(增田精一 1982: 58), 반드시 주거 내부에 저장되었을 것이다. 이러한 저장법은 청동기시대의 이른 시기에도 이용되었으리라 추정된다.

　주거 내부 저장 가운데 지붕의 안쪽을 이용하기 위해서는 보다 대형의 주거가 유리하였을 것이다. 송국리형 주거지 가운데 4개 이상의 중심 주공을 가진 형식-4주식이 상대적으로 대형인데, 그 집단의 지배 계층이 사용하던 주거로 보는 견해가 있다(金正基 1996: 51). 대규모 취락인 관창리유적에 대한 분석에서도 이러한 양상이 확인되었는데, 4주식의 대형 주거지가 주로 표고 28m 이상의 높은 지점에 밀집 분포하고 있으며(金載昊 2000: 40), 이 유구들에서 상대적으로 많은 수의 마제석기가 출토되었다(孫晙鎬 2003: 22).

　이는 상위 신분을 지닌 자에 의해 점유된 주거지를 나타내는 고고학적 현상(金承玉 1997: 109) 가운데 대규모, 입지상의 우위, 최상위 계층 주거지들의 상호 밀집성, 위신재의 존재 등에 해당된다. 따라서 송국리형 주거지 가운데 4주식의 위계상 우위가 인정되는데, 이러한 주거에서 보다 많은 식량을 저장할 수 있었다는 사실이 주목된다. 즉, 송국리형 4주식 주거지는 규모, 입지, 출토 유물뿐만 아니라, 구조에 있어서도 저장 공간의 확보를 통한 다량의 식량 소유라는 측면에서 상대적인 위계의 우위를 상정하는 것이 가능하다.

　한편, 주거 내부에서의 저장 방법 가운데 단기 저장을 위한 지하식 저장공이 발견된 예도 있다. 서천 오석리유적(李南奭 1996: 176)과 부여 나복리유적(忠淸南道歷史文化院 2004: 51)에서는 바닥면에 2개의 장방형 저장공이 존재하는 송국리형 주거지가 각 1기씩 확인되었다. 서천 월기리유적에서는 주거지 바닥면 중앙부에서 저장공이 조사되었는데(李弘鍾 外 2005: 41), 내부에 모래가 채워져 있는 것을 볼 때 토사 중 저장법이 이용된 것으로 추정된다.[5] 그러나 이러한 주거지 내 저장공의 사례는 소

5　민족지로서 활용 가치가 높은, 일제시대 하야시 야스하루(林泰治)가 수집한 자료에 의하면 달래류, 백합류, 산마의 괴근과 개암나무 열매 등을 토사 중에 저장하였다고 한다(安承模 2002: 90).

166

사진 07　월기리유적 주거지(李弘鍾 外 2005)

수에 불과하다. 따라서 땅속에 단기 보존함으로써 맛을 늘리는 등(김건수 2003: 207)의 여러 가지 부수적인 이유로 저장공이 설치되기는 하였지만, 역시 주거 내부에서는 장기 저장이 주를 이루었던 것으로 판단된다.

　이상과 같이 송국리문화의 저장 체계에는 저장공을 이용한 식료의 단기 보관과 주거의 내부에 저장하는 장기 보관이 동시에 존재하였다. 대부분의 송국리문화 단계 유적에서 주거지가 조사되는 것을 볼 때, 벼를 포함한 재배 식물의 장기적인 보관은 거의 모든 유적에서 이루어졌다고 판단된다. 그러나 지하식의 저장공은 모든 송국리 단계의 취락에서 발견되지는 않는다. 단지 몇몇 유적에서 일정한 분포 양상을 보이면서 집중되는 경향이 관찰될 뿐이다. 이러한 유구의 분포가 의미하는 바는 무엇일까?

　이들의 고고학적 의미를 파악하기 위해 도면에 그 위치를 표시하였다(도 05). 도면상에서 주목되는 것은 먼저 서해안지역의 유적에서는 군집 저장공이 확인되지 않는다는 점이다. 송국리문화의 발생 문제와 관련하여 서해안지역이 최초 유입지이며 상대적으로 이른 시기에 해당한다는 연구 성

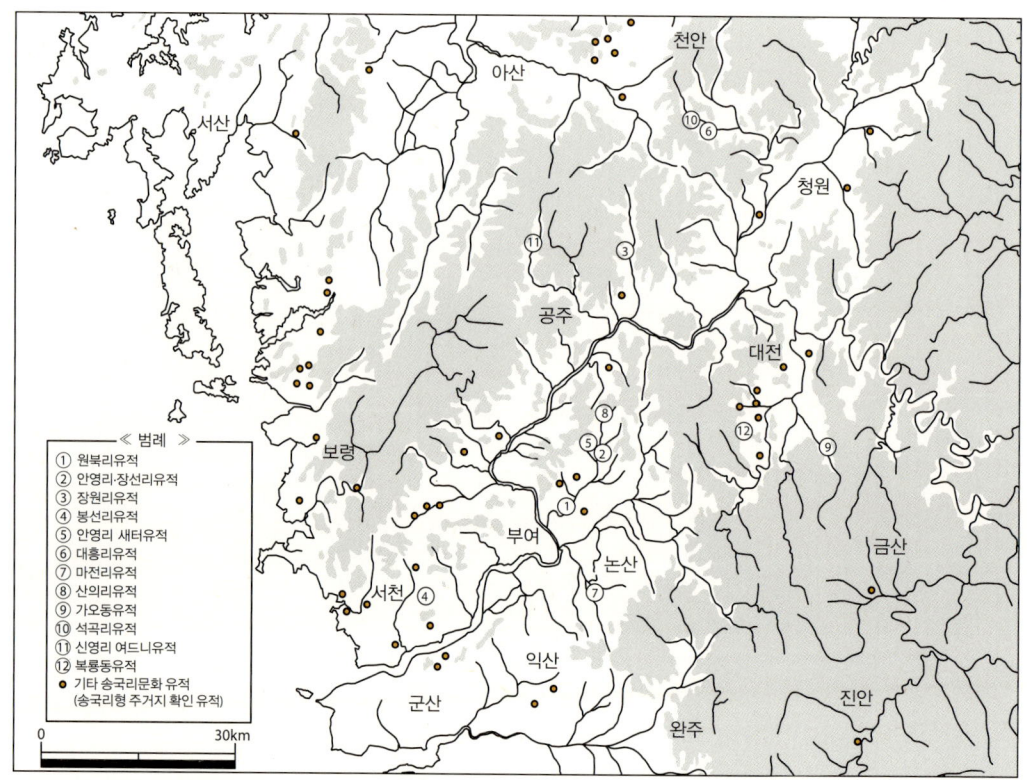

도 05 금강유역 송국리문화 단계의 저장 중심 유적 분포

과를 받아들인다면(禹姃延 2002: 52-53; 李眞旼 2003: 114; 이홍종 2002: 94), 이러한 지역성이 나타나는 이유를 시기적인 변화에서 찾을 수 있다. 즉, 송국리문화의 이른 시기에는 사용되지 않던 저장공이 내륙지역으로의 문화 확산과 더불어 새롭게 채용된 것으로 추정된다.

내륙지역에서 확인되는 주거지와 저장공의 분포 양상은 Ⅲ장에서 살펴본 바와 같이 세 가지의 다른 형태가 있다. 이 가운데 주거지에 인접하여 저장공이 분포하는 유적은 금강 중류역에서 주로 확인되고 있다. 금강 하류역에서 조사된 봉선리유적은 저장공의 수가 주거지 수보다 적기 때문에 저장 중심의 유적이라고 보기에 무리가 있다. 따라서 상기한 바와 같이 송국리문화가 금강을 따라 내륙으로 전파되었다는 견해를 받아들인다면, 이 유적들이 가장 이른 시기에 채용된 단기 저장 방식을 나타낸다고 할 수 있다. 즉, 지하식 저장공의 최초 등장 시기에는 주거 단위 혹은 가족 단위의 개별적인 식량 소유 및 관리가 존재하였을 것으로 판단된다.

다음으로 주거지와 저장공이 구역을 달리하면서 분포하는 형태에는 동일 레벨상에 열상으로 분포하는 것과 입지상의 차이가 뚜렷하게 확인되는 것, 두 가지 양상이 존재한다. 유적의 분포를 보면 주거지에 인접하여 저장공이 배치되는 유적과 약간의 지역적 중복이 확인되지만, 상대적으로 보다 내륙 쪽에 위치한 것이 관찰된다. 따라서 시간적인 흐름에 따라 지역을 달리하면서 새로운 형태의 단기 저장 방식이 채용된 것으로 판단된다.

이 유적들에서 조사된 주거지는 모두 소수에 불과한 것을 볼 때, 저장공의 유지·관리와 관계된 인원들이 거주하는 시설로 추정된다(林尙澤 1999: 139). 즉, 다수의 저장공과 이것을 관리하는 사람의 주거가 분포하는 양상인데, 이는 보다 체계적이고 계획적인 식료의 관리라 생각된다. 또한 저장된 대량의 식료를 소비하는 집단이 따로 존재하였을 가능성이 높기 때문에 공동체의 집단적인 식량 관리라 할 수 있다. 특히 저장공의 입지상 우위가 인정되는 유적들은 저장의 기능이 가장 강조된 형태라 판단된다.

이상과 같이 송국리문화에 있어서 단기 보관을 위한 저장 체계의 시공간적 전개 양상을 살펴보았다. 물론 저장공 군집 양상에 의해 구분된 유적의 분포가 지역별로 뚜렷한 차이를 보이지는 않지만, 대체적인 흐름을 파악하는 것은 가능하다. 한편, 저장공의 군집 양상이 지역성을 보이는 것은 지역별 자연 환경의 차이, 집단 간 문화 수용 양상의 차이, 인구 증가 및 위계 발생에 의한 사회 복합화의 증가 등 다양한 이유에 기인하였다고 생각된다.

상기한 내용을 종합하여 송국리문화의 저장 체계를 복원하면 다음과 같이 요약된다. 송국리문화의 발생 초기에는 장기 저장을 위한 체계만이 갖추어져 있었다. 그러나 내륙 쪽으로 문화가 파급됨에 따라 장기 저장과 함께 단기 저장 체계가 확립되었으며, 주거 단위의 소규모 관리에서 공동체적인 대규모 관리로 변화하였다. 단기 저장에 이용되는 구체적인 대상물은 견과류와 근경류로 추정된다.

이들은 질적으로 식량 가치가 가장 높은 가을철에 수확되어 저장공에 보관함으로써 식물 자원이 빈약한 겨울을 나는 데에 이용되었을 것이다(安承模 2002: 96). 따라서 송국리문화와 더불어 증대된 논농사의 확대에도 불구하고 당시의 식량 사정이 그렇게 양호한 것은 아니었을 가능성이 있다.

결국 부족한 식량 문제를 해결하여 사회를 안정화시키기 위한 배려로서, 식량의 계획적이고 집중적인 관리에 용이한 저장공의 군집이 발생하게 되었다고 판단된다.

V. 맺음말

필자는 관창리유적을 시작으로 금강유역 송국리문화 단계의 여러 유적에 대한 발굴 조사에 참여하는 기회를 가질 수 있었다. 이 가운데 특히 저장공이 밀집 분포하는 몇몇 유적에 대한 발굴 조사와 보고서 작업을 진행하면서 이러한 유적의 성격에 대한 나름의 고민도 하게 되었다. 석곡리유적과 마전리유적의 경우 보고서의 집필 과정에도 참여하였는데, 대흥리유적 식물규소체 분석 결과를 근거로 저장공 내부에 벼를 저장하였다고 판단한 바 있다. 이와 같은 판단의 배경에는 그때까지 우리나라에서 저장공의 대상물에 대하여 분석한 유일한 자료가 대흥리유적 규소체인 이유도 있었지만, 송국리문화가 벼농사를 기반으로 성립되었으며 따라서 저장공에는 당연히 벼가 보관되었을 것이라는 막연한 가정이 보다 크게 작용하였던 것 같다.

보고서 작성 후 이러한 성격을 가진 유적의 조사 예가 점차 증가하였다. 특히 공주 신영리 여드니유적과 같이 저장의 기능이 매우 강조된 유적까지 조사되어, 필자가 저장공에 대하여 다시 생각하는 계기가 되었다. 그런데 기존의 생각과 달리 벼를 지하에 저장한 이유에 대한 의문과 함께, 저장공이 다수 조사된 것에 반하여 벼를 주로 저장하였다고 생각되는 고상식의 굴립주 건물지가 거의 확인되지 않는 것도 고려하게 되었다. 하지만 우리나라에서는 아직까지 저장에 대한 구체적인 연구가 없었으며, 단지 고상식 건물에 대한 논고만 몇 편 존재하는 실정이었다. 그래서 상대적으로 많은 자료가 확보된 일본 측의 연구 성과를 참조하였는데, 이를 통하여 기존에 필자가 고찰하였던 내용을 수정할 수 있었다. 이러한 과정을 거쳐서 본고를 작성하였으며, 상기한 바와 같은 결론에 도달하게 된 것이다.

그러나 본고의 논지 전개에 많은 논리적 비약이 있었음을 부인할 수 없다. 본고의 가장 큰 약점은 근거가 될 만한 자료가 부족하다는 점이다. 현재까지 우리나라의 발굴 자료 가운데 저장 대상물과 저장 방법을 구체적으로 보여 주는 실질적인 예는 거의 없다. 그럼에도 불구하고 필자는 송국리문화의 저장 체계를 복원하기 위하여 추론에 추론을 거듭하였기 때문에 논리적 근거가 박약한 글이 되고 말았다. 이러한 한계를 극복하기 위해서는 기본적으로 보다 많은 자료의 확보가 요구된다. 저장 시설에 대한 단순한 발굴 조사에서 그치는 것이 아니라 각종 자연 과학적 분석을 이용하여 그 대상물을 추정하여야 한다. 저장 방법에 대해서는 민족지 자료의 적극적인 활용과 함께 실험 고고학도 수반되어야 할 것이다.

참고문헌

김건수, 2003, 「堅果類 食과 보존에 관한 일고찰」, 『목포대학교박물관 20주년 기념논총』.
김경택·이기성·주동훈·박병욱·노양지, 2019, 『松菊里』XII, 한국전통문화대학교고고학연구소.
김경택·정치영·이건일·민은숙·주혜미·정은지, 2011, 『松菊里』VII, 한국전통문화대학교고고학연구소.
金承玉, 1997, 「鋸齒文土器: 정치적 권위의 象徵的 表象」, 『韓國考古學報』 36.
김장석, 2008, 「송국리단계 저장시설의 사회경제적 의미」, 『한국고고학보』 67.
金載昊, 2000, 『松菊里型 住居址의 構造와 分布圈에 관한 硏究』, 東亞大學校大學院 碩士學位論文.
金正基, 1996, 「靑銅器 및 初期鐵器時代의 竪穴住居」, 『韓國考古學報』 34.
김희찬, 1995, 「신석기시대 식량획득과 저장성」, 『亞細亞 古文化』, 石溪黃龍渾敎授定年紀念論叢.
羅建柱, 2003, 『公州 安永里 새터·신매遺蹟』, 忠淸埋藏文化財硏究院.
東國大學校埋藏文化財硏究所, 2007, 『蔚山 細竹遺蹟』 I.
柳基正·梁美玉·羅建柱·朴亨順·柳昌善, 2001, 『公州 長院里遺蹟』, 忠淸埋藏文化財硏究院.
柳昌善·尹淨賢, 2006, 『群山 內興洞遺蹟』 II, 忠淸文化財硏究院.
孫晙鎬, 2003, 「磨製石器 分析을 통한 寬倉里遺蹟 B區域의 性格 檢討」, 『韓國考古學報』 51.
安承模, 2001, 「論山 院北里遺蹟 出土 種子분석」, 『論山 院北里遺蹟』, 中央文化財硏究院.
安承模, 2002, 「新石器時代의 植物性食料(1)-野生食用植物 資料」, 『韓國 新石器時代의 環境과 生業』, 동국대학교매장문화재연구소.
안승모, 2011, 「松菊里遺蹟 出土 炭化米 考察」, 『考古學誌』 17.
安在晧, 2004, 「中西部地域 無文土器時代 中期聚落의 一樣相」, 『韓國上古史學報』 43.
嶺南文化財硏究院, 2002, 『大邱 東川洞 聚落遺蹟』.

吳圭珍, 2005, 『公州 新影里 여드니遺蹟』, 忠清文化財硏究院.

禹姃延, 2002, 「중서부지역 송국리복합체 연구」, 『韓國考古學報』 47.

윤온식·장용준·김혁중, 2012, 『飛鳳里』Ⅱ, 國立金海博物館.

이경아, 1999, 「식물유체 복원법의 발달과 식물규소체 분석의 고고학적 의의」, 『韓國先史考古學報』 6.

李南奭, 1996, 『烏石里遺蹟』, 公州大學校博物館.

李南奭, 1999, 『公州 山儀里遺蹟』, 公州大學校博物館.

李南奭·李賢淑, 2002, 『安永里遺蹟』, 公州大學校博物館.

李相均, 2002, 「韓半島 新石器時代 住居의 現狀과 地域的 特徵」, 『先史와 古代』 17.

李眞旼, 2003, 『中部地域 無文土器時代 前·中期 文化 硏究』, 서울大學校大學院 碩士學位論文.

李昌浩, 2004, 『中西部地域 青銅器時代 貯藏施設의 硏究』, 公州大學校大學院 碩士學位論文.

이홍종, 2002, 「松菊里文化의 時空的 展開」, 『湖西考古學』 6·7.

李弘鍾·姜元杓·孫晙鎬, 2001, 『寬倉里遺蹟』, 高麗大學校埋藏文化財硏究所.

李弘鍾·孔敏奎·孫晙鎬, 2000, 『石谷里遺蹟』, 高麗大學校埋藏文化財硏究所.

李弘鍾·孫晙鎬·姜元杓, 2002, 『麻田里遺蹟』, 高麗大學校埋藏文化財硏究所.

李弘鍾·孫晙鎬·朴性姬, 2005, 『梨寺里·月岐里遺蹟』, 高麗大學校考古環境硏究所.

林尙澤, 1999, 『天安 大興里遺蹟』, 忠南大學校博物館·서울大學校考古美術史學科.

任鶴鐘·李政根·金良美, 2008, 『飛鳳里』, 國立金海博物館.

鄭治泳, 2009, 「송국리취락 '특수공간'의 구조와 성격」, 『韓國青銅器學報』 4.

中央文化財硏究院, 2001, 『論山 院北里遺蹟』.

中央文化財硏究院, 2003, 『大田 加午洞遺蹟』.

中央文化財硏究院, 2005, 『大田 伏龍洞遺蹟』.

中央文化財硏究院, 2008, 『大田 伏龍洞遺蹟』Ⅱ.

최성락·김건수, 2000, 『영광 학정리·함평 용산리유적』, 목포대학교박물관.

崔憲燮, 1999, 「高床建物址의 機能에 對한 小考」, 『昌原大學校博物館 年報』 1.

忠南發展硏究院, 2003, 『公州 長善里 土室遺蹟』.

忠清南道歷史文化院, 2004, 『扶餘 羅福里遺蹟』.

忠清南道歷史文化院, 2005, 『舒川 鳳仙里遺蹟』.

橋口尙武, 1996, 「食料保存技術」, 『考古學による日本歷史』 2, 雄山閣.

今村啓爾, 1988, 「土坑性格論」, 『論爭·學說 日本の考古學』 2, 雄山閣.

今村啓爾, 1989, 「群集貯藏穴と打製石斧」, 『考古學と民族誌』, 渡邊仁教授古稀記念論文集.

木下正史, 1988, 「籾の貯藏と收穫」, 『彌生文化の研究』 2, 雄山閣.

山崎純男, 2008, 『最古の農村 板付遺跡』, 新泉社.

山本一朗, 1991, 「山口縣彌生時代袋狀土坑の諸問題」, 『古文化談叢』 24.

森下靖士, 1987, 「山口縣內の彌生時代貯藏穴について」, 『山口大學構內遺跡調査研究年報』 V.

石野博信, 1967, 「彌生時代の貯藏施設」, 『關西大學考古學研究年報』 1.

永瀨福男, 1982, 「貯藏穴」, 『季刊考古學』 1.

乙益重隆, 1983, 「袋狀豎穴考」, 『坂本太郎博士頌壽記念 日本史學論集』 上, 吉川弘文館.

株式會社古環境研究所, 1999, 「大興里遺跡(天安市)における植物硅酸體分析」, 『天安 大興里遺蹟』, 忠南大學校博物館·서울大學校考古美術史學科.

中間硏志, 1990, 「環濠集落の構造」, 『季刊考古學』 31.

增田精一, 1982, 「彌生時代の種籾の保存」, 『歷史公論』 8-9.

塚本師也, 1993, 「食料貯藏」, 『季刊考古學』 44.

坂口隆, 2003, 『繩文時代貯藏穴の研究』, 小林達雄監修 未完成考古學叢書 5.

제3장

석기 편년

손준호

I. 머리말
II. 형식 분류
III. 공반 관계에 의한 변화상 검토
IV. 변화의 획기와 단계 설정
V. 맺음말

石器編年

I. 머리말

청동기시대 후기 송국리문화 단계는 절대연대 측정치를 바탕으로 그 상한이 올라가는 한편(이홍종 2006: 252), 기존 편년의 공백을 메우기 위한 시도로서 하한을 내려보는 견해가 제시되기도 하였다(김장석 2009: 53; 이동희 2010: 52). 따라서 송국리문화의 시간 폭은 점점 넓어지고 있는 추세인데, 정작 그 사이의 세부 편년에 대해서는 그다지 새로운 논의가 이루어지지 않고 있다. 보정 곡선의 평탄화 문제 때문에 절대연대 측정치를 활용하기 어렵고(金壯錫 2003: 35-37), 토기에 문양이 없어 청동기시대 전기에 비해 형식학적 변화를 상정하기도 쉽지 않다. 토기의 형식(李弘鍾·許義行 2010; 黃在焄 2010)이나 주거형의 세분과 공반 유물(庄田愼矢 2007: 24-39)을 기반으로 한 보다 정치한 편년이 시도되기도 하였지만, 상기한 이유로 인해 기존의 인식을 크게 벗어날 만한 연구의 진전은 없다.

이러한 상황에서 편년을 위하여 송국리문화의 석기를 살펴보는 것은 큰 의미가 없을지도 모른다. 주지하다시피 석기는 토기나 청동기에 비하여 급변하는 문화상을 제대로 반영하지 못하는 경향이 있다. 따라서 세부적인 편년 연구에 있어서 양호한 검토 대상이라 할 수 없으며, 이와 같은 이유로 보조 자료로 활용되는 경우가 대부분이다. 하지만 민감한 변화상이 관찰되지 않는 점은 오히려 커다란 변화의 획기를 상정하는 데에 유효한 장점으로 작용한다. 토기 연구에 있어서 어느 정도 한계에 봉착한 송국리문화의 편년에 대하여, 기존의 주거형을 중심으로 한 분류를 보완할 수 있는 새로운 대안으로서 석기의 분석은 시도해볼 만한 가치가 있다.

이를 위해서는 석기의 자체적인 형식 변화와 함께 출토 유구, 공반 유물과의 관계 등을 정밀하게 살피는 것이 필요하다. II장에서는 먼저 기존의 연구 성과에서 공통적으로 지목된 시간성을 반영하는 속성들을 추출하여, 송국리문화 석기의 기종별 형식 분류를 시도하였다. 다음 III장에서는 분류된 석기 형식들이 송국리문화의 주요 분포 지역인 호서, 호남, 영남에서 어떻게 변화하는지를 형식 간 공반 관계를 통해 살펴보았다. 검토 대상은 집성된 주거지 자료(김규정 2010; 배덕환 외 2010; 손준호 2010a; 양영주 2010)에 분묘 부장품을 추가하여 활용하였다. 이러한 분석을 토대로 IV장에서 석기 변화의 획기와 단계를 설정하였으며, 마지막으로 V장에서 변화의 의미에 대해 간단하게 언급하면서 글을 마무리하였다.

II. 형식 분류

1. 석검

후기의 표지 유물로 상정되는 형식은 유절병식과 일단병식, 그리고 유경식 가운데 경부 끝이 좌우로 돌출된 형태와 경부 양측에 홈을 새기거나 구멍이 뚫린 형태 등이다(孫晙鎬 2008: 716). 이 밖에 전기 단계부터 나타나는 유구병식이나 경부의 길이가 상대적으로 긴 석창 등도 확인된다. 먼저 유절병식

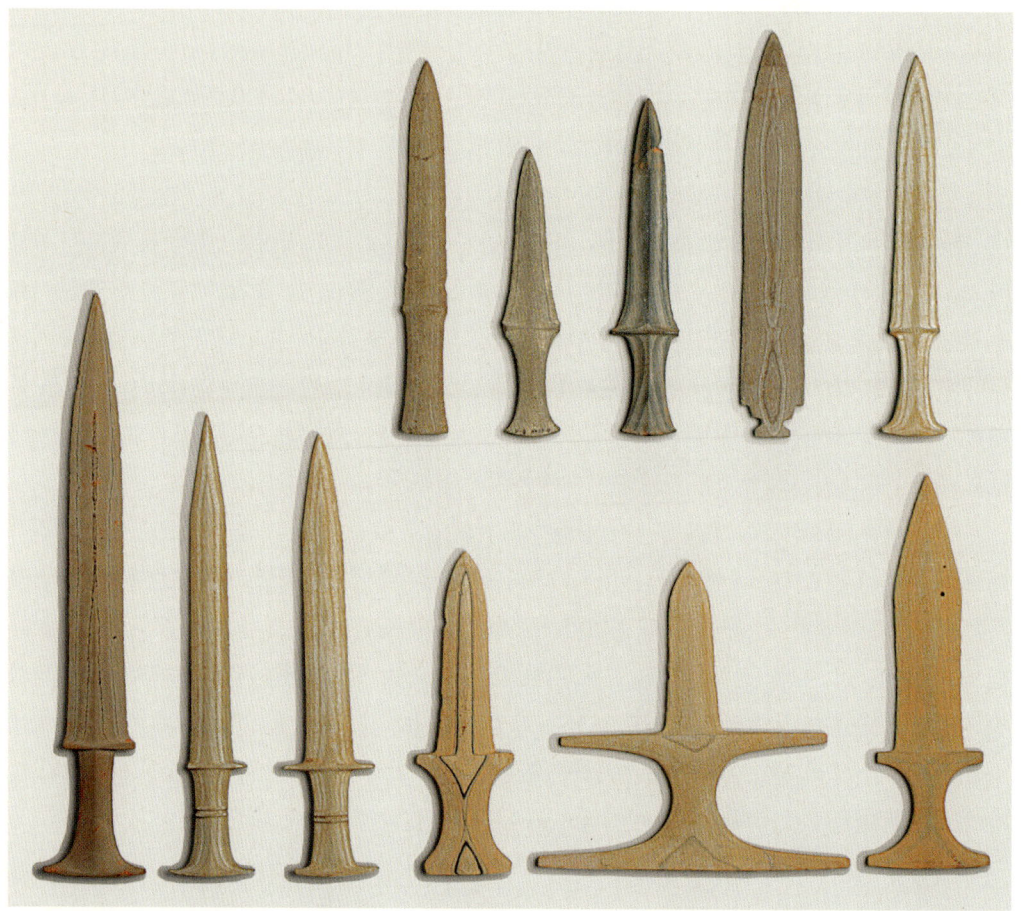

사진 01 석검 각종(국립대구박물관 2005)

의 후기 내 변화상에 대해서는 박선영(2004: 21)이 유단유절병식 → 단순유절병식으로의 방향을 상정한 바 있다. 기원에 대한 주장에는 동의할 수 없지만, 형식 변화의 방향에 대해서는 필자 또한 같은 생각이다(孫晙鎬 2009a: 22-23). 단, 일단병식의 경우는 전기 유단병식과의 관계를 감안할 때 심부유단식에서 심부유절식으로의 변화가 타당하다고 생각한다(孫晙鎬 2009a: 24-25). 동일한 변화 방향은 섬진강유역 지석묘의 분석에서도 확인된 바 있다(황재훈 2012: 134-138).

일단병식석검의 등장 시기에 대해서는 삼각만입촉과의 공반 관계를 근거로 유단병식과 일부 병존하는 전기 단계까지 올려보는 견해가 있다(朴美賢 2008: 44; 朴宣映 2004: 35). 그러나 후술할 삼각만입촉이 후기까지 지속되는 점을 감안하면, 같은 형식의 유물이 공반되었다고 하여 동일 시기로 단정할 수는 없다. 또, 전기 유적에서 일부 확인되는 소형의 일단병식을 시원적 형태로 보기도 하지만(李亨源 2006a: 231), 해당 유물이 재가공품일 가능성이 높아 출현 시기를 올릴 만한 근거로 삼기에는 무리가 있다. 한편, 일단병식이 삼각형석도나 유구석부에 비해 늦은 시기에 등장한다는 견해도 제기된 바 있지만(庄田愼矢 2007: 70), 해당 형식이 대부분 분묘에서 출토되는 점을 생각할 때 주거지 출토품만을 대상으로 한 분석 결과를 신뢰하기는 어렵다.

이상의 연구 성과를 바탕으로 석검의 형식은 a. 유구병식(도 01-1), b-1. 유단유절병식(2), b-2. 단순유절병식(3), c-1. 심부유단일단병식(4), c-2. 심부유절일단병식(5), c-3. 심부무단무절일단병식(6), d-1. 석창(7), d-2. 하단돌출유경식(8), d-3. 양측결입유경식(9)으로 세분하였다. 이 중 주거지에서 확인되는 형식은 일단병식의 세부 형식 3가지와 하단돌출유경식·양측결입유경식이며, 이 밖에 유구병식, 유절병식, 석창은 분묘에서만 출토된다. 유구병식과 석창은 상기한 바와 같이 전기부터 확인되고 있어 어느 정도의 시간성을 가질 것이라 생각된다. 앞에서 언급되지 않은 형식이 심부무단무절일단병식인데, 평면상의 좌우 돌출만으로 심부가 표현되어 다른 일단병식과의 구분이 불가피하다. 한편, 유경식 가운데 '쌍미늘 석창'이라는 형식도 제시된 바 있으나(李宗哲 2006: 32), 송국리문화의 해당 형식은 모두 하단돌출식에 포함되어 따로 구분하지 않았다. 유경식의 경부에 구멍이 뚫린 사례도 관찰되는데, 석창과 양측결입식에서 모두 확인되어 역시 별도의 형식으로 상정하지 않았다. 또, 유병식 가운데 마지막 단계에 병하단부가 과장된 형식이 나타난다는 지적이 있지만(沈奉謹 1989: 12), 실제로 이러한 형태가 후기 내 이른 형식으로 상정된 유단유절병식, 심부유단일단병식과 조합되는 것을 볼 때 시간적인 의미는 크지 않을 가능성이 높다.

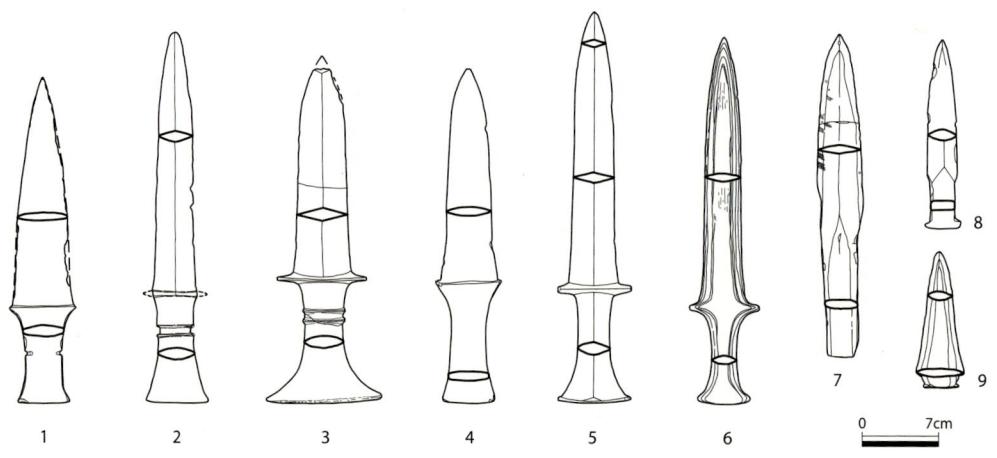

도 01 석검의 형식 분류 1. 진라리(a), 2. 신촌리(b-1), 3. 여의곡(b-2), 4. 관창리(c-1), 5. 송국리(c-2), 6. 아동리(c-3), 7. 망덕(d-1), 8. 송국리(d-2), 9. 마전리(d-3)

2. 석촉

후기에는 삼각만입촉이나 이단경촉도 일부 출토되지만 주로 확인되는 형식은 일단경식으로, 이 가운데 특히 세장유경촉과 일체형촉은 이 시기의 표지 유물이다(손준호 2007: 100). 후기 내에서의 변화, 즉 일단경식의 세부 형식 변화에 대해서는 비교적 다수의 연구 성과가 존재한다. 먼저 안재호(1991: 9)는 일단경식 가운데 세장유경촉을 가장 마지막에 위치시킨 바 있는데, 이에 대해서는 다른 연구자들도 대체로 일치된 견해를 보인다. 그 이후 이금동 출토품을 대상으로 경부 단면이 장방형인 평근 → 육각형인 첨근 → 일체형의 시간 순서를 상정하였으며(安在晧 2009a: 11), 이는 영남지역 주거지 출토품을 대상으로 한 이석범(2012: 33)의 분석 결과와도 유사하다. 그러나 이석범이 평근과 첨근 사이에 경부의 중간 지점까지 능이 내려오는 과도기적 형식을 설정하여 후기 전반에서 후반에 해당하는 변화상으로 파악한 반면, 안재호(2009b: 85)는 다른 논고를 통하여 평근과 첨근이 계통을 달리하는 것으로 보고 이석범의 과도기적 형식을 일반적인 평근보다 앞선 단계에 위치시켰다. 북한지역에서 일단경식 발생기에 이미 평근과 첨근이 공존하고 있는 것을 볼 때(孫晙鎬 2006a: 35) 후자의 견해가 타당하다고 생각되며, 결국 영남지역에서 평근이 조금 일찍 출현하지만 평근에서 첨근으로 변화되었

사진 02 일단경촉 각종

다고 보기에는 무리가 있다.

호서지역의 자료를 대상으로 한 庄田愼矢(2007: 29-30)의 분석 결과는 영남지역과 약간의 차이를 보이는데, 마지막 단계에 일체형이 위치하는 것은 동일하지만 첨근이 평근에 앞서 등장하는 점은 다르다. 이는 호서지역에서 첨근촉의 출현이 상대적으로 이르다는 다른 연구 결과와 맥을 같이하는 것이다(황창한 2012: 15). 즉, 평근과 첨근의 등장 시기는 지역에 따라 차이가 있어, 상기한 바와 같이 양자 간의 직접적인 형식 변화를 인정하기 어렵다. 오히려 양 지역 모두에서 일체형이 늦은 시기로 상정되고 있어, 관부의 형태가 역자식에서 점차 일체형으로 변화되는 방향성(安在晧 2009b: 85)이 형식 간의 선후 관계를 상정하는 데에 더 유효할 것 같다. 이러한 변화상은 영서지역 자료를 대상으로 한 연구에서도 확인된 바 있다(송만영 2012: 12). 단, 중부지역의 경우는 대나무의 부족으로 싸리나무

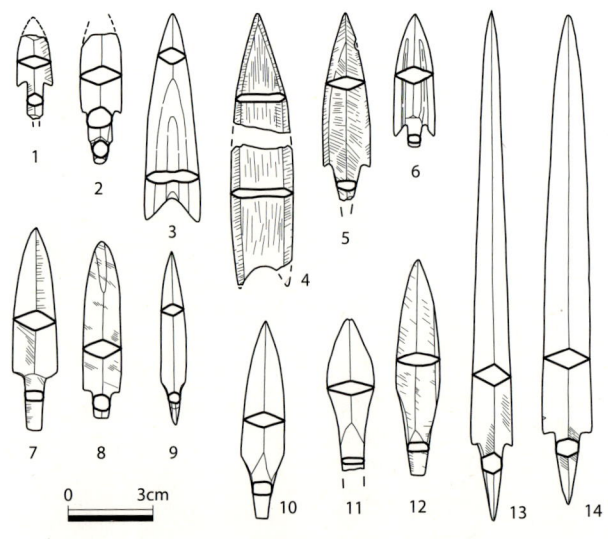

도 02 **석촉의 형식 분류** 1. 대평리(a), 2. 관창리 (a), 3. 귀산리(b), 4. 자개리(b), 5. 성덕(c–1), 6. 장등(c–1), 7·8. 대평리(c–2), 9. 덕치리(c–3), 10. 마전리(c–3), 11. 휴암리(d), 12. 시전리(d), 13·14. 산포(e)

등을 화살대로 이용하게 되면서(황창한 2012: 20), 착장에 적합한 형태인 평근 일체형이 오랫동안 사용되었을 것으로 추정된다.

　이러한 연구 성과를 바탕으로 석촉의 형식은 a. 이단경촉(도 02-1·2), b. 삼각만입촉(3·4), c-1. 관부예각일단경촉(5·6), c-2. 관부직각일단경촉(7·8), c-3. 관부둔각일단경촉(9·10), d. 일체형촉(11·12), e. 세장유경촉(13·14)의 7개로 분류하였다. 이단경촉과 삼각만입촉의 경우 수량은 적지만 전기와의 관련성을 가지고 있을 것으로 생각된다. 주로 확인되는 형식은 관부예각일단경촉~일체형촉까지로 관부의 형태에 따라 세분하였지만, 북한강유역의 후기 유적에서 다수 확인된 것으로 알려진 일체형(金權中 2004: 22)은 별도로 분류하였다. 마지막 세장유경촉은 기존의 분류안을 따라 대체로 길이가 10cm 이상이고 전체 길이에 비하여 폭이 좁아 세장한 느낌을 주면서 상대적으로 경부가 짧은 형태로 하였다(손준호 2007: 97).

3. 석도

후기에 확인되는 석도의 형식은 주형, 장방형, 즐형, 편주형, 역제형, 삼각형 등이며, 이 중 역제형과 삼각형이 해당 시기의 표지 유물이다(孫晙鎬 2006b: 77). 후기 내에서의 형식 변화에 대하여 동진

숙(2001: 74-75)은 전반에 단주형과 삼각형이 공반하다가 후반에는 삼각형만 출토되는 것으로 보았는데, 양 형식의 관계에 대해서는 이미 안승모(1985: 89)가 단주형에서 삼각형으로의 변화를 상정한 바 있다. 그러나 주형이 초기철기시대까지 지속되는 것을 볼 때(이석범 2015: 138), 단주형이 소멸되었다고 하기에는 무리가 있을 것 같다. 삼각형의 경우 한쪽 날 부분이 곡선을 이루는 것이나 교차되지는 않지만 직선적인 2개의 날을 가지는 것 등이 있는데, 이를 삼각형의 발생과 관련된 형식으로 보기도 한다(羅建柱 2005: 18-19, 2009: 66-67). 이 밖에 삼각형이 이루는 날의 각도가 둔각에서 예각으로 변화하였다고 보는 견해도 있다(宋滿榮 1995: 103).

한편, 안재호(2009a: 12)는 이금동유적 출토 석도를 분석하면서 편인에서 양인으로의 변화를 사용 면적을 늘리기 위한 개량으로 파악하였다. 실험에 의하면 양인과 편인 사이에 작업 효율상 큰 차이가 없다는 결과(石毛直道 1968: 142)와 양인이 좀 더 다목적으로 사용되었다는 상반되는 견해가 제시된 바 있는데(金旼志 2012: 76), 어느 쪽이라 하든 앞뒷면을 모두 사용하기 위하여 양인석도로 개량하였다는 가정은 나름 타당성 있어 보이기도 한다. 그러나 양인이 보다 효율적이라고 한다면, 제작상 편인에 비해 크게 어렵지 않다는 점을 생각할 때 청동기시대

사진 03 삼각형석도 각종

거의 전 지역에 걸쳐 편인만 사용된 이유를 합리적으로 설명하기 힘들다. 최근의 연구에 의하면 초기 농경 도입 시 다목적 사용에 적합한 형태인 양인이 채택되었을 가능성이 제기되기도 하였다(손준호 2018: 65).

결국 석도의 형식은 기존의 평면형을 기초로 한 분류가 여전히 가장 큰 의미를 갖는다고 할 수

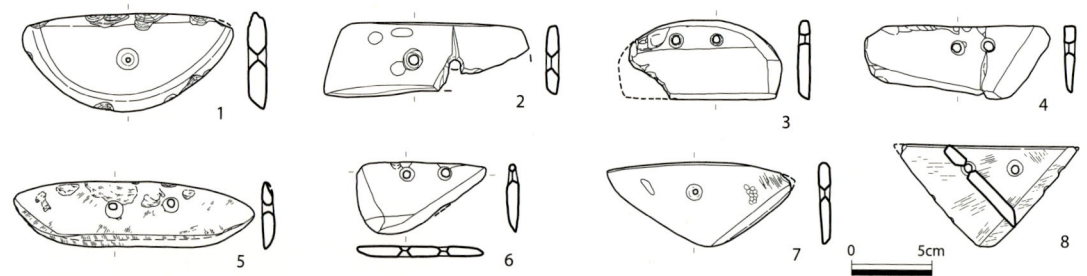

도 03 석도의 형식 분류 1. 귀곡동(a), 2. 동천동(b), 3. 진라리(c), 4. 석곡리(d), 5. 죽내리(e), 6. 휴암리(f-1), 7. 사월리(f-2), 8. 자개리(f-3)

있다. 따라서 여기서는 석도의 형식을 a. 주형(도 03-1), b. 장방형(2), c. 즐형(3), d. 편주형(4), e. 역제형(5), f-1. 이형삼각형(6), f-2. 둔각삼각형(7), f-3. 예각삼각형(8)으로 구분하였다. 주형~편주형은 전기에도 확인되기 때문에 어느 정도의 시간성이 반영되었을 것으로 추정되며, 특히 편주형의 경우 후기의 비교적 이른 시기까지만 사용되었다는 한정된 시간성을 나타내기도 한다(孫晙鎬 2002: 121). 후기 내에서 가장 많은 출토량을 보이는 삼각형만 다른 형식과 달리 세분하였는데, 양날이 이루는 각도에 따라 둔각과 예각으로 나누고 삼각형과 교차인을 동시에 만족시키지 못하는 형식을 이형으로 분류하였다.

4. 석부

먼저 합인석부를 포함한 양인류의 경우 후기의 특징으로는 횡단면 원형계가 다수를 차지한다는 점과 단면 장방형의 유견석부가 영남지역의 후기 유적에서만 출토된다는 점을 들 수 있다(孫晙鎬 2010b: 19). 영남지역 출토 양인석부를 대상으로 후기의 충적지 유적일수록 10cm 미만의 소형에 평면 방형 또는 제형의 비율이 늘어나는 점을 지적하면서 해당 형식의 기능을 목공용으로 상정한 연구도 발표된 바 있지만(전미영 2009: 89-91), 세부 형식의 분류가 시공간적으로 큰 의미를 갖는 것 같지는 않다. 이형석부 중에서는 후기에 다두석부가 출토된 바 없고 환상석부만 확인되는데, 모두 평면 대형에 단면은 얇고 날카로운 형식이다(崔承凞 2004: 51).

후기에는 편인석부가 비약적으로 증가하는데, 이 가운데 유구석부는 후기에만 확인되는 표지유물이다(孫晙鎬 2010b: 20). 유구석부의 등장 시점은 후기로 한정하는 견해(배진성 2012: 19)와 전기의 늦은 시점으로 보는 견해가 있지만(羅建柱 2005: 21), 전기에 출현하는 구가 없는 주상편인석부보다 늦은 것은 분명하다. 후기 내 세부 형식에 대해서는 전체 길이와 구하부의 길이가 늘어나면서 횡단면 제형 또는 반원형에 터널형이 추가되거나(裵眞晟 2000: 52), 구하부의 각도가 사선에서 점차 수직화되며 횡단면은 장제형과 터널형에 제형이 더해지는(朴智熙 2007: 34) 등의 변화 방향이 제시된 바 있다. 결국 석부가 전체적으로 길어지면서 구하부의 각도는 수직화되는데, 횡단면 변화상의 차이는 기준 설정이나 검토 대상이 다르기 때문에 발생한 현상일 뿐 큰 의미는 없다고 생각된다. 한편, 시기 파악이 가능한 것은 많지 않지만, 대동강유역의 특징적인 형식인 유단석부도 남한지역에서는 모두 후기에 출토되고 있다(孫晙鎬 2010b: 20). 이 밖에 남강유역 출토 편평편인석부의 분석 결과 평면 장방형에 단면 장방형 또는 말각방형, 평면 세장방형에 길이가 짧고 두꺼운 형식의 후기 출현이 새롭게 확인되었지만(全眞賢 2012: 39-40), 자료의 한계로 인하여 후기 내에서의 변화상은 잘 관찰되지 않는다.

이상의 연구 성과에 따라 석부류의 형식은 우선 양인류와 편인류로 대별한 후, 양인류는 다시 a. 단면방형양인석부(도 04-1), b. 단면원형양인석부(2), 편인류 가운데 주상편인석부를 a. (단순)주상편인석부(3), b. 유단석부(4), c-1. 구하부사선유구석부(5), c-2. 구하부수직유구석부(6)로 분류하였다. 양인석부 가운데 유견석부는 상기한 바와 같이 특징적인 지역성과 시간성을 갖고 있지만, 출토량이 2점에 불과하여 별도로 구분하지 않고 단면 방형계에 포함시켰다. 주상편인석부의 경우 구가

사진 04 석부 각종

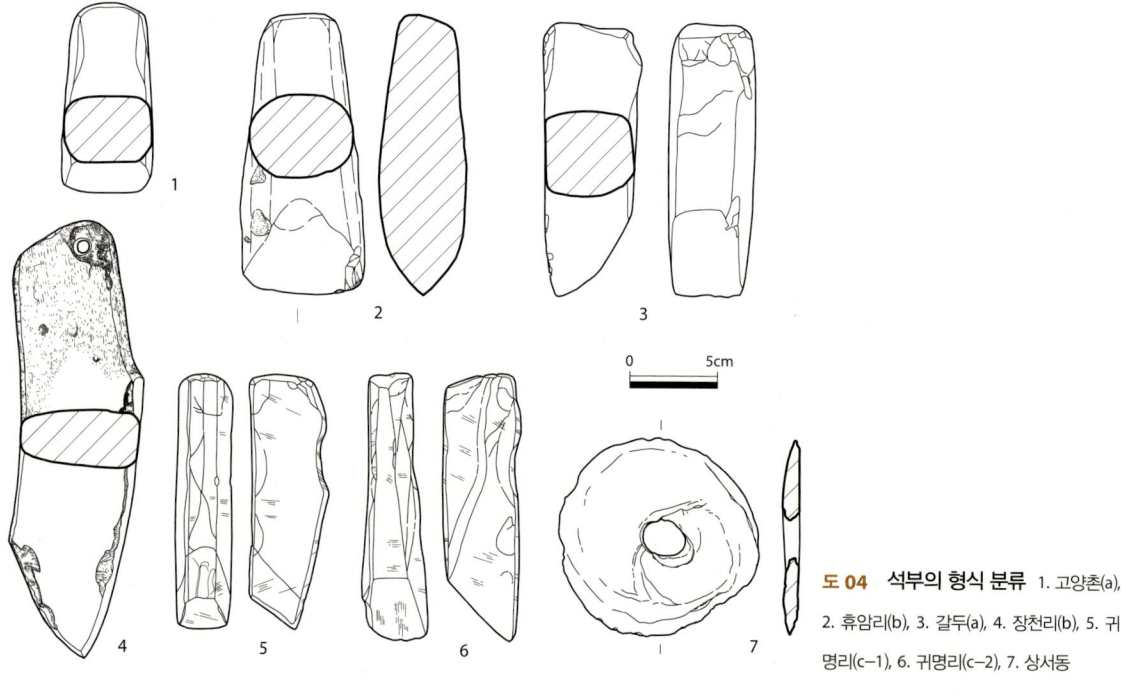

도 04 석부의 형식 분류 1. 고양촌(a), 2. 휴암리(b), 3. 갈두(a), 4. 장천리(b), 5. 귀명리(c-1), 6. 귀명리(c-2), 7. 상서동

없는 형식을 협의의 주상편인석부로 명명하였으며, 유구석부만 구하부 형태에 따라 세분하였다. 이 밖에 환상석부나 편인류 가운데 편평편인석부, 석착 등은 후기 내에서의 변화가 잘 관찰되지 않기 때문에 따로 세분하지 않았으나, 환상석부의 경우 전기와의 관련성이 짐작되어 존재 여부를 살펴보았다(7).

III. 공반 관계에 의한 변화상 검토

본 장에서는 앞에서 분류된 석기 형식의 공반 관계를 통하여 송국리문화 단계 석기의 전반적인 변화상을 살펴보고자 한다. 석기는 공반 관계가 불확실한 소수의 제작 및 폐기 관련 유구를 제외하면 대부분 주거지와 분묘에서 출토되고 있다. 그런데 분묘 부장품은 주거지 출토품에 비해 보다 확실한 공반 관계를 나타내며, 특히 석검의 경우 분묘에서만 확인되는 부장 전용 형식도 존재한다. 따라서 성격이 다른 분묘 부장품과 주거지 출토품을 함께 검토하는 것은 문제가 있다고 판단하여, 먼저 전자의 공반 양상을 살펴본 후 이를 후자의 분석 결과와 비교하고자 한다.

1. 분묘 부장품

검토 대상은 송국리문화의 주요 분포 지역인 호서, 호남, 영남의 분묘 가운데 부장품이 확인된 사례들이다. 그런데 영남의 울산, 경주, 포항 등지에는 송국리문화와 병행하는 시기에 분묘 축조 방식에서 차이를 보이는 소위 '검단리유형'이라는 독특한 지역 문화가 존재한다(裵眞晟 2005: 18). 따라서 영남지역 자료에서 이들을 제외시킬 필요가 있지만, 실제 본고에서 다루는 석검과 석촉이 공반된 해당 지역의 사례는 울산지역의 조일리 고분군 1호 지석묘(전호태 외 2013: 129), 길천유적 라지구 3호 지석묘(이일갑 외 2013: 310), 덕신리 572-6유적 1호 토광묘(이재흥 외 2011: 28)의 3례뿐이다. 결국 사례가 소수에 불과하며, 유구나 유물상에서 송국리문화 분묘와의 특별한 차이가 보이지 않는 점, 울산지역에서도 일부 송국리형 주거지가 확인되는 점 등을 감안할 때 검토 대상에 포함시켜도 문제가 없을 것으로 판단된다.

　송국리문화 단계의 분묘는 크게 석관묘, 석개토광묘, 옹관묘 등의 송국리형 묘제(金承玉 2001: 55)와 지석묘로 구분되며, 이들은 다시 분류 기준에 따라 다양한 세부 형식으로 나누어진다. 분류된 각각의 형식은 출토된 부장품을 볼 때 어느 정도의 시간성을 반영하는 것으로 생각되지만, 부장품이 없는 경우 분묘 형식만으로 시기를 상정하기에는 무리가 있다. 즉, 분묘보다는 부장품의 형식을 시기 판정에 결정적인 근거로 사용하기 때문에, 본고에서는 분묘 형식과의 관련성에 대해서는 다루지 않고자 한다. 한편, 석관묘는 송국리형 묘제 중 하나이면서 동시에 지석묘의 하부 구조로도 이용되어, 상석이 존재하지 않는 경우 양자를 구분하는 것도 쉽지 않은 일이다(孫晙鎬 2009b: 142).

　분묘에서 출토되는 유물은 시신과 함께 묻는 부장 유물과 시신을 안치하기 전·후에 행해지는 장송 의례 시 매납된 의례 유물로 구분된다(尹昊弼 2000: 51-52). 부장 유물은 다시 출토 위치에 따라 관내와 관외로 세분되기도 하는데(平郡達哉 2006: 280), 아무튼 이들은 대부분 폐기 동시성을 인정할 수 있어 공반 유물로 상정 가능하다. 그런데 매장주체부 외부의 적석이나 부석 시설에서 출토된 유물의 경우 무덤 축조 이후 후대의 제의와 관련될 가능성이 있다. 물론 진안 여의곡유적 20호 지석묘의 석촉과 같이 묘실 내부 부장품과 적석 출토품이 접합되는 사례도 있지만(金承玉·李宗哲 2001: 204), 대다수의 경우 공반 관계를 확증하기 어려우며 반대로 후대의 교란이 확실한 유물의 출토 사례도 다수 관찰된다. 따라서 이들은 공반 관계로 인정하지 않고자 하며, 이 밖에 무덤의 상부가 훼손된 경우 매장주체부 내부 발견품이라 하더라도 바닥면에서 확인되지 않는 한 후대의 유물이 혼입되었을 가능성을 감안하여 검토 대상에서 제외하였다.

청동기시대 분묘의 부장품으로는 석검과 석촉이 대표적이다. 후기 송국리문화 단계 역시 그러한데, 그 외의 유물로 적색마연원저호 등의 토기류, 석부·방추차 등의 석기류, 비파형동검·동촉 등의 동기류, 토제 어망추 등을 들 수 있지만 공반 사례는 모두 소수에 불과하다. 그나마 상대적으로 다수가 공반된 적색마연원저호의 경우 송영진(2006: 44)의 연구에 의하면 후기 내에서의 형식 변화가 거의 없는데, 긴 경부에 동체부로부터 길게 외반하는 형태가 후기 후반에만 보이고 있어 전반과의 구분을 가능하게 한다. 그러나 이러한 형식이 전기에 이미 존재하고 있기 때문에, 후기 내의 시기 구분에 적극적으로 활용하기는 어려울 것 같다. 다음으로 공반 사례가 많은 석부류의 경우도 시기와 관련된 세부 형식 파악이 가능한 것은 논산 마전리유적 KM-022호 석관묘 출토 주상편인석부(李弘鍾 外 2004: 61), 진안 여의곡유적 1호 지석묘 출토 구하부사선유구석부와 29호 지석묘 출토 단면원형 양인석부(金承玉·李宗哲 2001: 46·243)의 3점뿐이다(도 05-28~30). 마전리유적 출토품은 세장유경촉과, 여의곡유적 출토품은 각각 심부유단일단병식석검·세장유경촉, 심부유절일단병식석검과 공반한다. 나머지 석부류 중에서는 편평편인석부가 종종 부장품으로 관찰된다.[1]

결국 소수의 동기류와 상기한 3점의 석부를 제외하면 시간성을 파악할 수 있는 유물은 석검과 석촉밖에 없다. 따라서 이들의 공반 관계를 살펴보고자 하는데, 석검 1점과 석촉 다수가 공반하는 경우가 일반적이기 때문에 공반된 석기의 개체수보다는 형식 간의 공반 횟수가 양자의 관계를 나타내는 데에 유효하다고 판단된다. 석검끼리 공반된 경우는 소수에 불과하지만, 석검 형식의 시간성 파악에 중요한 근거가 되기 때문에 뒤에서 따로 언급하겠다. 석검 없이 석촉끼리 공반된 사례도 다

---

[1] 편평편인석부의 공반 사례로는 진안 망덕유적 가지구 1호 지석묘(湖南文化財硏究院 2002: 111), 청도 진라리유적 4호 지석묘(嶺南文化財硏究院 2005: 323) 등이 있다.

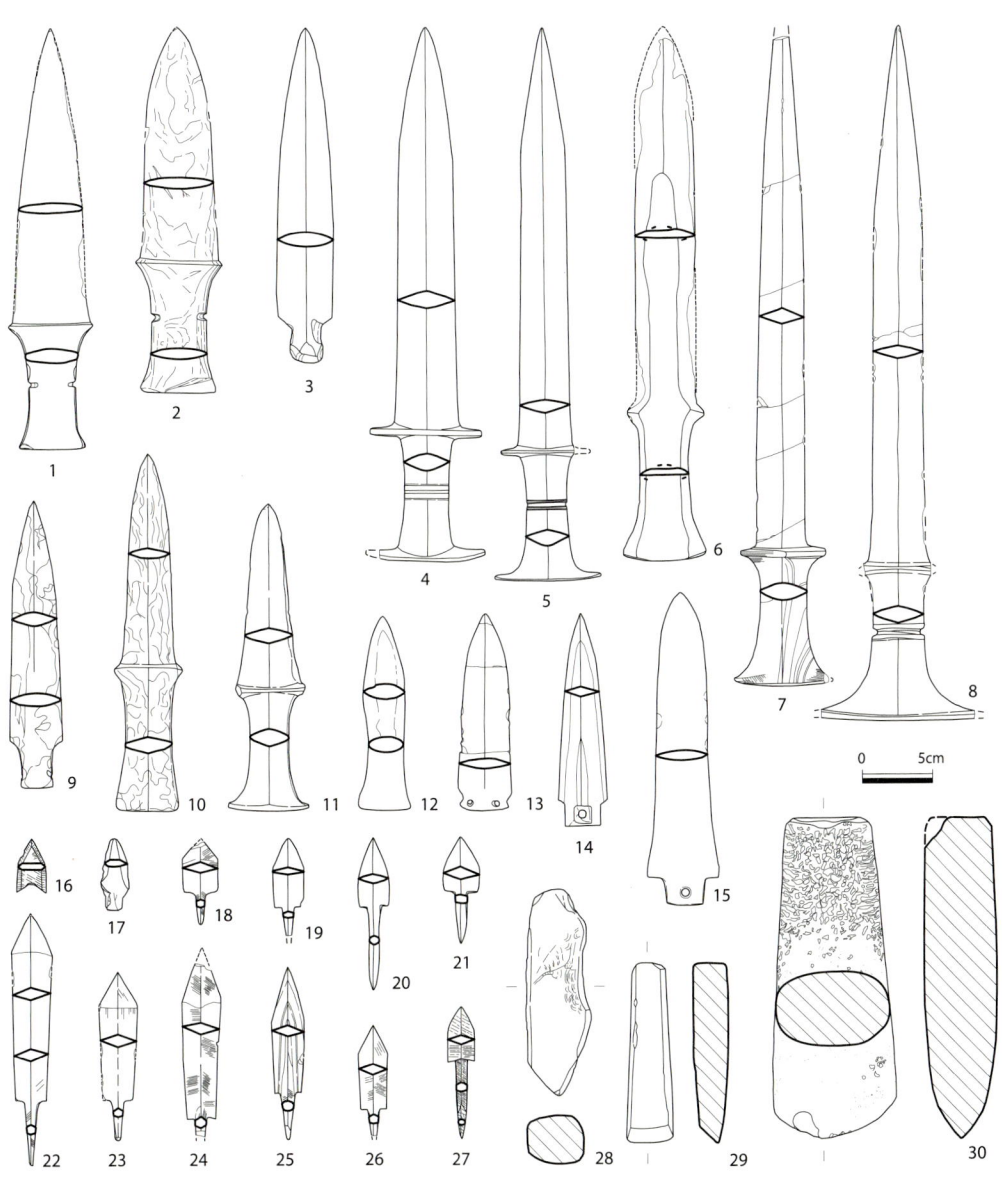

도 05 분묘 부장품 각종 1. 진라리, 2. 덕남리, 3~6. 가인리, 7~10·25. 율하리, 11·12. 관창리, 13. 오복동, 14. 현정리, 15. 우산리, 16. 덕천리, 17. 망덕, 18·19. 화리, 20·21. 대평리, 22·23. 망곡리, 24. 오곡리, 26. 전사포리, 27. 평촌리, 28·30. 여의곡, 29. 마전리

수 확인되는데, 석촉은 여러 형식이 함께 출토되는 경우가 많고 이러한 형식 간의 관련성은 석검 형식과의 공반 관계를 통해서도 어느 정도 파악할 수 있기 때문에 따로 구분하여 다루지 않았다. 이 밖에 석검이나 석촉이 일부만 잔존하여 형식을 상정하기 어려운 경우도 검토 대상에서 제외하였다.

　　석검과 석촉 형식의 공반 관계를 횟수로 나타낸 것이 **표 01**이다. 형식 간 공반 관계가 산출된 유적과 유구는 호서지역 15개 유적, 20기의 유구, 호남지역 11개 유적, 20기의 유구, 영남지역 46개 유적, 89기의 유구로, 총 72개 유적, 129기의 유구에서 석검과 석촉의 공반 관계가 확인되었다. 영남지역이 절대다수를 차지하는데, 이 지역에서 석검과 석촉의 부장이 가장 활발했음을 짐작할 수 있다. 이는 공반된 유구의 개수뿐만 아니라 유물의 부장 양상에서도 확인되는데, 청도 진라리유적 3호 지석묘(嶺南文化財硏究院 2005: 305)와 달성 평촌리유적 20호 석관묘(경상북도문화재연구원 2010: 117)에서 출토된 길이 60cm 이상의 초대형 석검이나 거창 대야유적 2호 지석묘(林孝澤 外 1987: 18-19)와 청도 화리유적 I구역 C군 3호 석관묘(韓國文化財保護財團 2013: 123)에서 출토된 30점이 넘는 석촉의 부장은 다른 지역에서 거의 관찰되지 않는 사례들이다. 한편, **표 01**의 공반 횟수 총계가 212회로 검토 대상 유구의 수보다 많은 것은 상기한 바와 같이 하나의 석검 형식에 여러 형식의 석촉이 부장된 경우 이를 각각의 공반 횟수로 계산하였기 때문이다.

　　먼저 주목되는 것은 청동기시대 전기에 주로 확인되는 형식인 이단경촉과 삼각만입촉의 공반

표 01 분묘 부장 석검과 석촉의 형식별 공반 횟수

석검	석촉	이단경촉 (a)	삼각만입촉 (b)	일단경촉(c) 관부예각 (1)	일단경촉(c) 관부직각 (2)	일단경촉(c) 관부둔각 (3)	일체형촉 (d)	세장유경촉 (e)	계
	유구병식(a)				2				2
유절병식 (b)	유단유절(1)	1	1	5	10	4		14	35
	단순유절(2)				4	4		8	16
일단병식 (c)	심부유단(1)	1	1	7	23	8	3	26	69
	심부유절(2)	1	2	5	16	15	7	27	73
	심부무단무절(3)						1	2	3
유경식 (d)	석창(1)				5	1		1	7
	양측결입(3)			1	3			3	7
	계	3	4	18	63	32	11	81	212

사례들이다. 공반 횟수는 많지 않지만 대부분이 제천 황석리유적 2·7호 지석묘(金載元·尹武炳 1967: 115-116)와 괴산 사창리유적 다-5지점 지석묘(충청북도문화재연구원 2012: 238-240)에서 확인된 것이다. 사실 양 유적은 호서지역에 속하지만 남한강유역에 자리하여 송국리문화와의 관련성은 크지 않다. 일찍이 송만영(2001: 93-94)도 황석리유적 분묘군의 장기 지속성을 언급한 바 있어, 이러한 사례들은 전기에서 후기로의 점진적인 변화상을 보여주는 것으로 이해하는 편이 좋다. 이들을 모두 제외하면 심부유절일단병식석검과 삼각만입촉의 공반 관계 2회만 남게 된다. 그런데 이에 해당하는 창원 덕천리유적 7호 묘(慶南大學校博物館 2013: 114)와 진안 망덕유적 가지구 1호 지석묘(湖南文化財研究院 2002: 111)에서 출토된 삼각만입촉은 모두 전기의 전형적인 형식과 차이가 있어(도 05-16·17),[2] 결과적으로 전기 형식의 석촉과 공반된 석검은 1점도 없는 셈이다.

석검에서 전기부터 확인되는 형식으로는 유구병식과 석창이 있다. 전자의 경우 청도 진라리유적 4호 지석묘(嶺南文化財研究院 2005: 323)와 함안 덕남리유적 A지구 1호 지석묘(海東文化財研究院 2013: 41)에서 세장한 관부직각일단경촉과 공반하는데(도 05-1·2), 전기의 유구병식에 비하여 구가 작은 것을 볼 때 퇴화형일 가능성이 있다(孫晙鎬 2008: 714). 후자인 석창 역시 관부직각일단경촉과 주로 공반하지만, 전자와 마찬가지로 공반 사례가 많지 않아 큰 의미를 부여하기에는 어려움이 있다. 단, 양자 모두 후기의 주거지에서 출토되지 않는 점, 다른 모든 석검 형식이 세장유경촉과의 공반 횟수가 가장 많은 것에 비해 양자만 그렇지 않은 점, 시기적으로 늦은 일체형촉과의 공반 사례가 전혀 없는 점 등을 볼 때 상대적으로 전기의 전통을 가진 부장 전용의 석검 형식으로 상정하는 것도 가능하다.

다음으로 유절병식석검과 일단병식석검의 관계를 보면, 전자가 일체형촉과 공반하지 않는다는 점에서 상대적으로 선행할 가능성이 있다. 유절병식 역시 상기한 유구병식, 석창과 마찬가지로 주거지에서 출토되지 않는 형식이다. 단, 전기에는 확인되지 않기 때문에 후기에 새롭게 등장한 부장 전용 형식이라 할 수 있으며, 형태상의 유사성을 근거로 금강-낙동강-강원지역의 광범위한 상호작용망이 상정되기도 하였다(張龍俊·平郡達哉 2009: 61-62). 유절병식 내에서의 변화는 단순유절병식의 경우 전기 형식인 이단경촉·삼각만입촉은 물론 관부예각일단경촉과의 공반 사례도 없다는 점에서, 이

---

[2] 덕천리유적 출토품의 경우 21호 묘에서도 유사한 형태의 삼각만입촉이 확인되어(慶南大學校博物館 2013: 138), 해당 유적의 특징적 형식일 가능성도 있다.

러한 공반상이 모두 확인되는 유단유절병식에 비해 상대적으로 늦은 것으로 판단된다.

가장 많은 공반 횟수를 나타내는 석검 형식은 일단병식석검 중에서 심부유단식과 심부유절식이다. 양자는 석촉의 모든 형식과 공반하고 있으며, 특히 세장유경촉과의 공반 횟수가 가장 많다. 심부유단식과 심부유절식을 비교해 보면 전자의 경우 관부직각일단경촉과의 공반 횟수가 관부둔각일단경촉보다 3배 정도 많은 데 반해, 후자는 관부직각일단경촉과 관부둔각일단경촉의 공반 횟수가 비슷하여 상대적으로 관부둔각일단경촉과의 공반이 많아졌음을 짐작할 수 있다. 또, 일체형촉과의 공반 횟수도 전자는 3회, 후자는 7회로 증가하여, 석촉 관부 형태의 둔각화라는 방향성을 인정할 수 있다면 석검 형식 또한 심부유단일단병식에서 심부유절일단병식으로의 변화를 상정하는 것이 가능하다. 일단병식의 또 다른 세부 형식인 심부무단무절식은 공반 횟수가 3회에 불과하여 구체적인 시간성을 이야기하기에는 무리가 있지만, 일체형촉·세장유경촉과의 공반만 확인되고 있어 상대적으로 늦은 시기에 해당할 가능성이 있다.

유경식 가운데 양측결입식도 공반 횟수가 소수에 불과하여 시간성을 단정하기는 어렵다. 한편, 하단돌출유경식은 석촉과의 공반이 확인되지 않아 검토 대상에서 제외한 것일 뿐, 실제 분묘에 부장되지 않은 것은 아니다. 결국 시기 판정이 어려운 양자를 제외하면 부장된 석검의 형식은 유구병식·석창 → 유단유절병식 → 단순유절병식 → 심부유단일단병식 → 심부유절일단병식 → 심부무단무절일단병식의 변화 방향을 상정하는 것이 가능하다. 이를 검증하기 위하여 앞에서 언급한 석검끼리의 공반 관계를 살펴보고자 한다. 같은 형식의 공반 사례를 제외하면 석창+단순유절병식(도 05-3·4), 유단유절병식+심부유절일단병식(7·8), 단순유절병식+심부무단무절일단병식(5·6), 심부유단일단병식+양측결입유경식(9·10), 심부유절일단병식+심부무단무절일단병식(11·12)의 5례가 확인된다.[3] 유구병식과 하단돌출유경식을 제외한 모든 석검 형식이 포함되는데, 이 가운데 심부유단일단병식+양측결입유경식을 제외한 나머지 사례들은 모두 조합된 두 형식 중 적어도 하나가 다른 형식 간 조합과 다시 공반하고 있다. 이러한 공반을 보이지 않는 심부유단일단병식 또한 위에서 단순유절병식과 심부유절일단병식의 사이에 위치시켰기 때문에 결과적으로 대부분의 석검 형식이 서로 공반하는 셈이

---

3 같은 형식의 공반 사례로는 영동 유전리유적 지석묘에서 심부유절일단병식석검 2점이 출토된 바 있다 (金元龍 1960: 129).

되며, 이는 석검 형식의 시기 차이가 크지 않고 서로 공존하는 단계가 존재함을 나타내는 결과라 하겠다.

아무튼 그렇다 하더라도 전장에서 언급한 석촉 형식과 석검 형식의 변화상이 부장품의 공반 관계를 통해서도 어느 정도 확인되고 있어, 경향성으로서의 변화 방향을 상정하는 것은 충분히 가능하다고 생각한다. 다만, 이에 부합하지 않는 형식으로 세장유경촉을 들 수 있다. 세장유경촉은 부장을 목적으로 특별히 제작된 형식으로, 기존 연구에서는 공통적으로 일단경촉 가운데 가장 마지막에 위치시키고 있다. 그러나 분묘에서의 공반 횟수를 보면 유구병식과 석창을 제외한 모든 석검 형식과 공반된 사례가 가장 많고, 이른 시기로 상정된 석창과 공반한 경우도 확인된다. 굳이 늦은 시기로 볼 만한 근거는 전혀 없기 때문에, 세장유경촉을 송국리문화의 이른 시기부터 늦은 시기까지 지속적으로 사용된 보편적인 부장 전용 형식으로 파악하는 편이 좋을 것 같다.

세장유경촉이 전국적으로 확인되는 부장 형식이라면, 영남지역의 분묘에서만 주로 발견되는 특이한 형태의 석촉들이 있다(도 05-18~27). 이들에 대해 별도의 형식을 부여하지 않아 본고의 분석

사진 05 세장유경촉(국립대구박물관 2005)

에서는 관부의 형태에 따라 분류하였지만, 경부가 지나치게 길거나 신부의 폭이 상대적으로 넓고 최대 폭이 신부 위쪽에 자리하는 형태 등은 다른 지역에서 관찰되지 않는 독특한 지역성을 보여준다.[4] 출토 맥락뿐만 아니라 형태상으로도 실용성은 높지 않은 것으로 판단되어, 세장유경촉과 함께 이용된 이 지역만의 부장 전용 형식이라 할 수 있다. 이 밖에 호남지역 부장품의 특징으로는 유경식석검에 구멍이 뚫린 사례가 상대적으로 다수 확인된다는 점을 들 수 있다(13~15). 호남지역 출토 주상편인석부 중에서도 구멍이 뚫린 사례들이 종종 관찰되는데(도 04-4), 천공과 관련한 이 지역만의 전통이 존재하였을 가능성도 있다.

2. 주거지 출토품

주지하다시피 주거지와 같은 생활 유구에서 출토된 유물이 점유 당시의 고고학적 맥락을 그대로 반영하는 경우는 거의 없다(金承玉 2000: 38). 더군다나 본고의 검토 대상인 송국리형 주거지는 전기 주거지에 비해 유물의 출토량이 적은 편이어서 분석에 더욱 어려움이 있다. 다량의 유물이 출토된 경우도 대다수가 바닥면에서 약간 뜬 상태로 확인되는데, 이에 대해 내부 평상 시설의 존재를 추정하여 폐기 동시성을 인정하거나(이홍종 2003: 128) 혹은 주거 폐기 이후 다른 용도의 전환 증거로 파악하여 동시성을 인정하지 않는 견해도 있다(양혜진 2011: 95-99). 그러나 바닥면 출토품이라 해도 반드시 폐기 동시성이 인정되는 것은 아니며(유병록 2004: 149), 대부분의 보고서에 유물의 출토 위치가 제대로 표현되지 않은 상황에서 소수의 바닥면 출토품만 분석에 활용할 경우 유물의 선별적 취급이 이루어질 가능성도 충분하다. 따라서 본고에서는 소속 시기에 약간의 불분명한 부분이 있다고 하여도 일단 주거지 출토품으로 보고된 유물 전체를 검토 대상으로 하였다.

분석은 머리말에 언급한 바와 같이 집성된 주거지 자료를 활용하였는데(김규정 2010; 배덕환 외 2010; 손준호 2010a; 양영주 2010), 자료집이 발간된 지 10여 년이 지나 새로운 조사 결과를 추가할 필

---

[4] 이러한 석촉이 공반 출토된 대표적인 사례로는 진주 대평리유적 옥방 2호 지석묘(文化財研究所 1994: 139), 함안 오곡리유적 12호 석곽묘(朴東百 外 1995: 65), 김해 율하리유적 A3-10호 묘(慶南發展研究院歷史文化센터 2009: 113), 달성 평촌리유적 3호 석관묘(경상북도문화재연구원 2010: 86), 마산 망곡리유적 8호 석관묘(우리文化財研究院 2010: 113), 밀양 전사포리유적 18호 묘(文栢成·鄭眞和 2011: 82), 청도 화리유적 I구역 A군 8호 석관묘(韓國文化財保護財團 2013: 75) 등이 있다.

요가 있다. 그러나 2010년 이후로 기존의 자료 집성에 큰 영향을 줄 만한 대규모의 송국리문화 관련 유적이 거의 조사되지 않았고, 몇몇 새로운 대형 취락의 보고 내용을 보더라도 유물의 출토량이 많지 않은 송국리형 주거지의 기본적인 특성상 자료 추가에 큰 의미는 없다고 판단된다. 따라서 여기서는 자료집에 수록된 송국리형 주거지만을 검토 대상으로 하였으며, 앞에서 다룬 분묘 부장품과 달리 분석에 있어서 2010년 이후의 최신 자료가 포함되지 않았다는 점을 미리 밝혀둔다.

송국리형 주거지에서 출토되는 유물은 거의 대부분이 토기와 석기이다. 일반적으로 편년의 기준이 되는 토기에 대해서는 일찍이 여러 연구가 있어 왔으며, 송국리형 외반구연토기의 외반도 증가(李弘鍾·許義行 2010: 122)와 저부 두께의 감소(黃在焄 2010: 37)라는 변화상도 제시된 바 있다. 그런데 이렇게 기형에 의한 형식학적 변화가 상정되는 이유는 전기와 달리 토기에 문양이 존재하지 않기 때문이다. 따라서 전기 토기는 일부 파편만 확인되어도 문양이 관찰되면 편년에 활용할 수 있는 반면, 송국리문화 단계의 후기 토기는 완형으로 출토되지 않는 한 세부적인 형식을 상정하기 어려운 경우가 대부분이다. 즉, 기존 연구에서 지적된 후기 토기의 변화상에 대해서는 경향성으로서 충분히 인정할 수 있으나, 실제 주거지에서 출토된 유물의 형식을 파악하는 것이 쉽지 않기 때문에 해당 유구나 공반 유물의 시기 판정에 적극적으로 활용하기에는 무리가 있다.

이와 같은 이유로 본고에서는 주거지 내에서 출토된 석기의 공반 관계를 먼저 살펴본 후, 그 결과를 주거형과 비교하여 전반적인 변화상을 상정하고자 한다. 송국리형 주거지에서 서로 다른 석기 형식 간의 공반 관계가 최소 1회 이상 확인되는 사례는 총 85기이다. 앞에서 분류한 석기 형식의 대부분이 주거지에서 출토되지만, 상기한 바와 같이 석검 가운데 유구병식, 유절병식, 석창은 확인되지 않는다. 이러한 공반 사례들에 대해 연속 분포의 원칙(李熙濬 1983: 140)에 따라 결실 자료[5]를 최소화하는 방식(安在晧 2014: 79)으로 순서배열을 시도하였다. 그런데 기본적으로 출토 유물이 적은 송국리형 주거지의 특성상 한 유구에서 공반된 형식의 수가 2개뿐인 경우가 대다수를 차지하여, 객관성 있는 배열이 이루어지기에는 자료상의 한계가 존재한다. 따라서 이를 보완하기 위하여 앞서 언급한 석기의 형식학적 변화상을 어느 정도 반영할 필요가 있다고 판단하였다.

이러한 과정을 통하여 완성된 순서배열 결과가 표 02이다. 이미 전제로서 석기의 형식학적 변천

---

[5] 실제 주거의 이용 시점에 존재하던 유물이 폐기 과정에서 유실된 경우가 많기 때문에 순서배열상에서 각 형식이 연속적으로 분포하지 않는 결과가 발생하는데 이를 결실 자료라 한다(安在晧 2014: 78).

표 02 송국리형 주거지 출토 석기 형식의 공반 관계

지역	유적명	유구번호	석겸 c1	석겸 c2	석겸 c3	석겸 d2	석겸 d3	석촉 a	석촉 b	석촉 c1	석촉 c2	석촉 c3	석촉 d	석촉 e	석도 a	석도 b	석도 c	석도 d	석도 e	석도 f1	석도 f2	석도 f3	양인석부 a	양인석부 b	편인석부 a	편인석부 b	편인석부 c1	편인석부 c2	환상석부
영남	진천동	1	•																										
호서	송월리	II-3		•				•																					
호서	관창리B	38		•				•																					
호서	자개리I	53							•																				
호서	자개리I	21							•		•																		
영남	대곡리A	5										•																	
영남	대평리어은2	35									•																		
영남	도항리	8													•														
영남	성덕	나-14										•																	
영남	갑두	2									•														•	•			
영남	관창리가	99										•																	
영남	관창리B	33									•	•																	
호서	동천동	320														•													
영남	가평리	94-1									•	•																	
호서	오석리	2									•	•																	
호서	부송동242-73	39										•																	
호서	대죽리	B-25															•	•											
호서	봉명동	4			•																								
호서	석곡리	22										•											•						•
호서	관창리B	7									•	•																	
호서	월기리	6										•																	
호서	주안리	4										•																	
호서	자개리II	14										•																	
호서	관창리B	7										•																	
호서	두계리	11										•																	
영남	신풍	가-14										•																	
영남	갑두	5										•																	
호서	원수리	15										•																	
영남	매아리	9										•																	
영남	이금동	10										•																	
영남	이금동	1-8										•																	
영남	안간리	14										•																	
영남	대평리옥방	33										•																	
영남	대평리옥방	1										•																	
영남	대평리옥방8	31										•																	
영남	대평리어은2	2										•											•						
호서	죽내리	가-13										•																	
호서	갑두	우아실1										•							•										•
호서	옥남리	40		•								•							•									•	
호서	관창리B	54										•							•										•

호서	영남	호남	호남	호서	호서	호서	호서	호남	호서	호서	호서	호서	영남	호서	호서	호서	호서	호남	호서	호서	호서	호남	영남	호서	호서	호서	호서	호서	호서	호서	호서	호서	호서	호서	호서	호서	호서	호서
송국리	대평리어방4	삼인리	장수동	송국리	송국리	송국리	성덕	장동	상서동	금계리	송국리	관창리B	관창리F	궁동	장천리	사월리	후암리	갈두리	효자동	증산리	부송동	이금동	대곡리	반곡리	도삼리	효자동	대평리어방1	자개리	시천리	송국리	자운동	영등동	신매	노매동신기	운곡동	봉선리	산정
55-5	14	10	3	50-1	55-6	55-4	5	1	3	8	55-1	86	25	8	2	4	7	3	I-7	7	1	2	27	1	3	I-4	1	8	4	55-7	1	1-14	2	2	II-45	1	21

195

관을 반영하여 조정된 배열이기 때문에, 이를 통해 석기 형식 간의 변화상이 입증되었다고 보는 것은 순환 논리의 오류에 해당한다. 또, 상기한 바와 같이 한 유구에서 확인되는 석기의 공반 관계가 많지 않아, 순서배열 표에 의한 상대 서열에 큰 의미를 부여하기에도 무리가 있다. 다만 경향성으로서의 변화 방향과 특정 형식의 등장 및 소멸 시점에 대한 대략적인 추정을 가능케 하는 정도로 이해하는 편이 바람직할 것 같다.

기종별로 세부 형식의 변화상을 살펴보면 먼저 석검의 경우 심부유단일단병식을 가장 이른 시기로 상정하였는데, 이는 공반되는 석도가 전기에 주로 확인되는 양변을 잘라 장방형에 가까운 주형(李亨源 2001: 134)에 해당하며 유물이 출토된 유구 또한 한쪽으로 치우친 중앙 토광을 제외하면 전기 주거지와의 유사성이 관찰되기 때문이다(배덕환 외 2010: 409). 주거지에서의 공반 사례는 이것 하나 밖에 없지만, 진안 여의곡유적 1호 지석묘에서 구하부사선유구석부와 공반된 것을 볼 때(金承玉·李宗哲 2001: 46) 어느 정도의 존속 기간을 인정할 수 있다. 심부유절일단병식도 이단경촉과의 공반과 함께 이형삼각형석도와의 공반도 확인되어 비교적 이른 시기에 등장하여 늦은 시기까지 이용되었음을 알 수 있다. 심부무단무절일단병식의 경우 단면원형양인석부와 공반하여 비교적 늦은 시기에 등장한 것으로 보이지만, 공반 사례가 하나에 불과하여 단정하기 어렵다. 유경식은 하단돌출식이 편주형석도, 예각삼각형석도 등과 공반하고 있어 상대적으로 늦은 시기까지 사용된 것으로 추정된다. 단, 양측결입식은 배열 표에서 석검 형식 가운데 가장 하단에 위치하지만, 관부둔각일단경촉과의 공반만 확인되어 하단돌출식에 비해 특별히 늦은 시기로 볼 만한 근거는 없다.

다음 석촉은 전기부터 존재하는 형식인 이단경촉과 삼각만입촉이 가장 이른 시기에 해당한다. 그런데 일찍 소멸하는 이단경촉과 달리 삼각만입촉은 둔각삼각형석도의 사용 시기까지 지속적으로 이용된다. 관부 형태에 따른 예각·직각·둔각일단경촉의 경우 일찍부터 함께 등장하지만, 관부예각이 삼각만입촉과 마찬가지로 둔각삼각형석도의 사용 시기까지 이용되어 상대적으로 일찍 소멸한다. 직각과 둔각일단경촉은 거의 모든 석기 형식들과 공반하며 가장 긴 존속 기간을 나타내는데, 특히 양자의 공반 관계가 가장 많이 확인되어 거의 시차 없이 동시에 이용된 것으로 판단된다. 이와 달리 일체형촉은 이형삼각형석도와 공반하는 늦은 시기에 등장하여 한정적인 시간 폭을 가진다. 단, 세장유경촉은 표에서 가장 아래쪽에 배열되어 있지만, 공반되는 형식이 모두 직각 및 둔각일단경촉이기 때문에 늦은 시기로 한정할 만한 근거는 없다. 전장에서 이른 시기부터 늦은 시기까지 지속적으로 이용된 부장 전용 형식으로 상정된 바 있는데, 주거지 출토품도 존속 시기는 크게 다르지 않을 것으로 추정된다.

　석도의 경우는 전기부터 사용되는 주형, 장방형, 즐형, 편주형을 앞선 단계에 해당하는 것으로 볼 수 있다. 순서배열 표에서는 이들 간에 선후 관계가 존재하는 것처럼 배열되어 있지만, 실제 공반 관계를 보면 이를 상정할 만한 근거는 없다. 후기의 표지 형식인 역제형은 단면원형양인석부와 함께 등장하는데, 단 하나의 사례에 불과하여 시기를 단정하기에는 무리가 있다. 석도 가운데 가장 많은 출토량을 보이는 삼각형은 먼저 이형삼각형이 심부유절일단병식석검과 공반되어 이른 시기로 상정되지만, 일체형촉과의 공반도 확인되어 비교적 시기 폭이 넓다고 할 수 있다. 이형삼각형의 경우 주형에서 삼각형으로의 과도기적 형태뿐만 아니라 사용과 재가공 과정에서 발생한 변이 형식일 가능성도 충분하기 때문에 이와 같은 공반상이 확인되는 것인지도 모르겠다. 다음 둔각과 예각삼각형을 비교하면 전자의 경우 삼각만입촉, 관부예각일단경촉과 공반하는 반면 후자는 일체형촉과 공반하여 상대적인 선후 관계를 짐작하게 한다. 그러나 둔각삼각형이 일체형촉과 공반되기도 하며 이형·둔각·예각삼각형이 하나의 주거지에서 출토된 사례도 있어, 삼각형석도 세부 형식이 공존하는 단계가 존재하였음을 실증적으로 보여준다.

　마지막으로 언급할 석부 가운데 양인석부와 환상석부는 모두 이른 단계에 존재하지 않지만, 전기부터 계속된 형식이기 때문에 실제로 사용되지 않았다고 보기 어렵다. 양인석부의 경우는 단면방형과 원형 모두 예각삼각형석도와 공반하여 비교적 늦은 시기까지 지속적으로 사용되었음을 알 수 있으며, 이는 둔각삼각형석도와 공반하는 환상석부 역시 마찬가지이다. 편인석부 중에서는 주상편인석부와 유단석부의 경우 관부직각 및 둔각일단경촉과의 공반만 확인되어 확실한 시간성을 파악하기 어렵지만, 구하부사선유구석부는 공반 관계를 통해 비교적 이른 즐형석도의 시기부터 이형삼각형석도를 사용하는 시기까지 이용되었음을 알 수 있다. 단, 순서배열 표에서는 구하부사선유구석부가 거의 가장 아래쪽까지 내려와 있는데, 이는 초기철기시대에 주로 확인되는 구하부수직유구석부와의 공반 사례 때문에 조정한 것일 뿐 실제 늦은 시기에 해당하는 다른 석기 형식과의 공반 관계는 관찰되지 않는다.

　이상과 같이 순서배열에 의한 석기 형식의 전반적인 변화 방향과 각 형식의 등장 및 소멸 시점, 존속 기간 등을 살펴보았다. 다음으로는 이렇게 상정된 석기 형식들이 주거 형식과 어떠한 상관 관계를 보이는지 검토해 보고자 한다. 주거형은 지금까지 대부분의 송국리문화 관련 연구에서 공통적

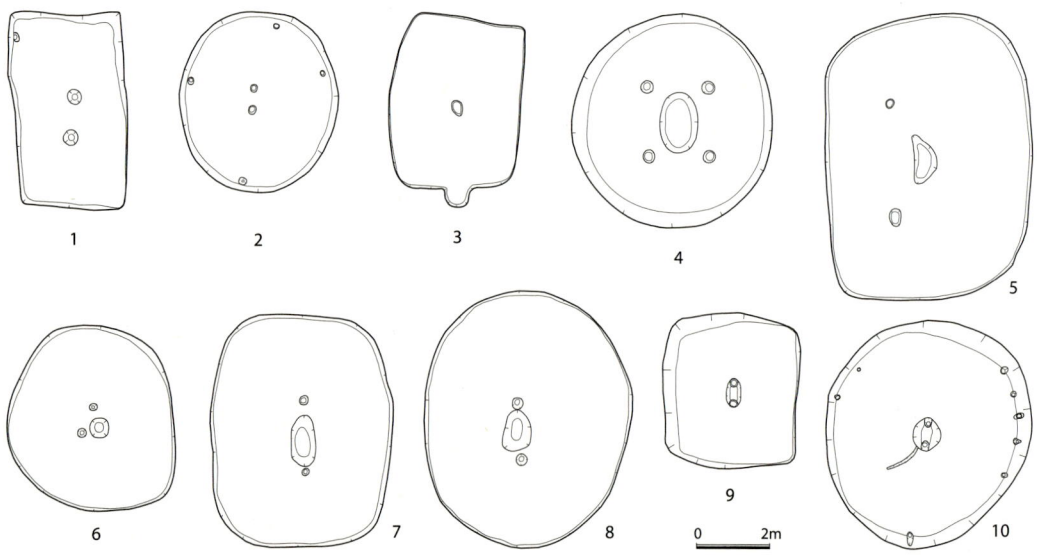

도 06 송국리형 주거지의 분류 1. 대평리(Ⅰa), 2. 동천동(Ⅱa), 3. 대곡리(Ⅰb), 4. 중인동(Ⅱb), 5. 대평리(Ⅰc), 6. 장대리(Ⅱc), 7. 대평리(Ⅰd), 8. 대야리(Ⅱd), 9. 자개리(Ⅰe), 10. 관창리(Ⅱe)

으로 주목하고 있는 세부 편년의 기준이다. 이는 토기에 문양이 없고 출토 유물이 많지 않기 때문에 어쩔 수 없이 선택한 일종의 고육지책이라 할 수 있다. 분류 방식과 선후 관계에 대한 다양한 견해가 제시되고 있는데, 본고에서는 기존 연구들에서 시간적인 의미를 가진 것으로 지적된 주거형을 선별하여 모두 10개의 형식으로 구분하였다. 먼저 평면형에 따라 방형(Ⅰ)과 원형(Ⅱ)으로 나눈 다음 중앙 토광과 중심 주공의 배치에 따라 세분하였으며(**도 06**), 중앙 토광 주변의 4각 구도 주공에 대해서는 해당 집단의 계층성을 반영하는 것으로 이해하는 견해(金正基 1996: 51)를 받아들여 세부 분류의 기준으로 삼지 않았다.

주거지의 형식 부여 및 설명 순서는 송국리형 주거지의 변화 과정을 가장 명료하게 보여주었다고 생각되는 소위 '반송리형'[6] 및 '하촌리형' 주거지의 변천 모식도를 참조하였다(김병섭 2011: 18; 이

---

[6] 실제 글에는 '반송리식'으로 명명되어 있지만, 형식 명칭의 통일성을 위해 본고에서는 '반송리형'으로 수정하였다. 뒤에 제시한 '오곡리형'과 '효자동형'도 마찬가지 이유로 '오곡리식'과 '효자동식'을 수정한 것이다.

형원 2006b: 186). 물론 이에 대해서는 반대 의견 또한 만만치 않으며(송만영 2010: 64-69), 필자 역시 이러한 견해를 그대로 따르고자 하는 마음은 전혀 없다. 다만 뒤에 언급하겠지만 형식 파악이 가능한 석기의 출토 사례가 특정 주거 형식에 편중되어 있어 중앙 토광 및 양 주공의 배치에 따라 구분된 주거형과는 특별한 상관성을 찾을 수 없기 때문에, 편의적으로 이와 같은 순서를 받아들인 것뿐이다. 즉, 아래의 형식별 설명 순서에 시간적인 의미는 없다는 점을 분명히 해두고자 한다.

먼저 평면 원형에 토광 없이 양 주공만 배치된 형태는 '동천동형(Ⅱa)'이라 하는데(유병록 2002: 246), 이에 대해 내부 시설 배치는 같지만 평면이 방형인 경우를 '방형계 동천동형(Ⅰa)'으로 부르기도 한다(김병섭 2011: 5). 다음으로 내부에 중앙 토광만 존재하는 평면 방형 주거지를 '하촌리형(Ⅰb)', 평면 원형 주거지를 '효자동형(Ⅱb)'으로 명명한 바 있다(金奎正 2013: 89; 김병섭 2011: 8). 세 번째, 주거지 중심부에 양 주공, 중앙을 벗어난 위치에 토광이 배치된 형태는 '반송리형(Ⅰc·Ⅱc)'이라 하는데, 이는 평면 방형과 원형을 모두 포괄하는 개념이다(이형원 2006b: 187). 네 번째는 중앙 토광 외부에 양 주공이 배치된 형태로 주거지 평면이 방형이면 '대평리형(Ⅰd)', 원형인 경우는 '오곡리형(Ⅱd)'으로 각각 상정된 바 있다(안재호 2001: 378; 유병록 2009: 46). 그리고 마지막 다섯 번째는 중앙 토광 내부에 양 주공이 배치된 형태로 평면 형태에 따라 방형은 '휴암리형(Ⅰe)', 원형의 경우만을 좁은 의미의 '송국리형(Ⅱe)'으로 구분하여 부르는 사례가 증가하고 있다(김승옥 2006: 35; 釜山廣域市立博物館福泉分館 1998: 89-90). 한편, 중앙 토광과 양 주공의 위치 관계가 애매한 경우도 있는데, 본고의 검토에서는 이러한 세분에 큰 의미가 없어 임의로 양 주공 가운데 하나라도 중앙 토광과 완전히 분리된 경우는 대평리형 또는 오곡리형에, 그렇지 않고 양 주공이 중앙 토광과 겹친 경우는 휴암리형 또는 송국리형에 각각 포함시켰다.

이상과 같이 분류된 주거형에 따라 석기의 각 형식이 출토되는 횟수를 나타낸 것이 표 03이다. 앞에서 제시한 표 02의 경우 순서배열에 활용하기 위해 서로 다른 석기 형식의 공반 횟수가 적어도 1회 이상 존재하는 것을 대상으로 하였는데, 표 03은 주거지 형식과의 관계를 살펴보기 위한 것이기 때문에 주거형이 불분명한 사례를 제외하고 형식 파악이 가능한 석기가 1점이라도 출토되면 검토 대상에 모두 포함시켰다. 하나의 주거지에서 동일한 석기 형식이 여러 점 출토된 경우는 출토 점수에 관계없이 1회로 상정하였으며, 이와 달리 하나의 주거지에서 다양한 형식의 석기가 확인된 경우는 각각의 조합을 1회씩으로 계산하였다.

사진 06 도삼리유적 송국리형 주거지(李弘鍾 外 2005)

    표를 보면 일단 출토 횟수가 소수에 불과하여 석기 형식과의 관계를 상정하기 어려운 주거형으로 동천동형과 반송리형을 들 수 있다. 이를 제외하고 석기 형식의 출토 횟수가 적은 주거형부터 살펴보면, 먼저 하촌리형의 경우 관부직각일단경촉의 출토 사례가 가장 많은 반면 효자동형에서는 관부둔각일단경촉의 출토가 가장 많고 하촌리형에는 없는 일체형촉, 둔각 및 예각삼각형석도, 단면원

표 03 주거형별 석기 형식의 출토 횟수

주거형식	석검					석촉							석도								양인석부		편인석부				환상석부
	c			d		a	b	c			d	e	a	b	c	d	e	f			a	b	a	b	c		
	1	2	3	2	3			1	2	3								1	2	3					1	2	
Ⅰa							1	1																				
Ⅱa							1	1							1													
Ⅰb					1			3	1					1										1				
Ⅱb								2	4	1												1	1	1		1	1	
Ⅰc								1																				
Ⅱc								1																				
Ⅰd	1			1				15	7		1		4		2				1	1	1			1		1	1	
Ⅱd		1					2	14	13		2		3	1	1					2	1					3		
Ⅰe						2	10	39	18	1	1					1			4	5	2	2	3	1	5	4		1
Ⅱe		4	2	6	3	2	2	3	39	68	3	3				3			5	10	11	3	9	1	1	18	2	2

형양인석부, 구하부수직유구석부 등이 확인되어 상대적으로 늦은 시기에 해당함을 짐작할 수 있다. 다음으로 대평리형과 오곡리형은 다른 석기 형식에서 큰 차이가 없지만 관부둔각일단경촉의 경우 전자에 비해 후자가 2배 정도 출토 횟수가 많아 상대적으로 늦은 시기에 해당할 가능성이 있다. 마지막 휴암리형과 협의의 송국리형 주거지에서는 다수의 석기 형식이 출토되고 있다. 이 가운데 주목되는 관계는 송국리형에서만 확인되는 다수의 석검 형식들, 휴암리형에서 삼각만입촉의 출토 횟수가 많은 데 반해 송국리형에서는 관부둔각일단경촉이 다수를 차지하는 점, 송국리형에서 둔각 및 예각삼각형석도의 출토 횟수가 상대적으로 많은 점, 휴암리형에서 유단석부의 출토 횟수가 다수인 반면[7] 송국리형에서는 단면원형양인석부와 구하부사선유구석부의 출토 횟수가 많고 휴암리형에 없는 구하부수직유구석부가 새롭게 등장하는 점 등이다.

---

[7] 앞에서는 유단석부의 공반 관계가 불분명해 시간적 위치를 판단하는 데에 어려움이 있었으나, 휴암리형 주거지에서 주로 출토된다는 점을 보면 후기의 이른 시기에 해당하여 유구석부보다 시간적으로 앞설 가능성이 높다.

이상 각 주거 형식별로 출토된 석기 형식의 횟수를 비교한 결과, 출토 횟수가 적어 의미를 부여할 수 없는 것들을 제외한 모든 주거형에서 평면 형태에 따라 방형 → 원형의 선후 관계가 확인된다. 결국 중앙 토광 등의 내부 시설 배치에 따라 설정된 세부 주거형보다는 주거지의 평면 형태에 더 많은 시간성이 포함되어 있다고 생각된다. 이는 내부 시설에 의해 구분된 각 주거형이 어느 정도의 지역성을 반영한다고 보았던 기존의 견해(李健茂 1992: 924)와 부합하는 내용이라 하겠다. 방형의 평면형이 원형보다 이르다는 것, 특히 휴암리형과 송국리형의 선후 관계에 대해서는 중복 축조된 사례를 통하여 대체적으로 전자에서 후자로의 방향성이 인정되고 있다(나건주 2009: 69). 물론 이러한 주장은 대부분 역삼동문화가 성행했던 지역의 자료에 근거하고 있을 뿐 금강 중하류나 영산강 일대에는 적용되지 않는다는 견해도 있다(김승옥 2006: 42-43).

본고의 분석 대상인 송국리형 주거지 집성 자료에 의하면 휴암리형 → 송국리형의 중복 사례는 호서지역에서 11건,[8] 호남지역에서 5건, 영남지역에서 3건이 확인된다. 그 반대의 중복 관계는 호남지역에서만 5건이 확인될 뿐 다른 지역에서는 전혀 관찰되지 않는다. 물론 여기에는 방형인지 원형인지 구분이 애매한 소위 '말각형(庄田愼矢 2007: 24)'도 존재하지만, 그렇다고 방형에서 원형으로의 일반적인 선후 관계를 부정할 수 있을 정도로 주거지 형태가 불분명한 것은 아니다. 그런데 사실 이보다 더 두드러지는 양상은 전체 조사된 주거지 수에 비해 양자가 중복 축조된 경우가 소수에 불과하다는 점이다. 아무튼 사례가 적다고는 하지만 호남지역을 제외한 다른 지역에서 일관되게 방형이 앞서는 중복 관계만 확인된다는 점은 무시할 수 없는 고고학적 현상임이 분명하다. 이러한 경향성이 석기 형식과의 비교를 통해서도 동일하게 확인되었다는 점 또한 앞으로 충분히 고려해볼 만한 분석 결과라 생각한다.

---

[8] 검토 대상 가운데 계룡 입암리유적 9호 주거지(송국리형)와 7호 주거지(휴암리형)는 도면상 전자가 선행하는 것으로 표현되어 있으며(忠淸南道歷史文化硏究院 2008: 43), 이를 기존의 선후 관계 설정에 반하는 자료로 제시한 논고도 발표된 바 있다(明承烈 2014: 82). 그러나 보고서의 유구 설명이나 고찰을 보면 7호가 9호보다 앞서 축조된 것으로 기술되어 있어(忠淸南道歷史文化硏究院 2008: 45·288), 보고서의 도면에 오류가 있었을 가능성이 높아 보인다.

IV. 변화의 획기와 단계 설정

앞에서 살펴본 석기 형식의 전반적인 변화 양상과 형식별 존속 기간 등을 참조하여 변화의 획기와 단계를 설정해 보겠다. 그런데 앞에서 계속 언급한 바와 같이 분묘 부장품은 석검과 석촉의 특정 형식에 한정되며, 주거지 출토품의 경우 유물이 많지 않아 서로 다른 형식 간의 공반 사례가 적은 편이다. 이러한 자료의 기본적인 한계로 인해 석기 간의 형식 조합을 근거로 획기를 나누는 것은 무리이다. 또, 특별히 기존에 존재하지 않던 새로운 기종도 보이지 않기 때문에, 송국리문화 단계에 새롭게 출현한 형식을 획기로 삼아 단계를 설정하였다.

후기의 대표적인 표지 형식으로는 일단병식석검, 유구석부, 삼각형석도 등을 들 수 있다. 이들은 모두 남한지역을 분포의 중심으로 하여 해당 지역에서 발생하였을 가능성이 높다(孫晙鎬 2006a: 46). 물론 특정 형식의 성행 지역을 무조건 발생지와 동일시하는 것은 문제가 있으며(庄田愼矢 2007: 12), 북한지역에서 종종 관찰되는 유구석부의 경우 기원지를 북쪽에서 찾고자 하는 시도도 꾸준히 이루어지고 있다(朴淳發 2004: 53; 李亨源 2011: 65). 그러나 북한지역 출토품은 구하부수직의 늦은 형식에 해당하는 것이 다수를 차지하기 때문에, 이러한 자료를 상대적으로 이르게 볼 수 있는 근거는 단지 북쪽에서 확인된다는 지리적 위치뿐이다.

일단병식석검의 발생은 석검의 기능이 유력자의 상징성을 주로 나타내다가 점차 의례적 성격으로 변화(朴宣映 2004: 88)하는 과정에서 비교적 단순한 형식으로의 변형이 이루어진 것으로 추정된다. 또, 유구석부는 구가 첨가됨으로써 자루 장착 시의 안정성이 강화된 주상편인석부의 가장 발달된 형태라 할 수 있다(裵眞晟 2000: 85). 삼각형석도의 발생에 대해서도 일찍부터 양쪽 면을 모두 사용하기 위한 개량(崔淑卿 1960: 35), 제작의 간략화(金元龍 1963: 141), 날의 사용 면적을 최대화하기 위한 고안(安承模 1985: 54) 등으로 설명된 바 있다. 결국 이 세 가지 석기 형식은 송국리문화를 중심으로 하는 남한지역의 후기 사회에서 당시의 시대적 요구에 따라 자체 개발한 발명품으로 볼 수 있다. 단, 각 석기 형식의 분포 범위에는 차이가 있는데, 유구석부가 압록강유역에서까지 확인되는 반면 일단병식석검은 대동강유역과 원산만 일대, 삼각형석도는 북한강유역 출토품이 가장 북쪽에 해당한다.[9]

---

[9] 압록강유역의 유구석부는 원하리유적에서(김례환 1959: 88), 대동강유역과 원산만 일대의 일단병식석검

이러한 현상은 각 기종이 함의하는 내용의 차이를 반영하는 것으로, 유구석부의 경우만 유독 기원지를 북한지역에서 찾게 된 원인도 여기에 있다.

　이상의 세 가지 형식 가운데 일단병식석검은 분묘 부장품에서 확인된 바와 같이 거의 송국리문화의 전 시기에 걸쳐 이용되기 때문에 획기를 나누기 위한 기준 형식으로 삼기에는 무리가 있다. 따라서 유구석부와 삼각형석도의 출현을 기준으로 유구석부 등장 이전의 1단계, 유구석부 등장 이후의 2단계, 삼각형석도가 등장하는 3단계로 구분하였다. 먼저 1단계에는 부장 전용 석검 형식으로 유구병식과 석창, 유절병식이 이용되었으며, 심부유단 및 심부유절일단병식은 분묘와 주거지 모두에서 확인된다. 석촉은 이단경촉, 삼각만입촉, 관부예각·직각·둔각일단경촉, 부장품으로서의 세장유경촉이 사용되는데, 이 중 이단경촉은 1단계에만 존속한 것으로 추정된다. 석도는 전기부터 존재하던 주형, 장방형, 즐형, 편주형이 계속 잔존하지만, 그들 사이의 선후 관계는 확인할 수 없다. 양인석부와 환상석부도 전기부터 지속적으로 사용되며, 편인석부류는 주상편인석부와 유단석부가 확인된다.

　다음으로 2단계가 되면 유구석부가 새로운 형식으로 등장한다. 석검 가운데 유구병식과 석창은 이 단계에는 사용되지 않았을 것이며, 유절병식은 계속 부장 전용 형식으로 이용된다. 심부유단일단병식의 경우 구하부사선유구석부와의 공반 사례를 볼 때 이 단계까지 이용되었음을 알 수 있으며, 심부유절일단병식도 계속 사용된다. 또, 분묘에서 단순유절병식과 공반된 심부무단무절병식이 확인되어, 2단계에 처음 등장한 형식으로 상정할 수 있다. 하단돌출 및 양측결입유경식도 새롭게 출현하는데, 후자의 경우 심부유단일단병식과의 공반 부장을 통해 같은 단계의 등장이 짐작된다. 석촉은 이단경촉이 사라지지만 1단계부터 이용되었던 삼각만입촉, 관부예각·직각·둔각일단경촉, 세장유경촉이 계속 사용된다. 석도의 경우 1단계 사용 형식 가운데 즐형과 편주형만이 각각 유구석부, 하단돌출유경식석검과 공반하여 2단계까지의 존속을 나타낸다. 이 밖에 역제형석도는 시기 판정이 가능한 공반 관계가 확인되지 않지만, 주형으로부터의 변화 가능성(孫晙鎬 2002: 121)을 인정하여 같은 단계로 판단하였다. 석부류는 양인석부와 환상석부가 계속 이용되며, 편인석부는 구하부사선유

은 송신동 지석묘와 토성리유적에서 각각 출토된 바 있다(석광준 1974: 98; 황기덕 1957: 65). 전형적인 삼각형 교차편인 석도가 비송국리문화권에서 확인된 사례는 북한강유역 화천 거례리유적 14호 주거지 출토품이 유일하다(예맥문화재연구원 2013: 248).

표 04 단계별 석기 형식의 존속 기간

석기 형식			1단계	2단계	3단계
석검		유구병식(a)	●		
	유절병식(b)	유단유절(1)	●	●	
		단순유절(2)	●	●	
	일단병식(c)	심부유단(1)	●	●	●
		심부유절(2)	●	●	
		심부무단무절(3)		●	●
	유경식(d)	석창(1)	●		
		하단돌출(2)		●	●
		양측결입(3)		●	●
석촉		이단경촉(a)	●	●	
		삼각만입촉(b)	●	●	●
	일단경촉(c)	관부예각(1)	●	●	●
		관부직각(2)	●	●	●
		관부둔각(3)	●	●	●
		일체형촉(d)			●
		세장유경촉(e)			●
석도		주형(a)	●	●	
		장방형(b)	●	●	
		즐형(c)	●	●	
		편주형(d)	●	●	
		역제형(e)		●	
	삼각형(f)	이형(1)			●
		둔각(2)			●
		예각(3)			●
석부	양인	단면방형(a)	●	●	
		단면원형(b)	●	●	
	편인	주상편인(a)	●		
		유단(b)	●		
	유구(c)	구하부사선(1)		●	●
		구하부수직(2)			●
		환상	●	●	

구석부만 확인된다.

　　마지막 3단계에는 삼각형석도가 처음으로 출현한다. 석검 중 유절병식이 완전히 사라지고, 분묘에서 일체형촉과 공반하는 심부유단·심부유절·심부무단무절일단병식과 하단돌출 및 양측결입유경식이 남게 된다. 석촉의 경우 2단계에도 사용되었던 삼각만입촉, 관부예각·직각·둔각일단경촉, 세장유경촉이 계속 존속하는데, 이 중 삼각만입촉과 관부예각일단경촉이 상대적으로 먼저 소멸한다. 그리고 3단계의 새로운 형식으로 화살대와의 결박 방식에 획기적인 진전을 가져온 일체형촉이 등장한다(安在晧 2009a: 11). 석도는 삼각형만이 확인되는데, 이형 → 둔각 → 예각의 순으로 등장하지만 세 형식이 하나의 주거지에서 출토되기도 한다. 단, 주형의 경우 공반 사례는 확인되지 않지만, 앞서 언급한 바와 같이 초기철기시대까지 잔존하는 것을 볼 때(이석범 2015: 138) 소수나마 이 단계까지 사용되었을 가능성이 있다. 석부의 경우 1단계부터 이용된 양인석부와 환상석부가 3단계까지 계속되며, 유구석부의 경우 구하부사선에 더하여 초기철기시대의 형식으로 알려져 있는 구하부수직이 출현한다. 이상의 단계별 석기 형식의 존속 기간과 공반 양상을 간단하게 정리한 것이 **표 04**이다.

V. 맺음말

이상과 같이 송국리문화 석기의 편년에 대하여 분묘 부장품과 주거지 출토품의 공반 관계를 통해 살펴보았으며, 그 결과 각 석기 형식의 변화 양상과 존속 기간 등을 파악할 수 있었다. 그러나 앞에서 반복적으로 언급한 바와 같이 기본적으로 유물의 출토량이 많지 않아, 공반 관계만으로 객관적인 분석 결과를 제시하기에는 어려운 점이 있었다. 이를 보완하기 위하여 기존 연구에서 공통적으로 지적되어 온 형식학적 변천관을 반영하여 해석에 활용하였는데, 이 때문에 본고에서 제시한 변화상 또한 기존 분석의 틀에서 크게 벗어나지 못한 한계가 분명히 존재한다. 따라서 어느 정도의 경향성으로서 분석 결과를 이해하는 것이 바람직하다.

　　석기 변화의 획기는 새로운 형식의 출현을 기준으로 삼았는데, 유구석부 등장 이전의 1단계, 유구석부 등장 이후의 2단계, 삼각형석도가 등장하는 3단계로 구분하였다. 먼저 1단계에는 전기에 없던 새로운 석기 형식이 다수 출토되지만, 전기부터 사용되던 형식도 상당수 관찰되어 전기적 전통이 남아있는 단계라 할 수 있다. 다음 2단계에는 유구석부와 함께 심부무단무절병식석검, 하단돌출 및 양측결입유경식석검, 역제형석도 등이 새롭게 등장하는데, 1단계에 사용되던 석기 형식이 대부분 지속되지만 몇몇 형식은 급격히 감소한 것으로 추정된다. 마지막 3단계에는 삼각형석도가 등장하면서 다른 석도 형식들이 대부분 소멸되며, 일체형촉과 구하부수직유구석부가 처음으로 출현한다.

 이러한 석기 양상에서 가장 먼저 주목되는 것은 석기의 기능 발달이나 제작의 단순화라는 방향으로 변화가 진행된다는 점이다. 사실 이는 전기부터 이어져 온 변화 방향이지만, 후기로 한정하여 보더라도 전자의 대표적인 사례로 주상편인석부 → 유구석부, 후자의 사례로 유절병식석검 → 일단병식석검, 그리고 양자를 모두 보여주는 사례로 주형석도 → 삼각형석도를 들 수 있다. 이 가운데 목재 가공구인 유구석부는 목제 농구와 논농사의 관계를 생각할 때(根木修 1976: 110-111) 삼각형석도와 함께 농경 관련 도구로 상정되며, 그러하다면 이 두 형식을 후기의 농경 발달과 더불어 당시 사회의 요구에 의해 개발된 송국리문화의 자체 발명품으로 보는 것도 가능하다. 또, 일단병식석검과 삼각형석도에서 확인되는 제작의 단순화는 대량 생산을 가능케 하는 측면도 있어 사용량이 증가하였음을 나타내며, 대량 생산 체제의 확립을 의미하기도 한다(손준호 2010c: 56). 한편, 일체형촉은 주요 분포 지역이나 소속 시기 등을 볼 때 송국리문화에서 발생한 것은 아니라고 생각되지만, 앞에서 언급한 바와 같이 결박 방식에 있어서 진전된 형식일 가능성은 충분하다. 그리고 이러한 형식이 삼각형석도와 같은 단계에 등장한다는 것은 농경의 발달과 더불어 증대된 생산물을 차지하기 위한 전쟁의 질적 변화(손준호 2011: 19), 혹은 해로운 동물 제거(곽종철 2003: 448)나 대체 자원으로서의 수렵 증가를 반영하는 현상일 수도 있다.[10]

 송국리문화의 석기 변화상에서 두 번째로 주목되는 것은 새로운 형식의 등장이 동시에 이루어지지 않는다는 사실이다. 즉, 송국리문화의 석기 변화는 형식학적으로나 공반 관계를 통해 볼 때 전기 형식으로부터 점진적으로 진행되었으며, 새로운 기종의 등장이나 새로운 형식이 일시에 나타나는 현상은 관찰되지 않는다. 이와 같은 석기 형식의 점진적인 변화와 새로운 형식의 단계적 등장은

---

10 일체형촉의 등장 시점과는 차이가 있지만, 김범철(2013: 74)은 송국리문화의 이른 단계에 논농사의 적극적인 확산과 더불어 이행기의 일시적인 불안정성을 극복하기 위한 대체 자원 개발 전략의 일환으로 수렵의 비중이 높아졌을 가능성을 제기한 바 있다.

전기로부터의 계기적 발전을 주장하는 송국리문화 자체 발생설을 지지하는 결과로도 해석할 수 있다. 그러나 비슷한 시기에 주민 이주에 의한 외래 기원 문화의 사례로 인정되는 일본열도 야요이 문화와 한반도 점토대토기문화에서도 재지적인 전통이 유지되는 합인석부(下條信行 2002: 150)와 유구석부(朴辰一 2007: 90) 등이 존재하는 것을 볼 때, 석기와 같은 특정 유물의 분석만으로 해당 문화의 기원 문제를 단정하기는 어렵다.

하지만 확실한 외래 기종이나 형식이 석기 가운데 전혀 확인되지 않는 것은 외래 기원설을 지지하는 것도 주저하게 만든다. 상기한 두 가지 이주 모델에서는 소위 대륙계 마제석기라 불리는 한반도계 석기들(下條信行 1995: 2)과 삼각무경촉(崔盛洛 1982: 55) 등의 외래 기원 형식이 확실히 존재한다. 그러나 세부적으로는 고고학적 현상에 있어서 양자의 차이가 관찰되는데, 이는 원거주 집단 또는 이주 집단의 성격, 이주 경로, 이주 규모, 이주 방식, 주변 환경 등에 따라 다양한 이주 모델이 상정될 수 있음을 나타낸다. 따라서 송국리문화는 또 다른 이주의 형태에 해당할 가능성도 있으며, 한편으로는 아직 밝혀지지 않은 기원지에서의 새로운 조사 성과에 의해 현재 자체 발생품으로 간주되는 형식이 외래 기원품으로 수정될 가능성도 배제할 수 없다. 결국 특정 고고학적 요소만을 강조하여 외래 기원인지 자체 발생인지를 상정하는 것은 무의미한 소모적 논쟁이 될 수 있기 때문에, 송국리문화의 발생에 대해서는 관련 유구와 유물의 세밀한 분석과 함께 기원지로 추정되는 지역의 고고학적 상황 등을 종합적으로 살펴볼 필요가 있다.

참고문헌

慶南大學校博物館, 2013, 『德川里』.
慶南發展硏究院歷史文化센터, 2009, 『金海 栗下里遺蹟』Ⅱ.
경상북도문화재연구원, 2010, 『달성 평촌리·예현리유적』.
곽종철, 2003, 「가야의 생업」, 『가야 고고학의 새로운 조명』, 혜안.
국립대구박물관, 2005, 『사람과 돌』, 특별전.
金權中, 2004, 「北漢江流域 靑銅器時代 住居類型과 中期 設定 試論」, 『文化史學』 22.
김규정 편, 2010, 『송국리형주거지 집성』Ⅲ, 서경문화사.

金奎正, 2013, 『湖南地域 靑銅器時代 聚落 硏究』, 慶尙大學校大學院 博士學位論文.

김례환, 1959, 「의주군 원하리에서 원시유적 발견」, 『문화유산』 2.

金旼志, 2012, 『靑銅器時代 開始期의 漢江 中上流地域 石器 樣相』, 嶺南大學校大學院 碩士學位論文.

金範哲, 2013, 「청동기시대 前-中轉移期 生計經濟戰略의 추이」, 『湖南考古學報』 44.

김병섭, 2011, 「南江流域 下村里型住居址에 대한 一考察」, 『慶南硏究』 4.

金承玉, 2000, 「호남지역 마한 주거지의 편년」, 『湖南考古學報』 11.

金承玉, 2001, 「錦江流域 松菊里型 墓制의 硏究」, 『韓國考古學報』 45.

김승옥, 2006, 「송국리문화의 지역권 설정과 확산과정」, 『湖南考古學報』 24.

金承玉·李宗哲, 2001, 『如意谷遺蹟』, 全北大學校博物館.

金元龍, 1960, 「永同 楡田里 支石墓의 特異構造와 副葬品」, 『歷史學報』 12.

金元龍, 1963, 「靈岩郡 月松里의 石器文化」, 『震檀學報』 24.

金壯錫, 2003, 「충청지역 송국리유형 형성과정」, 『韓國考古學報』 51.

김장석, 2009, 「호서와 서부호남지역 초기철기-원삼국시대 편년에 대하여」, 『湖南考古學報』 33.

金載元·尹武炳, 1967, 『韓國支石墓硏究』, 國立博物館.

金正基, 1996, 「靑銅器 및 初期鐵器時代의 竪穴住居」, 『韓國考古學報』 34.

羅建柱, 2005, 「中西部地方 松菊里類型 形成過程에 대한 檢討」, 『錦江考古』 2.

나건주, 2009, 「송국리유형 형성과정에 대한 검토」, 『고고학』 8-1.

董眞淑, 2001, 「半月形石刀의 一考察」, 『博物館硏究論集』 8, 釜山博物館.

明承烈, 2014, 「호서지역 청동기시대 중기 물질문화의 다양성 검토」, 『湖西考古學』 31.

文栢成·鄭眞和, 2011, 『密陽 前沙浦里遺蹟』, 東西文物硏究院.

文化財硏究所, 1994, 『晋陽 大坪里遺蹟』.

朴東百·金亨坤·崔憲燮·兪炳一·朴文洙, 1995, 『咸安 梧谷里遺蹟』, 昌原大學校博物館.

朴美賢, 2008, 『有柄式 磨製石劍의 展開와 地域性 硏究』, 釜山大學校大學院 碩士學位論文.

朴宣映, 2004, 『南韓 出土 有柄式 石劍 硏究』, 慶北大學校大學院 碩士學位論文.

朴淳發, 2004, 「遼寧 粘土帶土器文化의 韓半島 定着 過程」, 『錦江考古』 1.

朴智熙, 2007, 『남한지역 유구석부의 형식변화와 실험고고학적 방법에 의한 기능변화 추론』, 漢陽大學校大學院 碩士學位論文.

朴辰一, 2007, 「粘土帶土器, 그리고 靑銅器時代와 初期鐵器時代」, 『韓國靑銅器學報』 1.

배덕환·이해수·이도현·유병록 편, 2010, 『송국리형주거지 집성』 II, 서경문화사.

裵眞晟, 2000, 『韓半島 柱狀片刃石斧의 硏究』, 釜山大學校大學院 碩士學位論文.
裵眞晟, 2005, 「檢丹里類型의 成立」, 『韓國上古史學報』 48.
배진성, 2012, 「柱狀片刃石斧와 有溝石斧의 再檢討」, 『청동기시대 석기의 편년』, 한국청동기학회 석기분과 워크샵.
釜山廣域市立博物館福泉分館, 1998, 『晋州 貴谷洞 대촌遺蹟』.
석광준, 1974, 「오덕리 고인돌 발굴보고」, 『고고학자료집』 4.
孫晙鎬, 2002, 「韓半島 出土 半月形石刀의 變遷과 地域相」, 『先史와 古代』 17.
孫晙鎬, 2006a, 「北韓地域 靑銅器時代 磨製石器의 變化相」, 『湖西考古學』 14.
孫晙鎬, 2006b, 『韓半島 靑銅器時代 磨製石器 硏究』, 高麗大學校大學院 博士學位論文.
손준호, 2007, 「마제석촉의 변천과 형식별 기능 검토」, 『한국고고학보』 62.
孫晙鎬, 2008, 「朝鮮半島における磨製石劍の展開と起源について」, 『地域·文化の考古學』, 下條信行先生退任記念論文集.
孫晙鎬, 2009a, 「湖西地域 磨製石劍의 變化相」, 『湖西考古學』 20.
孫晙鎬, 2009b, 「湖西地域 靑銅器時代 墓制의 性格」, 『先史와 古代』 31.
손준호 편, 2010a, 『송국리형주거지 집성』 V, 서경문화사.
孫晙鎬, 2010b, 「遼東·韓半島の石斧」, 『季刊考古學』 111.
손준호, 2010c, 「청동기시대 석기 생산 체계에 대한 초보적 검토」, 『湖南考古學報』 36.
손준호, 2011, 「청동기시대 전쟁의 성격」, 『고고학』 10-1.
손준호, 2018, 「한중일 반월형석도 비교 연구」, 『韓國靑銅器學報』 22.
宋滿榮, 1995, 『中期 無文土器時代 文化의 編年과 性格』, 崇實大學校大學院 碩士學位論文.
宋滿榮, 2001, 「南韓地方 農耕文化形成期 聚落의 構造와 變化」, 『한국 농경문화의 형성』, 제25회 한국고고학전국대회.
송만영, 2010, 「중부지방 청동기시대 중기 편년의 재검토」, 『中央考古硏究』 7.
송만영, 2012, 「강원 영서, 영동지역 청동기시대 편년 병행 관계」, 『崇實史學』 29.
宋永鎭, 2006, 「韓半島 南部地域의 赤色磨硏土器 硏究」, 『嶺南考古學』 38.
沈奉謹, 1989, 「日本 彌生文化 初期의 磨製石器에 대한 硏究」, 『嶺南考古學』 6.
安承模, 1985, 『韓國 半月形石刀의 硏究』, 서울大學校大學院 碩士學位論文.
安在晧, 1991, 『南韓 前期無文土器의 編年』, 慶北大學校大學院 碩士學位論文.
안재호, 2001, 「無文土器時代의 對外交流」, 『港都釜山』 17.

安在晧, 2009a, 「靑銅器時代 泗川 梨琴洞聚落의 變遷」, 『嶺南考古學』 51.
安在晧, 2009b, 「南韓 靑銅器時代 硏究의 成果와 課題」, 『동북아 청동기문화 조사연구의 성과와 과제』, 학연문화사.
安在晧, 2014, 「檢丹里遺蹟 再考」, 『韓國靑銅器學報』 14.
양영주 편, 2010, 『송국리형주거지 집성』 Ⅳ, 서경문화사.
양혜진, 2011, 「청동기시대 송국리문화 취락의 폐기 양상 연구」, 『韓國靑銅器學報』 8.
嶺南文化財硏究院, 2005, 『淸道 陳羅里遺蹟』.
예맥문화재연구원, 2013, 『華川 居禮里遺蹟』.
우리文化財硏究院, 2010, 『馬山 網谷里遺蹟』.
유병록, 2002, 「고찰」, 『大邱 東川洞 聚落遺蹟』, 嶺南文化財硏究院.
유병록, 2004, 「수혈건물지 조사방법론 Ⅱ」, 『嶺南文化財硏究』 17.
유병록, 2009, 「慶尙 南海岸의 松菊里文化」, 『제주도 송국리문화의 수용과 전개』, 제3회 한국청동기학회 학술대회.
尹昊弼, 2000, 『銅劍墓와 그 被葬者의 性格에 관한 硏究』, 慶南大學校大學院 碩士學位論文.
李健茂, 1992, 「松菊里型 住居分類試論」, 『擇窩許善道先生停年紀念 韓國史學論叢』, 一潮閣.
이동희, 2010, "호서와 서부호남지역 초기철기-원삼국시대 편년"에 대한 반론」, 『湖南考古學報』 35.
李錫凡, 2012, 「磨製石鏃을 통한 嶺南地域 住居址의 編年」, 『韓國靑銅器學報』 10.
이석범, 2015, 「영남지역 점토대토기 단계의 마제석기 변화상」, 『韓國靑銅器學報』 17.
이일갑·노재헌·김동규·윤성현·김병표, 2013, 『울산 길천유적』, 동양문물연구원.
이재흥·김광옥·한선영·김현주, 2011, 『울주 덕신리 572-6 유적』, 울산발전연구원문화재센터.
李宗哲, 2006, 「쌍미늘 石槍 小考」, 『硏究論文集』 7, 호남文化財硏究院.
李亨源, 2001, 「可樂洞類型 新考察」, 『湖西考古學』 4·5.
李亨源, 2006a, 「弓洞 靑銅器時代 聚落의 編年 및 性格」, 『弓洞』, 忠南大學校博物館.
이형원, 2006b, 「천천리 취락의 편년적 위치 및 변천」, 『華城 泉川里 靑銅器時代 聚落』, 한신대학교박물관.
李亨源, 2011, 「中部地域 粘土帶土器文化의 時間性과 空間性」, 『湖西考古學』 24.
이홍종, 2003, 「忠南地域 松菊里型 住居址의 調査成果와 課題」, 『충청학과 충청문화』 2.
이홍종, 2006, 「무문토기와 야요이 토기의 실연대」, 『한국고고학보』 60.
李弘鍾·朴性姬·李僖珍, 2004, 『麻田里遺蹟』, 高麗大學校埋藏文化財硏究所.
李弘鍾·孫晙鎬·趙은지, 2005, 『道三里遺蹟』, 高麗大學校考古環境硏究所.

李弘鍾·許義行, 2010, 「湖西地域 無文土器의 變化와 編年」, 『湖西考古學』 23.

李熙濬, 1983, 「形式學的 方法의 問題點과 順序配列法의 檢討」, 『韓國考古學報』 14·15.

林孝澤·郭東哲·趙顯福, 1987, 『居昌·陜川 큰돌무덤』, 東義大學校博物館.

張龍俊·平郡達哉, 2009, 「有節柄式 石劍으로 본 無文土器時代 埋葬儀禮의 共有」, 『한국고고학보』 72.

전미영, 2009, 『청동기시대 영남지역 마제석부 연구』, 영남대학교대학원 석사학위논문.

全眞賢, 2012, 『南江流域 無文土器時代 扁平片刃石斧 研究』, 慶南大學校大學院 碩士學位論文.

전호태·김영민·신준섭·이아진·윤효정·김현철, 2013, 『울산 조일리 고분군』 II, 울산대학교박물관.

崔盛洛, 1982, 『韓半島 磨製石鏃의 一考察』, 서울大學校大學院 碩士學位論文.

崔淑卿, 1960, 「韓國摘穗石刀의 研究」, 『歷史學報』 13.

崔承熙, 2004, 『韓半島 出土 環狀·多頭石斧 研究』, 釜山大學校大學院 碩士學位論文.

忠淸南道歷史文化研究院, 2008, 『鷄龍 立岩里遺蹟』.

충청북도문화재연구원, 2012, 『괴산 학생중앙군사학교부지 내 유적』.

韓國文化財保護財團, 2013, 『淸道 華里遺蹟』.

海東文化財研究院, 2013, 『咸安 德南里遺蹟』.

湖南文化財研究院, 2002, 『망덕유적』.

황기덕, 1957, 「두만강류역과 동해안일대의 유적조사」, 『문화유산』 6.

黃在焄, 2010, 「湖西-湖南地域 松菊里式 土器의 時·空間性」, 『한국고고학보』 77.

황재훈, 2012, 「섬진강유역 지석묘의 전개과정」, 『韓國上古史學報』 75.

황창한, 2012, 「청동기시대 마제석촉의 지역성 연구」, 『야외고고학』 13.

根木修, 1976, 「木製農耕具の意義」, 『考古學研究』 22-4.

石毛直道, 1968, 「日本稻作の系譜(上)」, 『史林』 51-5.

庄田愼矢, 2007, 『南韓 靑銅器時代의 生産活動과 社會』, 忠南大學校大學院 博士學位論文.

平郡達哉, 2006, 「慶南地域 無文土器時代 棺外 副葬行爲에 관한 一考」, 『石軒鄭澄元敎授 停年退任記念論叢』, 釜山考古學研究會.

下條信行, 1995, 「大陸系磨製石器の時代色と地域色」, 『考古學ジャーナル』 8.

下條信行, 2002, 「北東アジアにおける伐採石斧の展開」, 『韓半島考古學論叢』, すずさわ書店.

3부

송국리문화의 역동성

이홍종 | 한반도 농경문화의 완성
이홍종 | 일본 야요이 문화의 원류

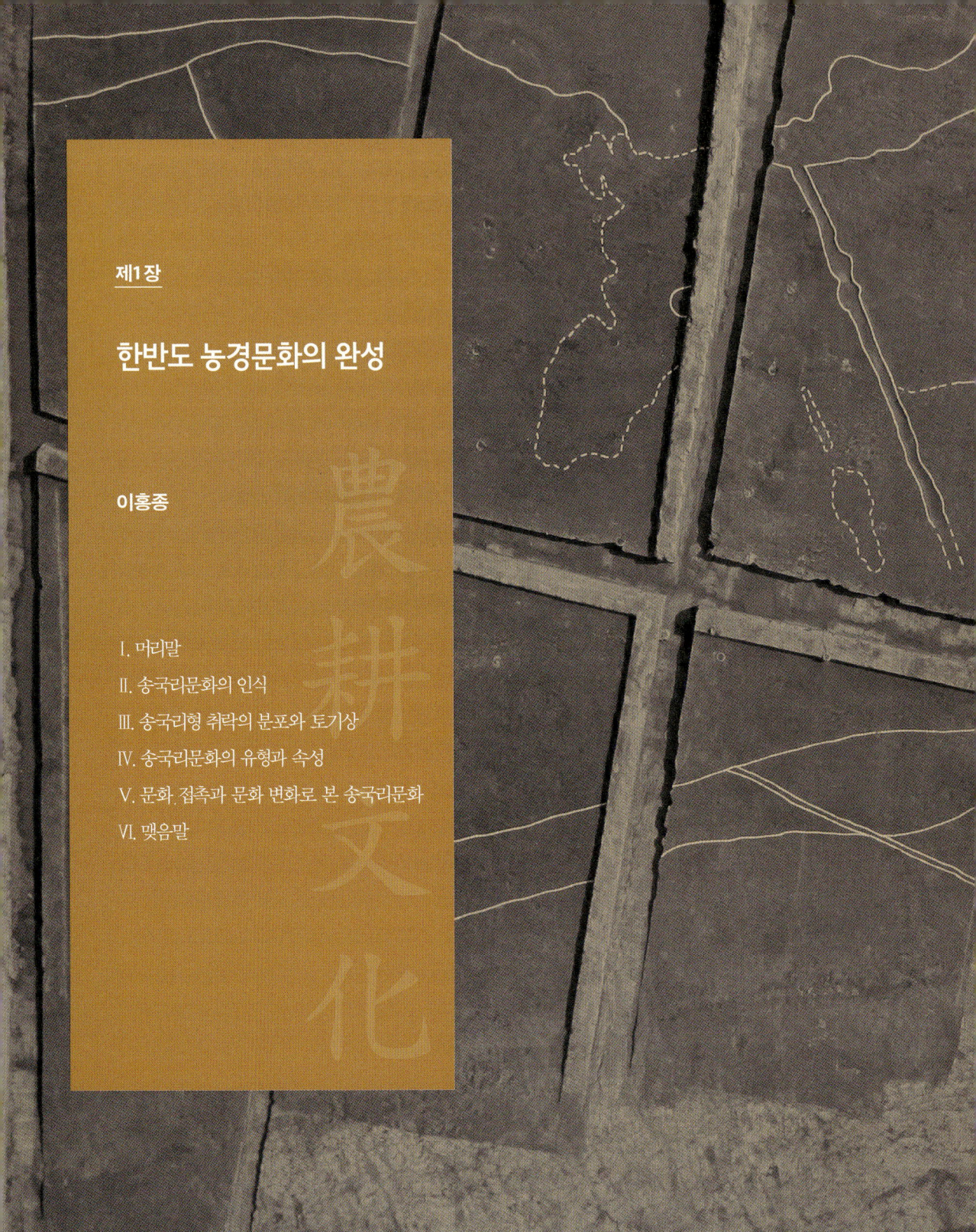

제1장

한반도 농경문화의 완성

이홍종

I. 머리말
II. 송국리문화의 인식
III. 송국리형 취락의 분포와 토기상
IV. 송국리문화의 유형과 속성
V. 문화 접촉과 문화 변화로 본 송국리문화
VI. 맺음말

I. 머리말

우리나라 남한지역의 청동기시대는 사회·경제적 변화라는 측면에서 볼 때, 크게 전기와 후기로 구분된다. 전기는 역삼동식과 가락동식 토기로 대표되며, 후기는 송국리식 토기와 점토대토기가 주류를 이룬다. 물론 점토대토기를 송국리식 토기에 후속하는 양식으로 보아 전·중·후기로 구분하기도 하지만, 최근의 조사 성과에서 점토대토기의 출현과 전개 시기가 송국리문화 단계와 거의 평행하였음이 드러나고 있다. 따라서 점토대토기 단계를 송국리문화에 후속하는 시기로 설정할 것이 아니라 전·후기의 구분에서 후기에 속하는 지역적 혹은 계통적 차이를 갖는 토기 문화로 인식하는 것이 바람직하다.

주지하는 바와 같이 송국리문화라 함은 새로운 농경 기술의 전개 과정과 그 맥을 같이 한다. 따라서 취락의 입지도 전기 무문토기 단계와는 다른 양상을 보여주고 있으며, 새로운 토기 양식의 확산이 나타난다. 여기서 새로운 토기 양식이라 함은 외반구연 자비용 토기의 일반화와 새로운 제작 기법인 타날 기법의 등장을 의미한다(深澤芳樹·李弘鍾 2005). 취락의 입지에 있어서도 해안과 내륙의 구분 없이 대체로 곡부가 잘 발달되어 있는 지형을 선택하는 경향이 강하다. 물론 이 시기의 모든 취락이 이와 같은 양상으로 전개된 것은 아니다. 충남지역에서도 서해안지역과 내륙지역의 취락 경관은 사뭇 다르다(이홍종 2003: 128-130). 이와 같은 취락 경관과 토기에서 나타나는 지역적 차이는 새로운 농경문화의 확산 및 기존 문화와의 접촉 과정에서 발생한 현상이라 여겨진다.

따라서 본고에서는 남한지역 청동기 문화의 획기를 이루는 송국리문화가 지역별로 어떻게 전개되어 갔는지를 이 시기 충남지역의 취락과 토기의 변화에서 찾아보고, 그러한 현상이 어떠한 문화 접촉과 문화 변동으로 말미암은 것인지에 대해 추론해 보고자 한다.

II. 송국리문화의 인식

송국리문화에 대한 연구는 주거지, 토기, 석기를 비롯한 유물, 묘제, 경제 활동 등 전반에 걸쳐 이루어져 왔지만, 송국리문화의 복합적인 실체를 파악하고자 하는 연구는 아직 미미한 편이다. 그럼에도 몇몇 연구자에 의해 송국리문화의 실체를 파악하고자 하는 시도가 진행되어 왔다. 이에 송국리문화의 실체를 파악하고자 시도했던 연구의 대강을 살피고, 그것이 갖는 문제점을 제시함으로써 필자 나름대로의 송국리문화에 대한 인식을 피력해 보고자 한다.

　우선 안재호(1992, 2004)는 전기의 대표적인 역삼동유형에서 변화·발전하여 송국리유형의 모체가 형성되었다고 판단하고, 송국리유형이 본격적으로 전개되기 직전 단계를 선송국리유형으로 설정하고 있다. 이러한 견해는 일차적으로 역삼동식에서 어떠한 속성이 어떻게 변화되기 시작하여 송국리식으로 완성되었는지를 증명해야만 한다. 또한 이차적으로는 양 문화의 계기성이 인정되어야 하는데, 이를 위해서는 취락을 구성하는 주거지, 묘제, 생산 활동과 관련된 제반 시설 등 문화 복합적인 측면에서의 연속성이 매우 중요하다.

　그런데 역삼동유형의 토기에서 어떻게 변화되어 선송국리 → 송국리식 토기로 완성되었는지에 대한 구체적인 지적이 미흡하다. 안재호가 설정한 선송국리유형은 역삼동식과 송국리식의 중간 단계, 즉 주거지는 송국리형이지만 토기는 역삼동식이 공반되는 유형을 시기적인 차이점으로 인식한 데서 출발하고 있다. 이처럼 선송국리유형이 역삼동식에서 변화하였다고 한다면, 역삼동식 주거형과는 전혀 다른 송국리형 주거지가 역삼동 집단에 의해서 새롭게 등장한 배경이 우선적으로 설명되어야 한다. 최근 송국리식 토기, 석추, 덮개형 가마, 독립 동지주 건물, 절굿공이, 옹관묘, 수전 도작 등의 외래 기원을 인정하는 수정안이 발표되기도 하였지만(安在晧 2019), 주거형의 변화에 대해서는 여전히 재지 전통을 주장하고 있다.

　송만영(2001, 2004)은 송국리유형을 가락동유형에서 변화한 것으로 상정하고, 안재호의 선송국리유형은 송국리유형과의 문화 접변으로 인하여 나타난 지역적 양상으로 파악하고 있다. 즉, 금강유역에서 가락동유형의 후기 단계에 송국리유형이 등장하면서 점차 가락동유형이 소멸하는 것으로 보았다. 그 증거로는 가락동유형의 늦은 단계 유적에서 가락동유형의 말기적 요소와 함께 송국리유형의 초기 요소가 나타난다고 보고, 가락동유형에서 점진적으로 송국리유형이 발생하였다는 설을 제기하였다. 그리고 가락동유형의 집자리인 가오동 4호 주거지, 신대동 4호 주거지 출토의 외반구연토기를 송국리식 토기로 인식하고, 이 유적들의 절대연대 측정치인 기원전 10~9세기를 송국리유형의 초현 시기로 파악하고 있다.

　이러한 설정은 가오동유적에서 송국리형 주거지가 공존한다는 점을 하나의 정황적 증거로 삼고 있는데, 그러나 이곳의 송국리형 주거지는 인근의 대정동유적과 비슷한 단계에 속하는 것으로 가락동식 주거지와는 시기 차이가 매우 크다. 참고로 대정동유적 송국리형 주거지의 절대연대치는 연대 눈금 맞춤 결과 기원전 650~450년이 가장 안정적인 것으로 나타나고 있다. 한편, 천안 인근의 선송국리유형의 유적들은 금강 중하류의 송국리유형이 주변으로 확대되면서 문화 접변을 일으켜 발생한 것으로 보고, 천안 백석동유적의 상한과 송국리유형의 발생을 동일 시기의 지역 차로 설정하였다. 위와 같은 송만영의 가설은 선송국리유형이 역삼동유형에서 가락동유형으로 대체되었을 뿐, 안재호의 논리와 큰 차이가 없다.

김승옥(2001, 2006)은 큰 틀에서는 송만영의 논지에 동조하지만, 역삼동유형이나 가락동유형에서 송국리식 토기가 출토되는 것 모두가 같은 문화 접변의 소산 가능성이 크다는 견해를 제시하고, 지역적 편년이 이루어진 다음 선송국리유형의 설정 문제가 재검토되어야 한다는 신중한 입장을 취하고 있다.

김장석(2003, 2006)은 충청 북부 백석동유적의 전기 무문토기 집단이 해체되면서 선송국리유형이 산발적으로 나타나다가 다시 서해안과 금강 중하류에 집중화되면서 등장한 것을 송국리유형으로 해석하고 있다. 그리고 백석동유적의 해체는 인구 과밀로 인한 경제적 요인에서 기인한 것으로 보고 인구 분산의 시기에 나타난 과도기적 단계를 선송국리유형으로 설정하고 있는데, 역삼동유형에서 선송국리문화가 발생하였다고 보는 점은 안재호의 견해와 다름이 없다. 단지 인구 과밀로 인한 경제적 요인, 인구 분산, 인구의 재집중 등 사회·경제적인 측면에서 이해하고자 한 점은 상당히 신선하다 할 수 있지만, 자의적 해석에 치우친 듯한 느낌을 준다. 그는 금강 중하류 및 서해안 일대에서 수도작 농경이 본격적으로 시작되면서 많은 노동력의 확보가 필요하자 그에 수반하여 다시 인구 집중화가 이루어졌으리라 추정하고 다음과 같은 자료를 증거로 제시하고 있다.

① 선송국리식 방형 주거지와 송국리식 원형 주거지 간의 중복 관계에 있어서 선송국리식이 앞선다.
② 선송국리식의 분포가 매우 넓은 점으로 보아 동시에 비슷한 문화가 전국에서 다발적으로 완성되어 갔다.
③ 선송국리식 주거지의 고고학적 양상은 매우 다양하다.

사진 01 백석동유적 전경(李南奭 外 1998)

    이처럼 선송국리유형이 송국리유형에 앞선다는 것을 증명하여 금강유역으로 인구 집중화가 이루어지면서 완성된 것이 송국리유형이라는 점을 주장하고자 하였지만, 실제로는 소위 선송국리유형의 지역적 다양성만 인정한 셈이다. 또한 백석동의 송국리형 주거지를 백석동 전체 주거지의 맥락에서 이해하고, 백석동이 해체되면서 주거지의 평면과 토기 구연부의 형태 변화가 발생하여 선송국리유형이 탄생하는 것으로 보고 있다. 즉, 모든 유형의 유구·유물들이 백석동의 해체와 궤를 같이 한다고 주장하면서 선송국리유형과 송국리유형의 시간적 선후 관계가 구체적으로 설정될 수 있는 이유를 다음과 같이 제시하고 있다.

    ① 선송국리문화가 전기 무문토기와 송국리유형의 중간적 형태를 갖고 있다.

② 선송국리문화의 주거지, 토기, 토기 구성의 점진적 변화가 인정된다.
③ 충청지역에서 선송국리문화의 다양성이 인정된다.
④ 각지에서 발견되는 방형 주거지와 원형 주거지의 중복 관계 등으로 보아 선송국리를 거쳐 송국리유형으로 변화되었다.

그러나 제시된 증거들은 선송국리에서 송국리로의 점진적 변화에 대한 구체성이 결여된 정황적 증거일 뿐이다. 송국리유적의 방형과 원형 주거지 모두에서 외반구연호가 중심이 되는 것은 이른 시기부터 송국리적인 기종 구성과 기형이 등장한 것으로 파악한 반면, 관창리유적의 방형과 원형 주거지에서 보이는 토기 구성상의 차이는 시기 차로 인정하는 등, 일관성을 찾아보기 힘들다. 그리고 백석동 해체 이후 전국적으로 확산되어 각지에서 다양하게 전개된 것이 선송국리이고, 다시 금강 중하류 유역에 결집하여 송국리유형이 완성된 후, 재차 전국적인 확산 과정이 있었던 것으로 파악하면서 인구 과밀 → 해체 → 각지로 이주 → 새롭게 집중 → 재확산이라는 현상으로 설명하고 있다. 그 이유를 삼각형석도, 유구석부, 수전의 활용으로 인해 생산 기술이 혁신되는 과정으로 해석하고 있는데, 수전과 관련된 생산 기술 체계 자체가 과연 어떠한 외부적인 자극 없이도 다발적으로 발생할 수 있는지에 대한 의문점이 제기된다.

이주와 전파에 대한 그의 논고에서 지적한 바와 같이 이주는 사회·경제적 위험을 감수할 만한 불가피한 상황이 발생하거나, 새로운 곳에 정착함으로써 얻을 것이라고 기대되는 이득이 현재 거주지에 머물고 있는 이득과 이주에 소요되는 비용의 합을 넘어선다는 확신이 있을 때에만 발생한다(金壯錫 2002: 10). 즉, 현재 살고 있는 곳을 떠나 새로운 곳으로 향하게끔 하는 요인이 있을 경우에만 나타나는 현상으로서, 그 요인은 원거주지에서의 push factor와 이주 목적지로부터의 pull factor로 구분된다.

그런데 송국리문화는 분명 이전 시기와는 다른 새로운 정착 농경문화이기 때문에, 어떠한 큰 자극 없이 자신들이 만든 농경지를 버리고 다른 곳으로 이주한다는 것은 경제적 손실만이 아니라 집단의 안위와도 관계될 수 있다. 또한 송국리문화는 주거형, 토기, 석기 등 물질문화의 조합상이 이전 시기와는 전혀 다르기 때문에, 자생 혹은 진화적 측면으로 설명되기는 힘들다. 따라서 송국리문화를 해체(1차 이주) → 새롭게 집중(2차 이주) → 재확산(3차 이주) 과정으로 설명하기보다는, 외래계의 이주에 의한 새로운 문화 체계의 정착과 확산(이주 포함)으로 보는 것이 좀 더 타당하다고 생각된다.
　　위에서 송국리문화의 발생 과정에 대한 4인의 견해를 살펴보았는데, 신중한 입장을 취하고 있는 김승옥과 최근 기존의 견해를 수정한 안재호 이외에 송만영과 김장석은 관점의 차이가 있지만 선송국리유형에서 송국리유형으로 발전하였다는 가설을 전제로 한 공통점이 인정된다. 이에 필자는 송국리문화가 갖는 특성을 바탕으로 위와 같은 가설이 과연 성립될 수 있는가에 대한 접근을 시도해 보고자 한다.

III. 송국리형 취락의 분포와 토기상

송국리형 취락이라 함은 평면 방형 혹은 원형이면서 내부 중앙에 타원형의 토광과 주공이 설치된 송국리형 주거군을 총칭하는데, 주거형은 형태에 따라 14종류로 구분된다(도 01). 그런데 2형, 즉 4주공이 가미된 형태에 속하는 주거지는 내부 면적이 23m^2 이상의 대형 주거를 축조하기 위한 기술적인 문제이자 후술할 관창리 취락의 경우로 볼 때 취락 내의 위계 문제와도 관련이 있는 것으로 판단된다.
　　충남지역 송국리형 취락의 분포를 보면, 차령산맥을 기준으로 서쪽에 3개 지역, 동쪽에 3개 지역으로 나누어 볼 수 있다. 서쪽은 당진·서산권의 서안 북부지역, 보령지역의 서안 중부지역, 서천지역의 서안 남부지역으로, 동쪽은 천안·아산권의 북부지역, 부여·논산권의 남부지역, 대전권의 동부지역이 이에 해당된다(도 02). 먼저 각 지역의 주거지 형태에 따른 토기의 공반 관계를 검토해 보기

	I				II			
	a	b	c	d	a	b	c	d
1	⊡	⊡	⊡	□	⊙	⊙	⊙	○
2	⊞	⊞	⊞		⊙	⊙	⊙	

도 01 송국리형 주거지 분류안

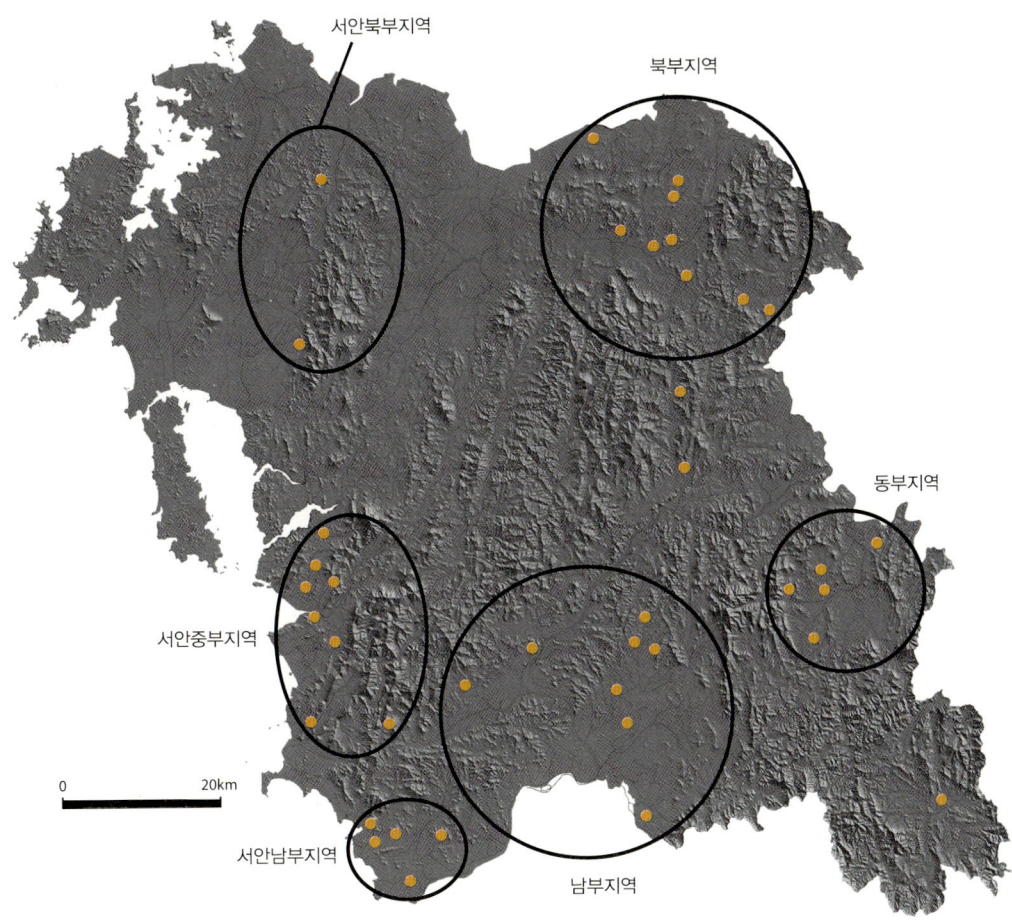

도 02 충남지역 송국리형 취락의 분포

로 하겠다.

1. 서안 북부·중부지역

서안 북부·중부지역에서 조사된 송국리형 취락은 북부의 서산 휴암리, 당진 자개리, 중부의 진죽리, 연지리, 관산리, 주교리, 관창리, 소송리, 죽청리, 평라리 등이 알려져 있다. 이 지역 유적들의 특징은

사진 02 진죽리유적의 주거지 중복 관계(충남대학교박물관 2007)

선송국리유형의 요소를 모두 갖추고 있다는 점이다.

서산 휴암리유적은 소위 완전한 선송국리유형에 속하는 유적으로, 방형의 송국리형 주거지가 7기, 원형이 3기인데 출토 토기는 구순각목, 구순각목공렬, 호형토기, 발형토기 등 역삼동계가 대부분을 차지한다. 보령 진죽리유적은 방형이 7기, 원형이 3기로서 토기는 송국리식이 대부분이지만 점토대토기도 공반된다. 당진 자개리, 보령 관창리, 연지리, 관산리, 주교리, 소송리, 죽청리, 평라리유적 등은 송국리형 주거지에 유물은 역삼동계와 송국리계가 공반되는 양상을 보여준다. 서안 북부·중부 지역의 토기는 관창리유적을 중심으로 작성한 필자의 송국리식 토기 편년안에 기초하면 Ⅰ·Ⅱ단계에 집중하고 있다(도 03).

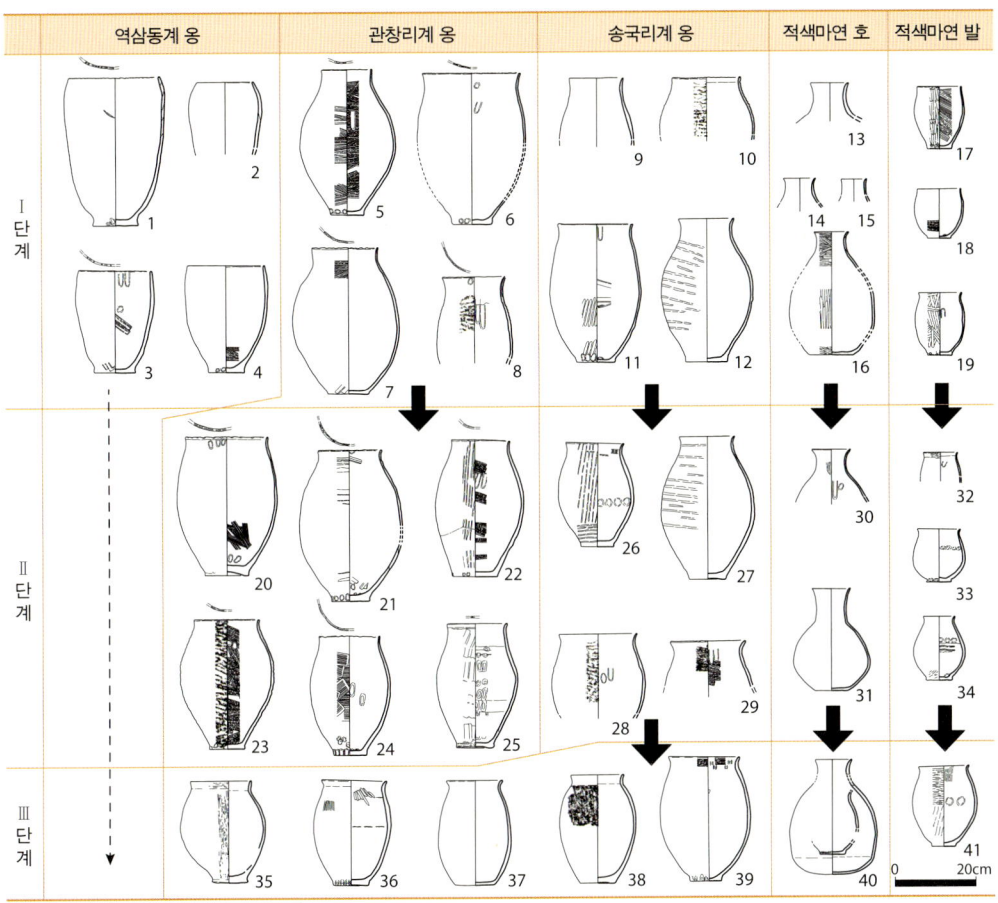

도 03 송국리식 토기 편년안 1~34·41. 관창리, 35. 한성리, 36~40. 송국리

2. 서안 남부지역

서안 남부지역에서 조사된 유적은 서천 오석리, 한성리, 당정리, 도삼리, 월기리, 추동리 등이 알려져 있다. 이 유적들의 송국리형 주거지에서 출토된 옹형토기는 송국리계가 주류를 점하면서 관창리계가 약간 공반될 뿐 역삼동계는 거의 출토되지 않는다. 이 지역의 토기는 Ⅰ~Ⅲ단계에 걸쳐 모두 존재하는 것으로 파악된다.

3. 북부지역

북부지역에서 조사된 유적은 천안 백석동, 업성동, 쌍룡동, 불당동, 석곡리, 대흥리, 남관리, 아산 신법리, 명암리 등이 알려져 있다. 북부지역의 유적들은 거의 대부분이 소위 선송국리유형에 속하고 있어 송국리식 토기의 편년안에 적용하기는 불가능하지만, 후술할 실연대와의 비교 결과 II단계 이후에 속하는 것으로 판단된다.

4. 동부지역

동부지역에서 조사된 유적은 대전 구성동, 대정동, 노은동, 궁동, 상서동, 금산 수당리 등이 있다. 이 유적들은 조사된 주거지의 개체수가 많지는 않지만 선송국리유형과 송국리유형이 혼재하는 양상을 보여주고 있다. 송국리식 토기만을 갖고 보면 II단계 이후에 속하는 것으로 판단된다.

5. 남부지역

남부지역에서 조사된 유적은 부여 송국리, 합정리, 송학리, 논산 마전리, 정지리, 공주 귀산리, 산의리, 안영리, 장선리, 장원리 등이 알려져 있다. 이 유적들의 특징은 소위 선송국리유형은 거의 확인되지 않고, 대부분 송국리유형에 속한다는 점이다. 편년상으로는 대개 II·III단계에 속한다.

IV. 송국리문화의 유형과 속성

1. 송국리유형의 검토

우리는 흔히 송국리문화가 갖고 있는 특징을 논할 때, 취락과 개별 주거지, 토기·석기를 비롯한 제 유물상, 새로운 수전 농경 기술 체계의 소유, 수전의 영위 등을 거론하고 있다(이홍종 2000: 5). 그렇지만 이러한 송국리문화가 갖고 있는 유형·무형의 문화가 각 지역에서 전개되는 과정을 검토함에 있어서는 오직 토기만을 대상으로 삼아 기존에 갖고 있던 연대관에 대입시켜 왔다. 그 결과 송국리형 주거지에서 역삼동계 토기가 출토되면 선송국리유형, 송국리식 토기가 출토되면 송국리유형이라는 매우 단순한 논리 전개가 이루어져 왔던 것이다.

송국리문화가 이전과는 다른 무언가 새로운 문화 체계를 갖고 있었다는 것은 누구나 인정하는 바이다. 그 요소로서는 위에서 언급한 바와 같이 이전과는 전혀 다른 주거 양식의 등장, 새로운 토기, 수전 농경에 필요한 여러 기술, 삼각형석도·유구석부 등 새로운 석기의 출현 등이 거론될 수 있다. 이 중에서도 우리가 가장 기본적인 명제로 삼아야 할 것은 새로운 주거 양식의 등장이란 점이다. 왜냐하면 주거에는 건축 기술적인 측면만이 아니라 경제 활동을 비롯한 생활 양식이 총체적으로 반영되어 있기 때문이다. 즉, 토기와 같은 일상 용기는 기술적인 측면에서 제작 집단의 전통이 계속 유지될 수 있지만, 주거지의 변화는 새로운 건축 기술의 수용 등 타문화의 영향을 받지 않고서 갑작스레 변화되었다고 보기는 어렵기 때문이다.

따라서 송국리형 주거지의 분포권이 곧 송국리문화의 공간적 범위에 해당되며, 송국리형 주거지에서 출토된 토기는 송국리문화 중심지와의 교류 정도에 따라 쉽게 학습되었을 수도 있고, 아니면 전통적인 제작 체계에 따라 생산되었을 수도 있다. 이러한 측면을 고려한다면, 송국리문화를 유형화함에 있어서는 주거지와 출토 유물과의 관계, 즉 송국리식 토기가 공반되느냐 아니면 재지적 성격이 강한 토기가 공반되는지의 여부가 최우선적으로 고려되어야 하고, 그 관계 속에서 송국리문화의 제 유형을 설정하는 것이 보다 합리적이라 생각된다.

필자는 송국리문화에 대한 지역성과 파급 과정을 살펴보기 위해 송국리문화를 크게 3유형으로 나누어 보았다(표 01). 종래 송국리유형으로 불려왔던 송국리식 토기만을 공반한 것을 송국리유형, 선송국리유형으로 불려왔던 역삼동계 토기가 공반된 것을 재지계유형, 송국리식 토기와 역삼동계가 절충된 형태를 관창리유형으로 구분하였다. 이와 같은 구분 방법을 택한 이유는 계기성에 바탕을 둔

표 01 송국리문화의 3유형

유형	속성		분포권		
	주거형	토기	제1분포권	제2분포권	제3분포권
송국리유형	송국리형	송국리식	남부지역	서안 남부지역	동부지역 서안 중부지역
관창리유형	송국리형	절충계 (관창리식)	서안 중부지역	서안 남부지역	
재지계유형	송국리형	역삼동계	북부지역	서안 북부지역	동부지역 서안 중부지역

선송국리유형에서 송국리유형으로의 설정이 무의미하다고 보고, 문화적 접촉과 문화적 변화에서 나타나는 지역성 혹은 상호 관계를 살피는 것이 송국리문화를 이해하는 데 훨씬 유효하다고 판단하였기 때문이다.

  이러한 관점에서 송국리문화의 제유형이 속성에 따라 어떠한 분포권을 갖고 있는지 살펴보도록 하겠다. 먼저 서안 남부지역에서 출토된 토기는 전형적인 송국리식 토기가 주류를 점하는 가운데 절충계인 관창리식이 공반되지만, 역삼동계 토기는 거의 출토되지 않는다. 서안 중부지역은 송국리식 토기, 관창리식 토기, 역삼동계 토기가 모두 확인되지만 관창리식 〉 송국리식 〉 역삼동계의 순으로 점유율을 보이고 있다. 서안 북부지역은 역삼동계가 대부분을 점유하는 가운데 관창리식과 송국리식이 약간 공반될 뿐이다. 남부지역은 송국리식 토기가 주류를 점하는 가운데 관창리식과 역삼동계는 거의 확인되지 않는다. 동부지역은 송국리식 토기가 주류를 점하지만 역삼동계도 30% 정도를 점유하고 있다. 반면, 북부지역은 극히 일부 송국리식 토기가 확인되지만 역삼동계가 압도적인 우세를 점하고 있다.

  이를 정리하면 충남지역에 있어서 송국리문화의 유형은 **도 04**와 같이 뚜렷한 분포권을 갖는다. 송국리유형은 남부지역이 가장 강하고 다음으로 서안 남부지역, 동부지역, 서안 중부지역의 순이다. 관창리유형은 서안 중부지역이 중심적인 지역이지만 서안 남부지역에서도 확인된다. 재지계유형은 북부지역이 중심적인 지역이지만 그 다음으로는 서안 북부지역, 동부지역, 서안 중부지역의 순이다.

2. 송국리문화의 속성

위에서 살펴본 바와 같이 송국리문화는 각 지역별로 상당히 다르게 전개되었음을 알 수 있다. 송국리문화의 특성을 살피기 위해서는 송국리문화가 타문화와 구별될 수 있는 문화 체계는 무엇인지, 그리고 그 문화를 구성하는 개별적 요소인 문화적 속성은 무엇인지를 인식할 필요가 있다. 송국리문화의 체계 중 이전 시기와 가장 두드러진 차이점은 수전 농경과 관련된 취락 경관에서 찾아볼 수 있고, 개별 문화 속성으로서는 주거지, 토기, 석기 등의 경제 활동과 관련된 유구와 유물에서 살펴볼 수 있다. 취락 경관에 있어서는 북부지역의 일부 유적을 제외한 충청 전역에서 수전 농경이 영위 가능한 경관을 보여주고 있다(이홍종 2003: 128-130).

  한편, 송국리문화가 다른 문화와 구별되는 문화적 속성으로는 주거형, 토기, 석기(삼각형석도, 유

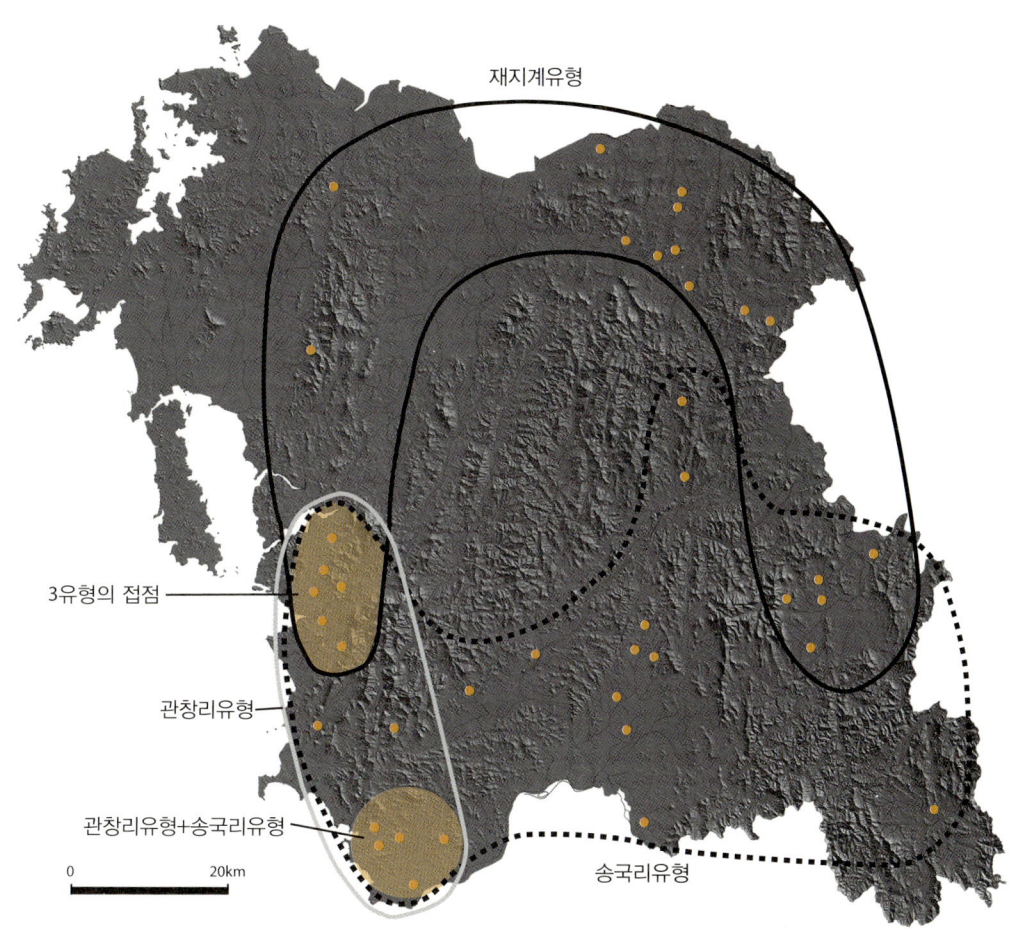

도 04 충남지역 송국리형 문화 유형의 분포

구석부) 등을 들 수 있다. 이 중에서도 주거형은 건축 기술적인 측면에서 이전의 것들과는 확연히 구별되는 송국리문화만이 갖고 있는 가장 독특한 속성에 속한다. 따라서 송국리 주거형은 송국리문화의 여러 속성 중에서도 제1요소에 해당한다. 제2요소로서는 토기를 들 수 있다. 송국리식 토기는 외반구연의 옹형토기가 자비용 토기로 이용되어, 직립구연의 발형토기를 자비용으로 이용하였던 이전 시기의 것들과는 큰 차이점을 보여주고 있다. 또한 초기에 속하는 서안지역의 송국리식 토기는 제작 기법에 있어서 이전의 무문토기와는 다른 타날 기법을 사용하고 있다. 토기의 제작 기법은 학습되어지는 것이기 때문에 송국리식 토기는 이전의 무문토기와는 다른 제작 집단 혹은 그 영향에 의해 만들어졌다는 것을 의미한다.

제3요소로서는 삼각형석도와 유구석부의 출현을 지적할 수 있다. 역삼동 단계에서는 삼각형석도가 출토되지 않고 장주형석도가 52%를 차지하는 데 비해 송국리 단계가 되면 삼각형석도가 57%를 점유하고 있어(李眞旼 2004: 42-44), 삼각형석도의 등장이 송국리문화의 파급과 궤를 같이하고 있음을 보여준다. 그러나 석기는 문화상을 살피는 데는 유효하지만 변화에 민감하지 않기 때문에 지역별 전개상을 살피는 데는 한계가 있어 본고에서는 주거형과 토기만을 대상으로 삼고자 한다.

V. 문화 접촉과 문화 변화로 본 송국리문화

위에서 살펴본 바와 같이 송국리문화는 이전 단계와 뚜렷이 구별되는 송국리문화만의 체계와 이를 구성하는 문화적 속성을 갖고 있다. 그러나 문화적 속성은 타문화와 접촉하거나 타문화에 의해 받아들여질 경우, 상당히 변화된 양상으로 전개되기 마련이다. 송국리문화도 예외는 아니어서 각 지역별로 문화적 속성이 약간씩 다르게 나타나는데, 이는 곧 문화 체계 수용 집단의 차이를 반영한 결과라 할 수 있을 것이다. 그렇지만 송국리문화만이 갖고 있는 체계는 각 지역별로 그 속성의 차이는 인정된다 하더라도 매우 빠른 속도로 확산되어 갔음을 부정할 수는 없을 것이다.

송국리문화 속성의 제1요소에 속하는 주거형은 원형과 방형의 두 종류가 있지만 기본적인 내부 구조는 동일하며 양 주거형 간의 뚜렷한 선후 관계는 존재하지 않는다. 제2요소에 속하는 출토 토기에 있어서도 방형 주거지는 직립구연토기가, 원형 주거지는 송국리식 토기가 공반된다는 공식이 성립되지 않는다. 따라서 송국리형 주거지는 방형 주거지에서 원형 주거지로의 변화상이 인정되지 않으며 토기상에 있어서도 직립구연에서 송국리식으로의 변화는 보이지 않는다. 오히려 지역에 따라 방형 주거지에서도 송국리식 토기가 출토되며, 원형 주거지에서도 직립구연토기가 공반되는 양상을 띠고 있어, 김장석(2003: 43)이 선송국리유형으로 설정한 방형 주거지와 발형토기의 일정한 조합상은 영남지역의 지역적 양상으로 보는 것이 타당하다.

사진 03 관창리유적 출토 토기(충남대학교박물관 2007)

표 02 관창리 B구역의 주거지별 토기형 분류

토기형 주거형	Ⅰ형		Ⅱ형		계	모식도			
	a	b	a	b		Ⅰa형	Ⅰb형	Ⅱa형	Ⅱb형
Ⅰ형 (방형)	15	7	17	8	47				
	32%	15%	36%	17%	100%				
Ⅱ형 (원형)	27	17	140	166	350				
	8%	5%	40%	47%	100%				

　관창리유적의 경우도 방형 주거지에서 발형토기가 주로 출토되기보다는 오히려 송국리식 토기가 더 많이 확인되고 있다. 그러나 전반적으로 원형 주거지보다는 방형 주거지에서 발형토기의 출토 빈도가 높게 나타나고 있고(표 02), 방형 주거지의 송국리식 토기가 원형 주거지보다는 전체적으로 이른 형식에 속하지만, 상당수 원형 주거지에서도 발형토기와 이른 형식에 속하는 송국리식 토기가 공반되고 있다. 이러한 양상은 관창리 취락 나아가서는 서안 중부지역 취락의 위치 문제, 즉 역삼동계가 강했던 지역적 성격상 양 문화 공존 초기의 절충적인 측면에서 나타난 현상으로 이해하는 것이

사진 04 월기리유적 전경(李弘鍾 外 2005)

바람직하다.

한편, 관창리 취락에서는 해발 20m 지점에서 원형과 장방형의 고상 가옥 흔적이 확인되는데, 이를 경계로 위쪽은 80기, 아래쪽은 20기의 주거지가 분포하고 있다. 20m 이상에서는 방형이 21기(26%), 원형이 59기(74%)인 데 비해, 아래쪽은 각각 12기(60%)와 8기(40%)이다. 대형 주거지(면적 23㎡ 이상)는 위쪽이 30기인 데 비하여, 아래쪽은 단 1기만 존재하여 위쪽과는 주거지 구성에 있어서 현격한 차이점을 보여주고 있다. 이러한 관창리 취락의 특징은 취락 내 위계에 따른 주거 공간의 구분 및 취락 구성원 전체의 공동 공간이 설정되었음은 물론, 방형과 원형 주거지 간의 공간 배치와 관

사진 05 대평리유적 수전(이홍종 외 2017)

련된 일정한 규칙성도 존재하였음을 의미한다. 유사한 분포상이 서천 도삼리, 월기리유적에서도 확인되는데, 전체적으로 원형이 구릉 정상부에 입지하는 데 비해, 방형은 사면이나 하단부에 위치하고 있다. 따라서 필자는 같은 유적에서의 방형 주거지와 원형 주거지는 분명 처음부터 같이 축조되다가 점차 원형으로 통일되어 가지만, 양 주거형 간의 공간 배치는 어느 정도 차이가 있었다고 생각한다.

　지금까지 살펴본 바와 같이 송국리문화는 매우 뚜렷한 지역상을 보여주고 있다. 따라서 제1요소인 주거형과 제2요소인 출토 토기의 공반 양상과 연관시켜 각 지역의 송국리문화를 분석한다면, 송국리문화의 접촉에 따른 문화 변화의 모델이 제시될 수 있을 것이다. 이를 위해 북부 규슈지역 야요이 문화의 문화 수용 형태를 예로 들고자 한다. 주지하는 바와 같이 야요이 문화는 조몬 문화의 영향도 인정되지만 수도작과 관련된 일련의 문화 체계가 등장하여 새롭게 성립된 문화로서, 주거형은 송국리형, 토기는 유우스(夜臼)식 토기를 공반한다. 이 시기를 일본에서는 야요이 조기로 편년하고 있는데, 유우스 토기를 조몬 계통으로 보고 조몬 문화의 주도 아래 농경 기술과 관련된 새로운 문화 체계가 받아들여진 것으로 이해되어져 왔다(이홍종 2000: 8).

　　즉, 문화 체계의 한 요소인 토기만을 갖고 문화 전체의 흐름을 파악하였던 것이다. 유우스 토기는 남강댐 지역에서 출토된 각목돌대문토기와 같은 것으로서 상호 깊은 관련이 있는 것으로 보이는데, 해당 유적에서 아직 수도작과 관련된 유구는 조사되지 않았지만 하안 단구상에 위치한 유적의 입지 여건으로 보아 배후 습지에 논이 존재하였을 가능성은 충분하다. 실제로 각목돌대문토기 단계의 논이 세종시 대평리유적에서 조사되어(이홍종 2016: 10), 우리나라의 각목돌대문토기도 수도작과 관련된 기술 체계를 인식하고 있었음이 실증적으로 확인되었다.

　　각목돌대문토기가 북부 규슈에서 수도작과 관련된 일련의 문화 체계를 완성시켜 나가면서 그들이 채용한 주거지는 송국리형인 데 비해서, 토기는 송국리식이 아닌 기존의 각목돌대문토기를 그대로 사용하고 있다. 실제 송국리식 토기는 이보다 훨씬 늦은 단계인 야요이 전기에 등장한다. 이러한 사실은 송국리문화의 체계와 제1요소인 주거형은 받아들이되 제2요소인 토기는 기존의 것을 그대로 사용하고 있는 충청 북부지역 혹은 한반도 남부지역과 거의 같은 모습을 보여주고 있다. 그렇다고 각목돌대문토기의 재지성만을 중시하여 조몬 문화가 해체되면서 북부 규슈지역으로 집중해서 성립한 것이 야요이 문화라고 해석하지는 않는다. 위에서도 언급한 바와 같이 토기 제작 집단의 지역성을 강조하여 문화 체계 수용에 있어서 어떠한 위치에 있었는지를 파악하는 잣대로 삼았을 뿐이다(藤尾愼一郎 2003).

　　일본의 각목돌대문토기가 야요이 문화의 탄생과 깊은 관련이 있지만 한반도 남부와의 관계, 즉 새로운 농경문화를 갖고 간 것인지, 아니면 이주 후 새로운 농경문화를 주도적으로 받아들인 것인지에 대해서는 앞으로의 검토가 필요하기 때문에 여기서는 접촉과 변화의 측면만을 고려하도록 하겠다. 이에 필자는 우리나라와 일본의 초기 농경문화와 관련된 문화 속성 및 문화 체계의 수용 형태에 따라 문화 유형을 크게 8개로 나누어 보았다(**표 03, 도 05**).

　　제1유형은 제1문화 속성인 주거형은 외래형, 제2문화 속성인 토기는 외래형, 재지형, 절충형이

표 03 초기 농경문화기의 문화 유형(제1속성: 주거형, 제2속성: 토기)

유형	속성		문화체계 수용여부	전개양상	지역
	제1속성	제2속성			
제1유형	외래형	외래형 재지형 절충형	○	외래 집단의 직접적 파급에 의한 정착 및 재지 집단과의 접촉	서안 중부지역
제2유형	외래형	외래형 절충형	○	외래 문화 주도 아래 재지 문화를 융합·정착해 가는 과정	서안 남부지역
제3유형	외래형	외래형	○	외래형의 완전한 정착으로 인한 새로운 재지 문화의 성립	남부지역
제4유형	외래형	재지형	○	재지 집단의 주도 아래 새로운 농경문화 체계 수용	북부지역 / 일본 북부 규슈지역(야요이 조기)
제5유형	재지형	외래형 재지형 절충형	○	주로 2차 파급지역 재지 집단의 선택적 수용	일본 긴키 이서지역
제6유형	재지형	재지형	○	주로 3차 파급지역 재지 집단의 주도	일본 긴키 이동지역
제7유형	재지형	절충형	○	제2유형 지역의 재지화 이후 재지 집단 주도 아래 다시 필요한 문화 속성을 받아들여 독자적인 문화 체계를 완성	일본 북부 규슈지역 (야요이 전기)
제8유형	재지형	재지형 (외래형 공반)	×	완성된 문화 체계 간의 교역 관계	송국리형 취락과 일본 북부 규슈지역 야요이 전기 취락의 점토대토기

모두 등장하는 초기적 모습으로서 농경과 관련된 문화 체계도 그대로 수용된 형태이다. 이 경우는 외래 집단의 이주 등 직접적 파급에 의한 정착 및 재지 집단과의 접촉을 의미한다.

　　제2유형은 제1문화 속성은 외래형이고 제2문화 속성은 외래형과 절충형이면서 농경과 관련된 문화 체계는 수용한 형태이다. 이 유형의 특징은 제2속성인 재지형이 거의 사라지고 외래 문화가 정착해 가는 과정으로 생각된다.

　　제3유형은 제1속성과 제2속성 모두 외래형으로서 농경과 관련된 문화 체계는 그대로 수용한다. 이 경우는 외래형 문화 체계가 2차적으로 완성되면서 새로운 재지 문화로서 정립된 것을 의미한다.

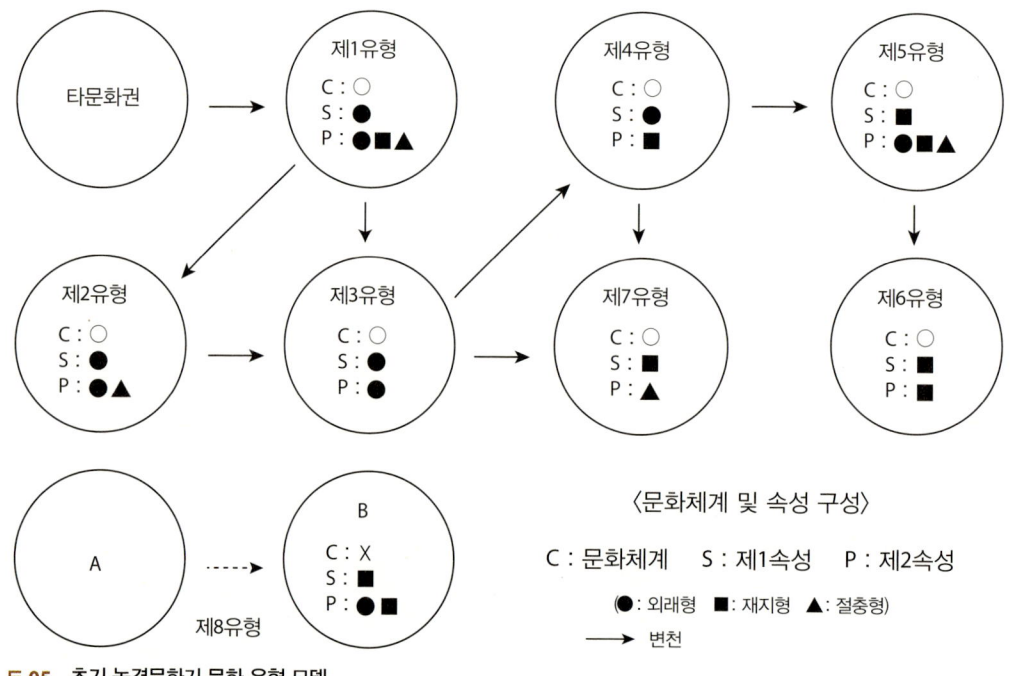

도 05 초기 농경문화기 문화 유형 모델

　　제4유형은 제1속성은 외래형이고 제2속성은 재지형으로서 농경과 관련된 문화 체계는 그대로 수용한 형태이다. 이 경우는 외래 문화와의 직접적인 관계 속에서 재지 집단의 주도 아래 적극적으로 새로운 농경문화를 수용한 형태에 속하지만, 외래 집단이 주도하였을 가능성도 배제할 수 없다. 후자의 경우는 제1속성인 주거형은 외래 집단이, 제2속성인 토기 제작은 재지 집단이 담당하는 경우인데, 고고학적으로 증명하기는 매우 힘들지만 민족지 사례가 있어 주목된다(中園聰 2004).

　　제5유형은 제1속성은 재지형이고 제2속성은 외래형, 재지형, 절충형으로서 새로운 농경문화 체계를 받아들인 형태이다. 이 경우는 2차 파급지역 재지 집단의 선택적 수용에 의한 유형으로서 제2속성의 변화가 인정된다.

　　제6유형은 제1속성과 제2속성 모두 재지형이지만 농경문화 체계는 수용한 형태이다. 이 경우는 외래형의 직접적인 영향권에서 벗어난 제3차적 파급지역의 재지 집단이 새로운 문화 체계를 선택적으로 받아들인 유형이다.

제7유형은 제1속성은 재지형이고 제2속성은 절충형으로서, 제2유형 지역에서 외래형이 정착한 이후(재지화), 재지 집단이 다시 외래형을 선택적으로 수용하여 새롭게 절충시켜 나아가는 유형으로서 제2유형 지역에서의 독자적인 문화 체계 완성을 의미한다.

제8유형은 제1속성은 재지형이고 제2속성도 재지형이 주류를 이루지만 문화 체계의 수용 양상은 불투명하면서 간혹 취락 내 혹은 외곽지역에서 제2속성의 외래형이 공반된다. 이 경우는 교역의 형태로서 교역 주체는 재지 집단 혹은 외래 집단의 어느 쪽에서도 담당할 수 있지만 문화 수용은 전적으로 재지 집단에 의해 좌우된다.

이러한 문화 유형에 대한 주요 지역상은 다음과 같다.

- 제1유형 : 서안 중부지역
- 제2유형 : 서안 남부지역
- 제3유형 : 남부지역
- 제4유형 : 북부지역, 일본 북부 규슈지역(야요이 조기)
- 제5유형 : 일본 긴키 이서지역의 야요이 문화
- 제6유형 : 일본 긴키 이동지역의 야요이 문화
- 제7유형 : 일본 북부 규슈지역(야요이 전기: 이타즈케(板付)식)
- 제8유형 : 충청지역 송국리형 취락의 점토대토기, 일본 북부 규슈지역 야요이 전기 말 취락의 점토대토기

시기는 대체로 제1유형 → 제2·3유형 → 제4유형 → 제5·7유형 → 제6유형의 순서로 진행하는 양상을 보이고 있다. 실제 송국리문화의 유형별 실연대에 있어서도 제4유형(선송국리유형)이 기원전 800년경에 시작되는 데 비해, 제1·2유형(송국리유형)의 이른 시기 것들은 기원전 900년 무렵에 속하고 있다(이홍종 2006: 121). 결국 송국리문화는 문화적 속성인 주거형 및 자비용 토기의 혁신으로 보아 기존의 무문토기 문화에서 변화·발전되어 성립한 것이 아니라, 서해안지역에 새롭게 등장한 문화 체계가 각지로 파급되면서 재지 집단과의 관계 속에서 다양한 양상으로 전개되어 간 것으로 이해하는 편이 바람직하다.

VI. 맺음말

송국리문화에 대한 접근은 개별 유구나 유물 등 다방면에 걸쳐 검토되었는데, 최근에 들어 문화 자체의 성립과 파급이 어떠한 과정에 의해 이루어졌는지에 대해 여러 논고가 발표되었다. 송국리문화가 갖는 문화 체계가 이전의 무문토기와 다르다는 것은 대부분 공감하지만, 성립 배경에 대해서는 자체 발생설과 외래 기원설의 두 가지로 나누어진다. 자체 발생설은 송국리 주거형에서 역삼동계 토기가 공반되면 선송국리유형, 송국리식 토기가 공반되면 송국리유형이라 설정하고 선송국리유형에서 송국리유형으로 변화·발전하였다고 파악하고 있다. 그러나 선송국리유형도 지역에 따라 뚜렷한 차이점이 발견되기 때문에 단순하게 선후 관계의 논리로 설명하기에는 부적절한 측면이 많았다. 또한 실연대에 있어서도 이와 같은 논리를 뒷받침해 주지는 못하고 있다.

외래 기원설은 완성된 문화 체계가 한 지역에 정착한 후, 각지로 파급되어 가는 과정에서 지역 집단의 기반에 따라 다양성이 나타난다고 보는 견해이다. 필자는 후자를 지지하는 입장에서 송국리문화를 이해하고자 하였다. 그 이유는 송국리 주거형의 등장이 이전의 주거 문화 속에서는 전혀 찾아볼 수 없기 때문으로, 새로운 문화 체계와 관련시키지 않고서는 납득하기 어렵다. 송국리식 자비용 토기의 등장도 송국리문화를 이해하는 데 매우 중요한 제2차적 요소에 속한다. 그러나 토기는 지역 집단의 전통이 강하게 작용하기 때문에 새로운 문화를 수용한다 하더라도 토기 형태 및 제작 방법은 재지적인 기반에 따라 매우 다양하게 나타난다. 이러한 예는 북부 규슈지역의 야요이 문화가 각지로 파급되지만 각 지역의 토기는 재지적 성격을 강하게 띠고 있는 점에서도 살펴볼 수 있다.

이에 필자는 송국리문화 유형이 각 지역에서 어떻게 나타나고 있는지를 살펴본 결과, 8개 유형으로 구분 가능하다고 보았다. 외부에서 기원지를 찾지 못하는 외래 기원설은 받아들일 근거가 없는 가설에 불과하다는 주장도 있지만(김장석 2006: 52), 송국리문화가 어느 지역으로부터 영향을 받아 성립된 것인지에 대한 문제는 지금부터 풀어야 될 과제로 남을 수밖에 없다.

참고문헌

金承玉, 2001,「錦江流域 松菊里型 墓制의 硏究」,『韓國考古學報』45.
김승옥, 2006,「송국리문화의 지역권 설정과 확산과정」,『湖南考古學報』24.
金壯錫, 2002,「이주와 전파의 고고학적 구분: 시험적 모델의 제시」,『韓國上古史學報』38.
金壯錫, 2003,「충청지역 송국리유형 형성과정」,『韓國考古學報』51.
김장석, 2006,「충청지역 선송국리 물질문화와 송국리유형」,『韓國上古史學報』51.
宋滿榮, 2001,「南韓地方 農耕文化形成期 聚落의 構造와 變化」,『한국 농경문화의 형성』, 제25회 한국고고학전국대회.
宋滿榮, 2004,「湖南地方 靑銅器時代 硏究 現況과 展望」,『밖에서 본 호남고고학의 성과와 쟁점』, 第12回 湖南考古學會 學術大會 發表要旨.
安在晧, 1992,「松菊里類型의 檢討」,『嶺南考古學』11.
安在晧, 2004,「中西部地域 無文土器時代 中期聚落의 一樣相」,『韓國上古史學報』43.
安在晧, 2019,「松菊里文化의 起源 再考」,『영남고고학』83.
李南奭·李勳·李賢淑, 1998,『白石洞遺蹟』, 公州大學校博物館.
李眞旼, 2004,「중부지역 역삼동유형과 송국리유형의 관계에 대한 일고찰」,『韓國考古學報』54.
이홍종, 2000,「無文土器가 彌生土器 성립에 끼친 영향」,『先史와 古代』14.
이홍종, 2003,「松菊里型 聚落의 景觀的 檢討」,『湖西考古學』9.
이홍종, 2006,「송국리문화의 전개과정과 실연대」,『금강: 송국리형 문화의 형성과 발전』, 호남·호서고고학회 합동 학술대회 발표요지.
이홍종, 2016,「자연제방 입지유적의 토지이용 양상」,『中央考古硏究』20.
이홍종·박성희·최인건·조보람·안형기·정수아, 2017,『燕岐 大平里遺蹟』, 韓國考古環境硏究所.
李弘鍾·孫晙鎬·朴性姬, 2005,『梨寺里·月岐里遺蹟』, 高麗大學校考古環境硏究所.
충남대학교박물관, 2007,『호서지역의 청동기문화』, 호서지역 문화재조사연구기관 연합전.
藤尾愼一郎, 2003,『彌生變革期の考古學』, 同成社.
深澤芳樹·李弘鍾, 2005,「松菊里式土器의 打捺技法 檢討」,『송국리문화를 통해 본 농경사회의 문화체계』, 서경.
中園聰, 2004,「土器の異文化間比較の方法と理論」,『文化の多樣性と比較考古學』, 考古學研究會.

제2장

일본 야요이 문화의 원류

이홍종

I. 머리말
II. 야요이 성립기의 토기
III. 무문토기와 야요이 토기의 관계
IV. 실연대에 대한 접근
V. 맺음말

I. 머리말

우리나라 남한지역의 무문토기로는 미사리식 토기, 가락동식 토기, 흔암리식 토기, 역삼동식 토기, 송국리식 토기, 점토대토기 등이 시기와 지역성을 달리하면서 존재해 왔던 것으로 알려져 있다. 이 중에서 가장 오래된 토기인 미사리식 토기는 방사성 탄소연대 측정 결과, 미사리유적 출토 토기가 기원전 17~16세기 이전이고 남강댐 지역 출토 토기는 기원전 13~10세기, 중부지역의 가락동식 토기와 역삼동식 토기는 기원전 1,300년경부터 등장하고 있어 무문토기의 상한은 적어도 기원전 1,500년경까지 소급될 수 있을 것으로 판단된다. 한편, 하한은 순수 무문토기가 출토되는 시기만을 대상으로 삼았을 때, 원형점토대토기의 종말기로 인식되어온 기원전 300년경으로 짐작된다.

일본의 야요이(彌生) 토기는 기원전 4세기부터 기원후 3세기 후반까지로 인식되어 왔지만, 최근 역사 민속 박물관(이하 역박)이 AMS에 의한 방사성 탄소연대 측정 결과를 바탕으로 야요이 조기는 기원전 930년경, 전기는 기원전 810년경, 중기는 기원전 350년경, 후기는 기원 전후로 실연대를 제시하고 있는데 이는 기존의 연대보다 무려 500년 이상이 소급된 것이다(藤尾愼一郎 2004). 역박에 의해 제기된 실연대 문제는 그간 형식학적인 방법에 얽매여 암묵적이면서 애매모호하게 인식되어 왔던 야요이 시대의 연대에 대한 논의가 수면 위로 부상하는 계기가 되었다.

이 같은 실연대 조정에 대한 일본 고고학계의 평가는 고고 자료를 무시한 AMS의 실연대 값을 신뢰할 수 없다는 쪽과, 한반도 혹은 중국 측의 자료로 볼 때 실연대의 소급은 어느 정도 인정하지만 역박 제시의 실연대보다는 하향 조정하는 것이 타당하다는 쪽으로 양분되어 있다(최성락 2006). 현재의 상황에서 역박 제시의 실연대 값을 그대로 인정하는 학자는 그리 많지 않지만 기존의 연대를 고수하는 학자는 규슈를 기반으로 한 몇몇 연구자에 지나지 않고, 대부분의 학자들은 기존의 연대보다 상회한다고 보고 있는 것 또한 엄연한 사실이다.

야요이 연대에 대한 수정이 불가피하게 된 것은 형식학적으로 상대 편년이 이루어진 토기의 탄착흔, 목기, 토양 등 개별 유물에 대한 연대 측정이 가능하게 되면서 더욱 가속도가 붙게 되었다. 물론 이러한 절대연대의 측정치는 측정 방법이나 기타 여러 가지 변수(해양 리저브 등)에 의해 오차의 발생 소지가 있기 때문에 측정 자료 전부를 그대로 믿을 수는 없을 것이다. 그렇다 하더라도 절대연대치가 과학적인 방법에 의해 검증되었고 통계적으로 안정성을 갖는 이상, 상대 편년에 의해 제시된 연대는 절대연대에 의해 수정이 불가피하게 되었다.

우리가 일본의 야요이 연대에 대해 관심을 가질 수밖에 없는 것은 우리나라 청동기 문화와 야요이 문화는 불가분의 관계를 갖고 있어 상호 보완적인 연구가 필요하기 때문이다. 이에 필자는 야요이 성립기 토기에 대한 이해와 무문토기와의 관계 설정을 바탕으로 무문토기와 야요이 토기의 실연대에 대한 비교·검토를 시도해 보고자 한다.

II. 야요이 성립기의 토기

주지하는 바와 같이 야요이 문화는 농경을 기반으로 한 한반도 무문토기 문화의 파급에 의해 성립되었다. 마제석기, 지석묘 등 많은 고고 자료가 이를 반증하고 있지만 토기에 대한 관련성 여부는 최근에 들어서 미사리식 토기와 유우스(夜臼)식 토기의 관계를 중심으로 한 몇몇 연구에 지나지 않는다. 시기상으로 미사리식 토기·역삼동식 토기는 야요이 조기의 유우스식 토기와 어느 정도 중복 관계에 있고, 송국리형 주거지와 토기는 각각 야요이 전기의 유우스Ⅱb식과 이타즈케(板付)Ⅱ식과 공반된다. 한편, 점토대토기는 이타즈케Ⅱc식 단계에 북부 규슈지역을 중심으로 분포권을 형성하고 있는데, 이 단계부터 세형동검이 일본에 등장하는 것으로 보아 점토대토기는 세형동검을 매개로 한 교역 집단이 남긴 것으로 추정된다.

이처럼 무문토기 문화는 야요이 문화의 성립에 직간접적으로 관여해 왔음이 생업 환경의 변화·교역 등을 중심으로 한 여러 요소들의 변화 양상으로 보아 확실하기 때문에, 무문토기와 야요이 토기의 비교 연구는 불가분의 관계에 있다. 최근 일본의 역박이 제시한 실연대에 대해 많은 학자들이 연대 소급에 대해서는 인정하지만 제시된 연대를 그대로 받아들이지 않고 수정안을 제시하는 이유도, 우리나라 무문토기 혹은 청동기 연대를 고려하지 않을 수 없었기 때문에 생긴 문제이기도 하다. 이러한 바탕에는 송국리식 토기의 실연대를 기원전 6~4세기대로 인식해 온 것과 무관하지 않다.

따라서 우리나라 무문토기의 실연대를 근거로 해서 야요이 토기의 신연대를 검토한다면, 무문토기와 야요이 토기의 관계는 물론이고 야요이 문화의 성립에 무문토기 문화가 어떻게 관여했는지를 파악할 수 있을 것이다. 이러한 검토를 행하기에 앞서 우선 야요이 조·전기 토기인 유우스식 토기와 이타즈케식 토기에 대한 이해가 필요할 것이다.

1. 유우스식 토기

야요이 조기 토기의 대명사로 불리는 유우스식 토기(각목돌대문토기)의 시원에 대해서는 크게 두 가지 설이 있다. 후쿠오카(福岡) 평야에서 가장 이른 시기의 수전과 각목돌대문토기가 공반된다는 점을 들어 북부 규슈지역을 등장 지역으로 보는 견해(山崎純男 1989)와, 조몬 만기 중반에 긴키(近畿)지역에서 발생한 후 북부 규슈지역으로 파급되었다고 보는 견해가 있다(家根祥多 1993; 泉拓良 1990). 전자의 경우 각목돌대문토기의 등장 배경에 대해서는 직접적으로 언급하고 있지 않지만, 필자는 우리나라 각목돌대문토기에서 그 계보를 구하였다(이홍종 2000: 24). 후자의 견해는 토기 자체의 변화상을 고찰한 것으로서 어느 한 토기에서 계보를 찾은 것이 아니라, 서로 다른 토기권에 속한 지역 간의 교류를 통해 여러 요소가 결합되면서 긴키지역에서 먼저 각목돌대문토기가 탄생한 후 규슈지역으로 파급되면서 우연히 수전 농경과 결합된 것으로 보았다. 이러한 견해에는 야요이 성립 이전에 각목돌대문토기가 등장하였으므로 조몬 집단이 능동적으로 수전 농경문화를 받아들일 역량을 이미 갖추고 있었다는 견해의 근간이 되기도 하지만(田中良之 1984), 토기상에서는 그렇다 하더라도 야요이 문화의 차

사진 01 마가리타(曲リ田) 유적 출토 야요이 조기 토기(武末純一·石川日出志 2003)

별성을 고려할 때 어느 정도는 외래계 집단의 관여가 불가피했을 것으로 해석하기도 한다(家根祥多 1997).

야요이 성립기 토기의 편년적 연구는 야마사키 스미오(山崎純男 1989), 타사키 히로유키(田崎博之 1994), 후지오 신이치로(藤尾愼一郎 1987) 등 주로 규슈지역의 연구자들에 의해 주도되었고, 앞서 언급한 긴키 발생설의 두 연구자는 각목돌대문토기의 성립과 관련된 지역 간의 문제를 다루었다. 규슈지역의 각목돌대문토기는 야마노테라(山ノ寺)식과 유우스식이 있는데, 이 두 형식의 토기는 같은 시기에 지역성을 달리하면서 공존했던 것으로 보는 설이 현재의 일반적인 견해이다. 따라서 수전 농경과 함께 가장 먼저 등장한 북부 규슈지역의 야요이 조기 토기는 유우스식으로 불리는 각목돌대문토기이다. 유우스식은 유우스Ⅰ, 유우스Ⅱa, 유우스Ⅱb로 구분되는데, 유우스Ⅱb식은 전기로 편년되고 있는 이타즈케Ⅰ식과 공반된다. 따라서 조기에 해당되는 토기는 유우스Ⅰ식, 유우스Ⅱa식이고, 전기에 속하는 토기는 유우스Ⅱb식, 이타즈케Ⅰ식, 이타즈케Ⅱ식이 해당된다(**도 04**).

유우스식 토기와 이타즈케식 토기의 차이는 외반구연의 등장에서 찾을 수 있다. 유우스식 토기는 외반구연이 존재하지 않는 반면, 이타즈케식 토기는 형태상 유우스식과 유사하더라도 모두 외반구연을 특징으로 한다. 조기와 전기의 시기 구분도 바로 이 이타즈케식 토기의 등장이 획기가 되는 셈이다.

이상에서 야요이 조기 토기는 유우스Ⅰ·유우스Ⅱa식, 전기는 유우스Ⅱb·이타즈케식으로 구분하고 있음을 살펴보았다. 유우스식 토기는 기형 혹은 제작 기법상 조몬적인 요소와 비조몬적인 요소를 모두 포함하고 있고, 이타즈케식 토기는 형태상 유우스식과 유사한 것도 있지만 제작 기법이나 기형상에 있어서 현저한 차이점이 지적된다. 야마사키 스미오(山崎純男 1989)는 유우스식과 이타즈케식 옹형토기를 유형에 따라 유우스식은 4류, 이타즈케식은 2류로 구분하고 있다. 이 중 유우스식 토기의 유형을 간단히 정리하면 아래와 같다(**도 01**).

① Ⅰ류 : 저부로부터 벌어지면서 올라가 그대로 구연부를 이루는 기형으로서 구연 하단에 1~2개의 각목돌대를 붙인 것.
② Ⅱ류 : Ⅰ류와 같은 기형이지만 구연부에 각목돌대문은 없고 구순부에 직접 각목문을 시문한 것(이타즈케Ⅰ식 포함).

구분	I류	II류	III류	IV류
유우스식				
이타즈케I식				

도 01   유우스식 토기와 이타즈케식 토기의 유형(山崎純男 1989)

③ III류 : I·II류와 같은 기형이지만 구연부 혹은 구순부에 각목돌대나 각목이 없는 것.
④ IV류 : 동체 상부에서 'く'자형으로 굴곡하는 기형으로 구연부와 동부의 굴곡부에 각목돌대를 붙인 것. 굴곡부에 돌대가 없는 것도 있음(이타즈케I식 포함).

2. 이타즈케식 토기

이타즈케I식 옹형토기는 두 가지 종류가 있다. 하나는 유우스II류 토기가 외반한 유형이고 다른 하나는 유우스IV류 토기가 외반하면서 돌대문이 사라진 유형이다. 즉, 각목돌대문이 사라지고 구순부 혹은 동체 굴곡부에 직접 각목문을 시문한 것으로서 구연부가 외반한다는 점이 유우스식 토기와 구별되는 가장 큰 특징이다. 앞서 살펴본 유우스식 토기는 외반구연이 아닌 직립 혹은 내만하는 것으로서 야요이 조기와 전기의 획기도 바로 이타즈케I식 외반구연토기의 등장과 각목돌대문토기의 소멸에서 구하였던 것이다. 그렇다면 외반구연을 특징으로 하는 이타즈케식 토기의 계보를 어떻게 찾아야 하는가라는 의문이 제기된다. 외반구연토기가 등장하게 된 배경을 앞 단계의 유우스식 토기에서 찾을 수 있다면 문제는 간단히 해결할 수 있을 것이다.

사진 02 이타즈케 유적 출토 야요이 전기 토기
(武末純一·石川日出志 2003)

 그러한 관점에서 이타즈케 조형 옹을 유우스식 토기 Ⅱ류에서 찾고자 하는 노력이 있었다. 즉, 이타즈케 옹형토기의 성립은 극히 소수이지만 유우스Ⅱ류 토기 중 구연 끝부분이 약간 밖으로 벌어진 기형이 관찰된다는 점에 착안하여 이를 이타즈케식 토기의 조형으로 보았던 것이다. 그렇지만 그 수가 극히 미미하고 외반시키고자 했던 의도보다는 단순한 구연부 처리 중에 나타난 현상일 가능성이 크기 때문에, 현재로서 이타즈케식 옹형토기의 조형을 유우스식 토기로 보는 견해는 소수에 불과하며 형식학적으로도 인정받지 못하고 있다. 그 결과 이타즈케식 토기의 조형을 직접 한반도에서 구하고자 하는 학설이 제기되기도 하였지만(春成秀彌 1973), 아직까지 똑같은 형식의 토기가 우리나라에서 발견된 적은 없다.

 야요이 문화는 유우스식 토기와 이타즈케식 토기의 단절상에서도 관찰되는 바와 같이 자생적 발전 과정의 연속선상에서 성립해간 것이 아니라, 무문토기 문화의 지속적인 영향 관계 속에서 새로운 요소가 채용되면서 발전해간 것이다. 즉, 재지 토기에서 그 계보를 찾을 수 없다면 야요이 조기에 등장한 각목돌대문토기가 조몬 계통의 토기와 결합하였듯이, 2차적인 문화적 파급과 더불어 유우스식 토기에 새로운 특징이 결합되었을 가능성은 매우 크다.

III. 무문토기와 야요이 토기의 관계

유우스식이나 이타즈케식과 병행 혹은 선행하면서 이 토기들에 영향을 주었다고 생각되는 무문토기로는 미사리식, 역삼동식A(구순각목문)·B(구순각목문 없음), 관창리식, 송국리식 토기의 5종류가 있다. 이들은 문화적 흐름을 고려할 때, 유우스 및 이타즈케식 토기의 성립과 밀접한 관련이 있다. 본 장에서는 무문토기가 야요이 문화의 등장기 토기인 유우스식과 야요이 토기의 시작인 이타즈케식 토기와 어떠한 관계를 갖고 있는지에 대해서 단계별로 나누어 언급하고자 한다(도 02). 한편, 야요이 전기 말에 북부 규슈지역을 중심으로 선상 분포를 보여주고 있는 점토대토기는 세형동검을 매개로 한 교역 집단과 관계는 있지만, 실제 이 토기가 야요이 토기의 변화에 영향을 준 요소는 찾아볼 수 없기 때문에 본고에서는 제외하기로 하겠다.

1. I 단계

미사리식 토기의 특징은 저부로부터 벌어지면서 올라가 그대로 구연부를 이루는 기형의 구연 하단

사진 03 남부지역 각목돌대문토기(국립김해박물관 2005)

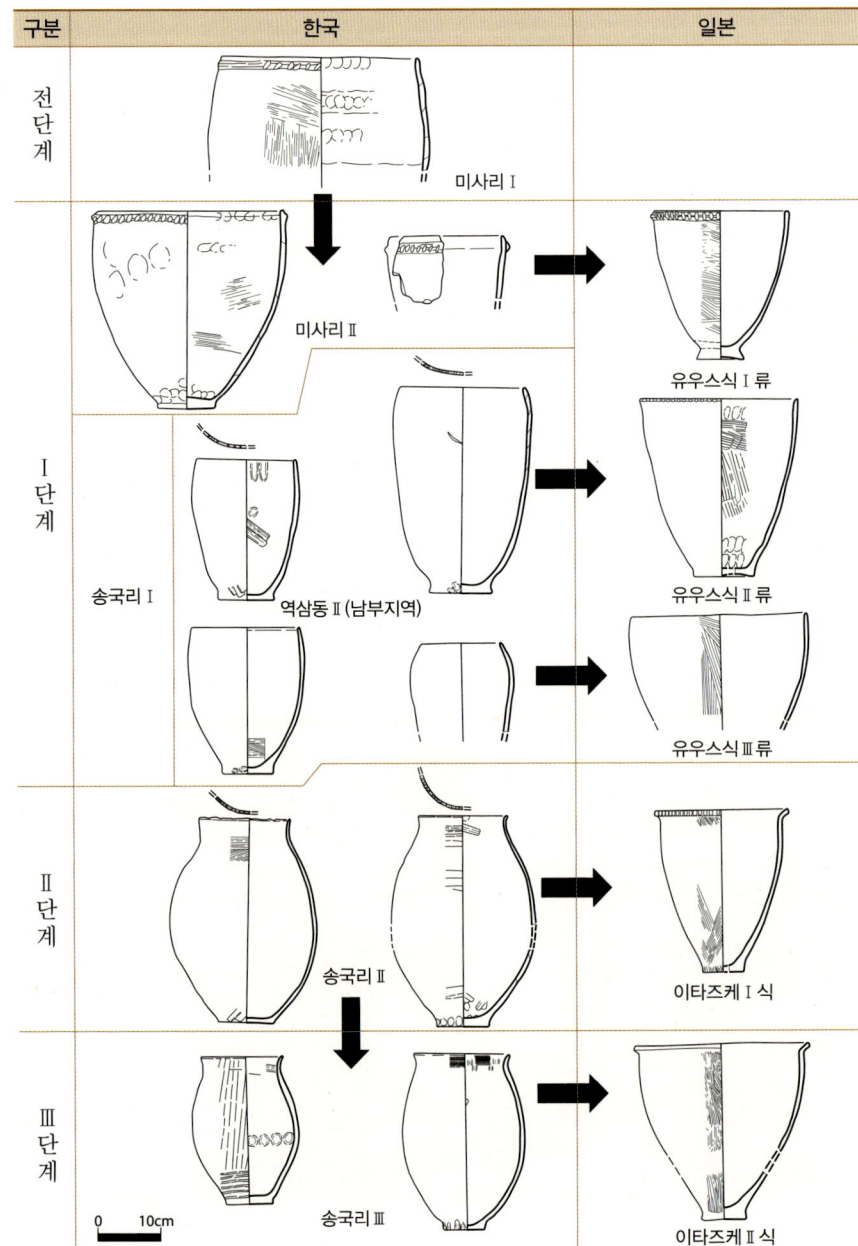

도 02 야요이 토기의 계보

에 1개의 각목돌대문이 존재하는 것이다. 아직까지 그다지 많은 유적이 조사되지 않아 정확한 성격을 파악하는 데 어려움이 있지만, 전국적인 분포권을 가지면서 충적대지에 입지하고 있다. 이러한 입지 여건으로 보아 일찍이 배후 습지 혹은 대지상의 전작 농경과 관련된 농경 집단의 가능성이 제기되었고(이홍종 2003: 116-117), 이후 조사 성과가 축적되면서 미사리식 토기와 역삼동계 토기는 중부지역에서 전작 농경과 관련이 깊지만 남부지역에서는 수도작 농경의 파급에 의해 그 기술 체계를 인지하였던 것으로 생각하였다(李弘鍾 2005: 42).

최근 각목돌대문토기 단계의 논이 세종시 대평리유적에서 조사되어(이홍종 2016: 10), 수도작 관련 기술 체계를 인식하고 있었음이 실증적으로 확인되었다. 호남지역에서도 각목돌대문토기의 출토 사례가 증가하고 있으며, 역삼동계 토기는 남부지역에서 송국리 주거형과 공반된다. 따라서 북부 규슈지역 야요이 조기의 유우스식 토기는 수도작 기술 체계를 인지한 남부지역의 각목돌대문토기 집단과 역삼동계 토기 집단의 이주에 의해서 발생되었을 가능성이 크다. 안재호(2000: 57)는 한반도 남부의 동남 내륙지역을 구체적인 기원지로 상정하기도 하였다.

앞에서도 언급한 바와 같이 북부 규슈지역의 각목돌대문토기는 기형상 조몬 토기와 유사한 것도 있지만(Ⅳ류), 그 밖의 옹형토기나 호형토기의 계보는 조몬 토기에서 구하기 어렵다. 또한 이 토기들의 등장은 조몬 문화에서는 찾아볼 수 없는 수전 농경과 관련된 새로운 기술 체계가 출현하는 것과 궤를 같이하고 있어, 우리나라 농경문화의 파급과 깊은 관계를 갖고 있다.

주지하는 바와 같이 유우스식 토기는 총 4류로 구분된다. 이 중에서 Ⅰ류는 시기상 선행하는 우리나라 남부지역의 미사리식과 관련된다고 볼 수 있다. 유우스식 토기 중 전혀 관련성을 찾아볼 수 없는 토기는 Ⅳ류로서 이러한 기형은 조몬 만기 토기에서 그 계보가 찾아지지만, 각목돌대문 기법은 역시 미사리식 토기의 새로운 요소가 절충된 것으로 이해할 수 있다. 유우스식 토기와 미사리식 토기는 일본과 한국 모두에서 수전 농경과 결합한 형태가 확인되고 있다. 문제는 유우스Ⅱb식 토기가 일본에서 송국리형 주거지와 공반되지만, 우리나라에서는 아직 이러한 관계가 확인되지 않는다는 점이다. 문화의 흐름에 따른 지역별 물질문화의 조합에 차이점이 존재했음을 시사한다.

역삼동식 토기는 공렬문을 제외한 구순각목문(A)(유우스Ⅱ류)과 구순각목문이 없는(B)(유우스Ⅲ류) 두 종류에서 유우스식 토기와의 관련성을 찾을 수 있다. 필자는 미사리식 토기나 역삼동식 토기가 남부지역에서 확인되고 있고 시기상 유우스식 토기보다 선행하고 있는 점에 주목하여, 야요이 조기 문화는 송국리문화를 인지 혹은 채용한 남부지역 무문토기 집단(미사리계, 역삼동계)의 이주에 의해 성립한 것으로 보았다. 이러한 관점은 충청지역의 송국리문화가 남부지역에 그대로 반영되지 않고 남부지역 재지계의 무문토기 집단이 송국리형 주거지나 그 문화를 수용해 가는 과정, 즉 남부지역에서는 역삼동식 토기가 송국리형 주거지에서 주로 공반되고 있는 점을 고려할 때, 이 무문토기 집단이 송국리문화를 채용해서 야요이 조기 문화를 탄생시킨 장본인으로 추정하였던 것이다. 바로 이 단계가 야요이 성립의 제1단계인 조기에 해당되는 시기이다.

2. Ⅱ단계

관창리식 토기나 송국리식 토기는 기형상에서 차이점을 보이고 있지 않지만, 구순각목문을 채용한 관창리식은 충남 서해안지역에 집중 분포하고 시기상 이 지역이 송국리문화의 가장 이른 시기에 해당된다. 관창리식의 성립에 대해 필자는 송국리문화가 한반도에 등장하면서 재지계 토기인 역삼동식의 구순각목 기법이 송국리식 토기에 절충된 형식으로 보았다. 같은 유적에서 각목문이 시문된 것과 없는 것의 혼재를 송국리문화 초창기의 양상으로 보고, 이후 각목문이 점차 사라지면서 송국리식 토기가 완성되어 간 것으로 파악하였다. 때문에 충남 서해안지역을 제외한 다른 지역에서는 관창리식 토기를 거의 찾아볼 수 없는 것이다. 즉, 송국리식 토기는 역삼동식 토기에서 변화된 것이 아니라 처음부터 새롭게 등장한 기형으로서, 외래적인 요소가 충남 서해안지역에서 재지적인 요소와 절충 혹은 혼재하면서 변화·발전한 것으로 판단하였다.

송국리식 토기는 크게 3단계의 형식 변화가 이루어졌음을 언급한 바 있다(李弘鍾 2005: 36). 이 중에서 Ⅱ단계에 속하는 야요이 토기는 이타즈케Ⅰ식, 무문토기는 송국리Ⅱ식[1]으로서 외반구연옹의 출현과 확산이 이루어지는 단계이다. 전술한 바와 같이 이타즈케Ⅰ식은 야요이 조기와 전기를 구분하는 토기 형식으로서 외반구연옹이라는 새로운 형식의 출현을 의미하며, 또한 외경 접합·판목구 조정이라는 유우스식 토기와는 전혀 다른 제작 기법을 사용하고 있다. 때문에 토기로 시기 구분을 하는 경우 유우스식 토기를 조몬 만기 후반에 위치시키기도 하지만, 문화적 속성은 야요이적 요소가

---

[1] 송국리식 토기는 Ⅰ·Ⅱ·Ⅲ식으로 구분되는데, Ⅰ식은 외반도가 크지 않고 긴 구경부와 구순각목문, Ⅱ식은 Ⅰ식과 같은 기형에 동체 타날문, Ⅲ식은 짧게 'ㄑ'자형으로 외반하는 구경부와 구순각목문의 소멸을 특징으로 한다(이홍종 2002: 82).

사진 04　송국리식 토기(國立扶餘博物館 1997)

강하기 때문에 야요이 조기로 편년되기도 하는 것이다. 결국 이타즈케I식 토기는 야요이 토기의 대명사로 불리는 온가가와(遠賀川)식 토기의 출현을 의미하는 것으로서 이후 전개되는 야요이 토기의 모체가 되는 셈이다.

　　이타즈케식 토기가 유우스식과는 다른 계통으로서 외반구연을 특징으로 하는 송국리식 토기와 유사한 기법에 의해 제작되었다는 점을 지적하였다. 그렇지만 양 토기는 외반구연이라는 특징과 제작 기법상의 공통점을 갖고 있으면서도 기형상에서는 차이점을 보여주고 있다. 송국리식 토기가 동체부에 최대경을 갖는 데 비해서 이타즈케식 토기는 구연부에서 최대경을 이루고 있다. 문화나 기술적 요소로 볼 때 무문토기가 이타즈케I식 단계에 접촉하였음은 분명함에도 불구하고 이러한 차이점이 나타나는 이유는 과연 무엇일까?

　　필자는 이를 문화의 전파 과정과 변동이라는 측면에서 송국리식 토기 그 자체가 아닌 제작 기법과 외반이라는 특징적인 요소가 유우스II류와 절충된 형식으로서, 서로 다른 두 문화 체계의 접촉으로 인해 문화 요소들의 채용과 수정이 일어나는 통합 과정을 거쳐 발생한 문화적 변동 현상으로 이해하고자 한다. 결국 이타즈케식 토기의 성립은 송국리문화의 직접적인 파급 과정에서 송국리식 토기와 유우스식 토기의 요소가 절충된 형식으로 나타난 것으로서, 이 단계부터 송국리 주거형이 등장한다는 점도 이를 뒷받침하고 있다.

3. Ⅲ단계

송국리문화의 직접적인 파급은 토기상에 커다란 변화를 야기해 야요이 토기를 탄생시키는 계기가 되었다. 그런데 이러한 송국리문화의 파급은 일회성에 그친 것이 아니라 지속적으로 진행되어 다시 한 번 야요이 토기에 변화를 초래하는데, 이타즈케Ⅱ식으로의 변화가 이에 해당된다. 이타즈케Ⅱ식은 조기 단계부터 유지되어 왔던 구순각목문이 사라진 순수 외반구연토기로서, 구연부만 비교한다면 상하가 대칭하는 '〈'자형을 이루고 있어 송국리Ⅲ식 토기와 유사하다. 조기부터 유지되어 왔던 각목문을 탈락시킨다는 것은 송국리문화와 야요이 문화가 지속적이고 활발하게 교류 관계를 유지해 왔음을 의미하며, 결국 이타즈케Ⅱ식이 또 하나의 획기를 이룬 셈이다.

이처럼 토기 간의 관계로 보아 야요이 문화의 성립은 단 한 번의 충격이나 정보에 의한 것이 아니라, 지속적이고 활발한 무문토기 문화의 파급과 교류에 의해서 성립해간 것임을 알 수 있다. 야요이 성립기 토기를 다루면서 적어도 3차에 걸친 무문토기 문화의 파급이 있었으리라 지적한 야마사키 스미오(山崎純男 1989)의 견해도 이러한 맥락에서 이해될 수 있을 것이다. 무문토기와 야요이 토기 간의 각 형식별 관계를 정리한 것이 도 03이다.

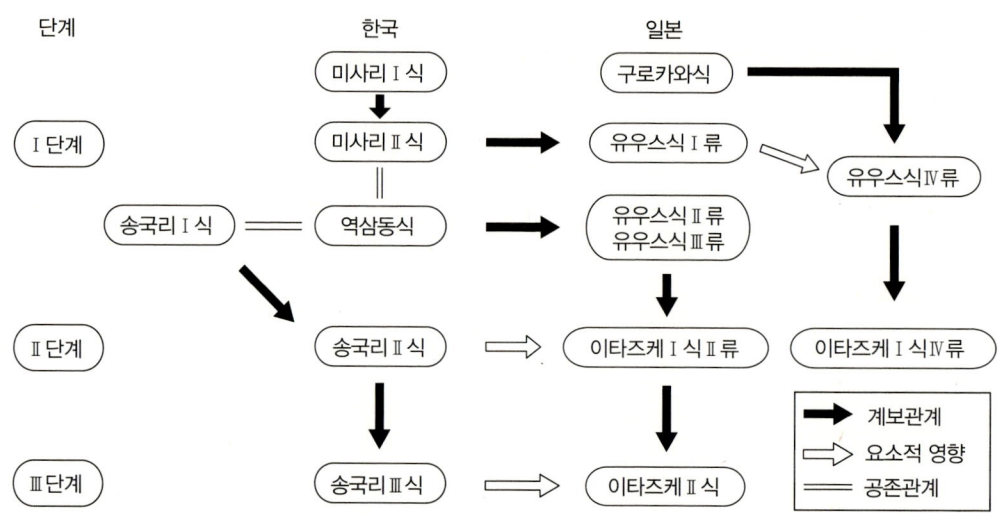

도 03 무문토기와 야요이 토기의 관계 모식도

IV. 실연대에 대한 접근

현재까지 축적된 실연대 값은 상대적인 편년에 의해 제시된 각 토기 형식의 연대를 어느 시기로 보느냐에 대한 신뢰도를 의미하는 것이지 존속 기간을 설정해 주지는 않는다. 즉, A라는 하나의 형식으로 인정된 유구나 유물들에서 여러 개의 절대연대 값을 얻었다 하더라도 이들의 연대 분포 곡선이 그 형식의 존속 기간을 의미하는 것은 아니다. 물론 고고학적인 상대 편년이 세밀하게 이루어지고 이들에 대한 절대연대 값의 분포 곡선이 통계적으로 신뢰할 수 있다면 한 형식의 연대 폭도 설정해 줄 수 있겠지만, 형식학적인 속성상 세밀한 상대 편년이 불가능한 선사시대의 경우 현실적으로 매우 어려운 문제이다. 이러한 문제점을 고려했을 때 한 형식에서 얻어진 중심 연대 값이 상당수 중복되어야 그 토기의 등장 시기를 설정할 수 있는 것이다. 이와 같은 관점에서 무문토기와 야요이 토기 각 형식의 보정 연대 분포 곡선을 살펴본 후, 각 토기 형식 간의 연대를 비교·검토해 보고자 한다.

1. 야요이 신연대론의 검토

야요이 신연대의 등장 배경, 방법, 문제점 등에 대해서는 이미 소개된 바 있기 때문에(최성락 2006), 중복 설명은 피하고 무문토기 연대의 입장에서 볼 때 야요이 신연대가 갖고 있는 문제점은 과연 무엇인가에 대해서만 약간 언급하고자 한다. 야요이 문화가 우리나라 무문토기 문화의 영향에 의해 성립되었음은 누구나 인정하는 바이기 때문에 무문토기 연대를 무시한 야요이 실연대, 즉 무문토기와 역전 관계를 보이는 연대치가 제시되었다면 어느 한 쪽의 연대가 잘못되었음을 의미한다. 그런데 야요이 토기의 실연대를 살펴보면 상한 연대에만 너무 집착한 나머지 계측된 연대 분포 곡선의 좌우를 모두 존속 시기로 인정하여, 개시 연대가 지나치게 상회하는 결과를 제시하고 있다. 절대연대는 하나하나를 모두 믿을 수 있는 것이 아니라 축적된 연대 값이 일정 시기에 집중했을 때 비로소 신뢰성을 가지며, 이 시점이 곧 그 토기 형식의 등장 시기로 볼 수 있는 것이다.

신연대론에 의해 제시된 야요이 실연대는 조기가 기원전 930년경, 전기는 기원전 810년경, 중기는 기원전 350년경, 후기는 기원 전후로 설정하였다(**도 04**). 이 중에서 검토되어야 할 시기는 야요이 조기로서 유우스Ⅰ식이 3점, 유우스Ⅱa식이 12점에 지나지 않아 정확한 연대 값을 얻기에는 부족한 면이 없지 않다. 한편, 측정된 연대 값을 그대로 인정한다 하더라도 **도 05**의 △표시된 부분에서 관

서력	중국	한국		규슈 북부		기존연대	서력
2500	용산	즐목문토기시대	후기	조몬시대	중기	중기	2500
2000	하				후기		2000
			만기		※ 난푸쿠지식	후기	
1500					※ 니시비라식 ※ 미만다식		1500
	상	무문토기시대	조기		※ 아마기식		
				만기	※ 구로카와식		
1000	1027 서주		전기		※ 마츠조에식		1000
	770			조기	※ 야마노테라식 ※ 유우스Ⅰ식 ※ 유우스Ⅱa식	만기	
	춘추		중기		※ 유우스Ⅱb식 ※ 이타즈케Ⅰ식 ※ 이타즈케Ⅱa식 ※ 이타즈케Ⅱb식 ※ 이타즈케Ⅱc식		
500	403(453)			전기			500
	전국			야요이시대		조기	
	221		후기		수석리식	전기	
	206				※ 조노코시식 ※ 스구Ⅰ식 ※ 스구Ⅱ식		
	전한 8			중기		중기	
기원전	진					야요이시대	기원전
기원후	신 25	원삼국시대		후기	※ 다카미즈마식 ※ 시모오쿠마식 ※ 니시진식	후기	기원후
250	후한						250

도 04 야요이 시대의 실연대
(藤尾愼一郞 2004)

※는 연대를 계측한 토기 형식

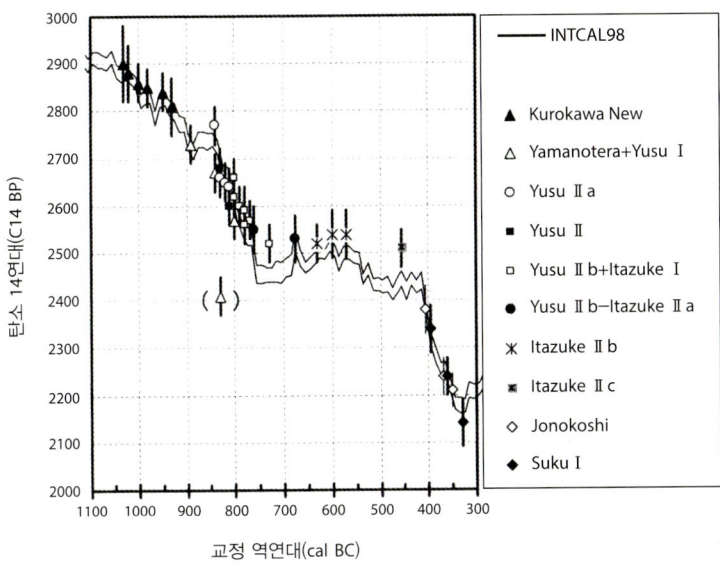

도 05 야요이 토기의 실연대 곡선(藤尾愼一郎 外 2006)

찰되는 바와 같이 유우스I식의 연대치는 집중 분포 양상을 보여주지 않으며, 아울러 토기 형식상 후속하는 유우스IIa식과의 연대 차이도 찾아보기 어렵다. 그렇다고 유우스I식과 IIa식 간의 형식 차이가 없다는 것은 아니다. 양 토기의 형식 차이는 인정되지만, 연대 측정 자료의 부족으로 인해 실연대의 차이점을 발견하기 어렵다는 것이다.

유우스I식에 해당되는 3점의 연대는 각각 기원전 930~800년(91.2%), 550~390년(66.3%), 820~540년(95.1%)으로서, 기원전 760~340년 사이에서 2σ의 시기 폭이 너무 넓어 중심 연대를 설정하기에 어려움이 있다. 때문에 이것만 가지고는 개시 연대를 맞출 수 없어서 이전 토기인 구로카와(黑川)식과 함께 통계 처리해서 야요이 개시 토기의 연대를 산출하였던 것이다. 즉, 구로카와식 12점의 보정 연대와 계측된 유우스I식 3점의 보정 연대 그래프를 그대로 겹쳐서 중복되는 경계선 부근(기원전 930~915년)을 개시 연대로 설정한 것이다(藤尾愼一郎 外 2006).

통계 처리 방법의 신뢰성은 의심할 여지가 없겠지만, 사용된 시료의 연대치가 너무 적어 이를 개시 연대로 인정하기에는 신중한 검토가 필요할 것이다. 기타 토기 형식도 위와 같은 방법에 의해 통계 처리한 연대를 시점으로 설정하고 있다. 이에 필자는 한 형식의 절대연대 값은 측정된 연대치가 일정한 분포 곡선상에 위치할 경우 비로소 그 연대를 신뢰할 수 있으며 이를 바로 등장 시기로 보는 것이 타당하다고 판단한다. 따라서 동일 형식의 연대 측정이 많으면 많을수록 정확한 실연대 값을 신뢰할 수 있다. 이러한 관점에서 볼 때 야요이 조기는 기원전 850~800년경, 전기는 800~750년경으로 개시 연대를 설정할 수 있을 것이다.

2. 무문토기의 실연대

무문토기와 관련된 절대연대 자료는 비교적 풍부한 편이어서 이에 대한 적극적인 연구가 필요한 시점에 이르렀다. 전기에 속하는 역삼동유형의 실연대에 대해서는 대체적으로 기원전 1,300~500년대로 인식하는 데 큰 이견이 없는 것 같다(李眞旼 2004: 48). 그러나 형식학적 연구가 거의 없었던 송국리식 토기는 연대 및 등장 배경에 대해서 상당한 이견이 있어 왔다. 연대 문제는 1970년대 송국리유적이 조사될 당시 제기되었던 기원전 6~4세기 설이 아무런 비판 없이 받아들여져 왔다.

  2010년대까지 측정된 송국리유형의 절대연대 자료는 전국적으로 200여 건 정도이지만(김현식 2013: 463), 이를 고고학적인 연대 문제와 결부시켜 연구하지는 못하고 있는 실정이다. 형식학적인 연구의 부진이 원인이기도 하지만, 기존의 야요이 연대인 기원전 4세기와 부합된다는 점에서 크게 주의를 기울이지 않았던 것이 주원인으로 생각한다. 등장 문제에 있어서는 역삼동계로부터 변화·발전된 것으로 해석해서 선송국리를 설정하기도 하고(김장석 2006: 70), 문화적 다양성을 고려해서 소위 선송국리를 송국리문화의 지역적 소산물로 인식하기도 하였다(이홍종 2002: 91). 송국리식 토기에 대한 형식학적인 연구가 거의 이루어지지 못한 상태에서 단지 전기 토기와 공반된다는 점에 주목한 연구나 문화적 추론에 근거해서 지역적 양상으로 파악한 연구 모두 결국은 연대 문제를 해결하지 못한 데서 기인한다.

  이에 필자는 충청지역에서 출토된 송국리식 토기에 대한 3단계 편년을 시도하고, 필자가 이른 시기로 분류한 것과 선송국리로 인식한 유적의 실연대를 비교·분석한 바 있다(이홍종 2006)(도 06). 충남 서해안지역의 이른 시기 송국리유적과 선송국리로 인식되어 왔던 유구나 유물을 통해 송국리유형의 선후를 밝힘으로써 등장과 관련된 문제점을 해결하고, 토기의 형식학적인 연구에 적용 가능한지를 살피고자 하였다. 베이지안 통계에 의해 각 단계별 신뢰 가능한 연대 폭을 설정한 결과 송국리문화의 개시 연대는 기원전 900년경을 전후한 시기이고, 1기(정착기)는 기원전 900~850년경, 2기

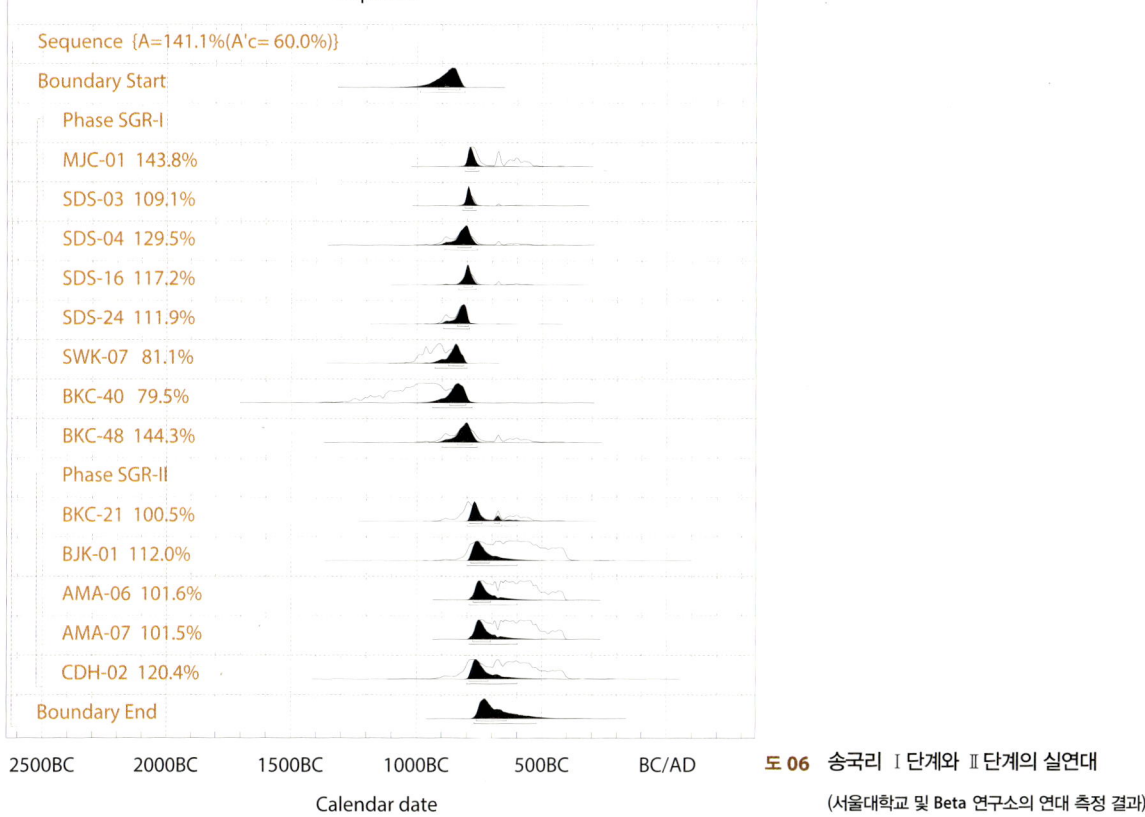

도 06 송국리 Ⅰ단계와 Ⅱ단계의 실연대
(서울대학교 및 Beta 연구소의 연대 측정 결과)

(확산기)는 기원전 850~700년경, 3기(안정기)는 기원전 700년 이후인 것으로 나타나고 있다.

　1기는 주로 충남 서해안과 금강 하류역에 집중 분포하며, 2기가 되면 금강 중상류역과 전라·경상을 포함한 대부분의 남부지역까지 확대되지만 지역에 따른 수용 양상은 다르게 나타난다. 송국리유형이 직접 확산되기도 하고 재지적인 집단이 송국리문화를 수용하면서 소위 선송국리유형이 등장하기도 한다. 이로 보아 송국리문화는 기원전 900년경 충청지역에 정착하기 시작해서, 기원전 850년경부터는 한반도 중남부지역을 포함해 일본에까지 직간접적인 영향을 끼쳤을 것으로 추정된다. 그리고 3기인 기원전 700년 이후부터는 지역에 따른 수용 양상의 차이는 있지만 우리나라와 일본 모두 수전 농경을 기반으로 한 송국리문화권에 속한 것으로 판단된다.

3. 토기 형식 간 실연대의 비교

무문토기와 야요이 토기의 형식학적 관계 및 각 형식의 실연대에 대해서 살펴보았다. 이제 이 두 가지를 비교함으로써 무문토기와 야요이 토기의 관계를 검토해 보고자 한다. 대상이 된 무문토기는 미사리식, 역삼동식, 송국리 I · II · III식이고, 야요이 토기는 조기의 유우스 I · IIa식, 전기의 유우스 IIb식과 이타즈케 I · II식이다.

미사리유적에서 출토된 미사리식 토기(각목돌대문토기)의 절대연대는 기원전 17~16세기이지만, 남부지역의 송죽리유적과 대평리 어은유적의 연대는 기원전 13~10세기로서 일본 각목돌대문토기의 출현 직전에 해당된다. 우리나라 각목돌대문토기의 경제적 기반은 전작 농경으로 추정되는데, 어떻게 일본에서 수전 농경 집단으로 변화하였는지는 불확실하다. 그러나 송국리문화와의 공존 기간이 상정되므로 새로운 농경 기술 체계를 습득하였을 가능성은 매우 크다. 필자는 일본 각목돌대문토기의 출현에 대해서 우리나라 남부지역의 영향을 주장해 왔다. 각목돌대문토기가 출토된 본촌리유적 나-3호 주거지와 나바타케(菜畑) 유적 유우스 단계의 절대연대가 거의 같다는 점도 양자의 관련성을 짐작게 한다.

한편, 후지오 신이치로 등(藤尾愼一郎 外 2006)은 시기적인 동시성은 인정하면서도, 양 지역 각목

사진 05 본촌리유적 나-3호 주거지(趙榮濟 外 2011)

돌대문토기의 문화 전체를 고려할 때 한국은 전작 형태인 데 비해 일본은 수전 형태이며 아울러 석기의 조합도 다르다는 점을 들어 한국 남부지역에서 수전 농경문화와 함께 각목돌대문토기가 등장하였다는 점에 동의하지 않고 있다. 또한 형식학적으로 한국 남부는 포탄형(I류)만 존재하는 데 비해, 일본에서는 만곡형(IV류)이 세토우치(瀨戶內)·긴키지역에서 먼저 출현한 다음 규슈 북부의 영향을 받아 포탄형이 출현하였으며 각목의 시문법이나 기면 조정 등 세세한 부분에서 차이가 인정된다는 점도 지적하고 있다. 그러나 그 차이는 우리나라와 일본에서 출토되고 있는 점토대토기와 같은 정도라는 점도 언급하면서 직접적인 영향 관계는 금후의 과제로 남겨 두고 있다.

　이처럼 야요이 조기 토기인 각목돌대문토기의 출현 문제에 대해서는 한일 학자 간에 이견이 있다. 그러나 수전 농경을 기반으로 한 문화 체계가 한반도로부터 건너가면서 야요이 문화가 탄생하였다는 점, 그 주체는 각목돌대문토기라는 점, 그럼에도 송국리 집단이 주체가 아니라는 점 등을 감안할 때 송국리문화를 인지하였던 동시기 남부지역의 어느 집단인가가 그 주체가 될 수밖에 없었을 것이다. 중부지역에서 송국리문화가 출현할 당시 남부지역은 역삼동식과 미사리식 토기가 공존하였던 시기이다. 따라서 두 토기는 송국리문화의 남부지역 등장 및 일본으로의 파급과 직접적인 관계가 있다.

　우리나라 중부지역에 처음으로 송국리문화가 등장한 시기는 그간에 축적된 방사성 탄소연대 자료로 보아 기원전 900년경이다. 그런데 역박이 제시한 기원전 930년을 야요이 개시 연대로 보면 지금까지의 고고학적 연구 결과와는 정면으로 배치된다. 이러한 결과는 연대 측정 방법 자체의 문제가 아니라, 위에서도 언급한 바와 같이 방사성 탄소연대 자료에 대한 이차적인 해석상의 문제인 것이다. 위와 같은 연대를 추정케 한 야요이 조기 토기의 연대 자료가 3점에 지나지 않는 데 비해 송국리 연대 자료는 200여 건을 상회한다. 실연대는 각 토기 형식에 따른 유적 혹은 유물에 대한 많은 연대 자료의 축적에 의해 그 신뢰도가 더욱 높아질 수 있다. 아무리 유효한 통계 방법을 이용했다 하더라도 기초 자료가 부족하면 오차 범위는 커질 수밖에 없는 것이다.

　야요이 문화의 등장이 송국리문화 체계로부터 파급된 것임은 많은 고고학적 자료에 의해 이미 증명되었기 때문에, 역박이 제시한 연대가 신빙성을 갖기 위해서는 무문토기 연대 자료도 함께 이용해야만 한다. 이러한 측면에서 필자는 보정 연대 곡선상 안정적인 분포권에 포함된 기원전 850~800년 사이(830년)를 야요이 개시 시기로 본다. 역박이 제시한 실연대보다는 100년 정도 늦은 시점으로서 필자가 제시한 송국리 II단계, 즉 송국리문화가 한반도 전역으로 확산된 시점과 같은 시기에 해당된다(도

중국		한국					실연대	일본		
하		신석기시대	만기				2500 2000	난푸쿠지식	후기	조몬시대
	1751						1500	니시비라식 미만다식		
은		청동기시대	조기	미사리 I				아마기식		
	1134		전기	미사리 II	가락동 I	역삼동 I	1000	구로카와식	만기	
서주	1111				가락동 II					
	771					역삼동 II		유우스 I, IIa식	조기	
주	722		후기			송국리 I		유우스 IIb식 이타즈케 I식		
	춘추	동주				송국리 II	점토대 I	이타즈케 IIa식 이타즈케 IIb식 이타즈케 IIc식	전기	야요이시대
	481					송국리 III				
	250		초기철기					조노코시식	중기	
진	222 207						점토대 II	스구 I식 스구 II식		
전한			원삼국				점토대 III			
	24						기원	니시진식	후기	
후한										

도 07 무문토기와 야요이 토기의 실연대

07).

한편, 전기의 시작은 최초의 야요이 토기인 이타즈케I식의 등장 시점으로서 조기의 전통을 그대로 유지한 유우스IIb식과 공반된다. 야요이 토기는 유우스식 토기에서는 찾아볼 수 없는 외반구연의 등장과 제작 기법의 변화를 특징으로 한다. 필자는 이를 유우스식 토기에 송국리식 토기의 외반구연과 제작 기법이 합쳐진 것으로 보았다. 이타즈케I식이 성립하는 시점에 송국리문화 이외의 이질적인 문화가 전혀 개입되지 않았고 구연부 이외에는 유우스식 토기 기형을 그대로 답습하고 있는 점 등으로 보아, 송국리식 토기의 외반구연이라는 요소와 제작 기법이 반영된 토기이다.

즉, 송국리문화와의 직접적인 교류 관계가 성립되면서 송국리식 토기의 제 요소가 유우스식 토기에 반영되어 탄생한 토기 형식이 이타즈케식 토기인 것이다. 역박이 제시한 야요이 전기의 개시 연대는 기원전 810년경으로 보고 있는데, 필자의 견해도 이에서 크게 벗어나지 않는다. 보정 연대 곡선상 기원전 800년경부터는 전기가 시작되었을 것으로 본다. 조기와 전기의 시간 차이가 적은 이유는 조기가 송국리문화의 간접적인 영향에 의해 개시되었다면 전기는 송국리문화의 직접적인 영향이 시작된 단계로서, 송국리문화의 파급이 매우 빠르게 진행되었음을 의미하는 것이다.

V. 맺음말

역박의 프로젝트에 의해 제기되기 시작한 야요이 개시 연대는 형식학적인 방법에 의해 암묵적으로 받아들였던 기원전 400년 설을 500년 이상 상회하는 것으로서 큰 반향을 불러일으켰다. 사실 고고학적인 방법만으로 실연대를 정하기란 특수한 경우를 제외하고는 쉽지 않다. 그러한 점에서 과학적인 방법에 의해 구해진 절대연대 자료는 고고학 연대 연구에 절대적이라 해도 과언이 아니다. 그러나 방사성 탄소연대를 위한 시료는 자연적인 혹은 인공적인 여러 변수가 존재하는 상황 속에서 얻어질 수 있기 때문에 많은 자료가 축적이 되어야만 그 신뢰도를 높일 수 있다.

야요이 시대는 조몬 문화와 차별화된 수전 농경을 기반으로 한 문화로서 송국리문화와의 관련성에 연구의 초점이 맞추어져 왔다. 그럼에도 연대 문제에 있어서는 형식학적인 방법에 의해 맞추어진 기원전 400년 설이 대세를 이루면서 송국리문화와의 시간 차이, 나아가서는 동아시아 문화의 변방이라는 측면에서 야요이 문화에 대한 해석도 수동적일 수밖에 없었다. 이에 동아시아 속에서 야요이 문화를 능동적으로 해석해 보고자 하는 의도에서 야요이 연대 문제가 본격적으로 재검토되기 시작하였다. 그 일환으로 문부과학성·과학연구비 보조금 학술창성연구로 진행된 '야요이 농경의 기원과 동아시아'라는 연구에서 탄소연대 측정에 의한 정밀 편년 체계의 구축이 본격화되기 시작한 것이다.

현재까지 진행된 연구 성과로서 야요이 개시 연대를 기원전 930년, 전기를 기원전 810년이라는 획기적인 연대론을 제시하게 되었다. 연구 대상 중에는 무문토기에 대한 연대 측정도 포함되어 야요이 실연대의 신뢰성을 높이고자 하였지만, 각목돌대문토기 외에는 이렇다 할 비교가 이루어지지 못하고 있다. 그 결과 야요이 개시 연대가 야요이 문화의 직접적 배경이 되는 송국리문화의 연대를 상회하는 결과를 초래하게 되었다. 실연대는 고고학적인 편년 체계를 보다 정밀하게 구축하기 위한 것이지, 실연대만을 갖고 고고학적인 편년 체계를 정립할 수는 없다. 따라서 야요이 연대를 설정하기 위해서는 그 배경이 되는 송국리문화의 연대를 우선적으로 고려하지 않으면 안 된다.

최근 대규모 발굴이 진행되면서 송국리문화 관련 절대연대 자료만 해도 200여 건 이상으로서 그 신뢰도는 매우 높다할 수 있다. 이처럼 송국리문화의 절대연대 자료가 축적된 상태에서 야요이 신연대론을 무작정 수용할 수 없는 것은 당연하다. 신연대론은 송국리문화의 틀 속에서 이루어진 그간의 야요이에 대한 인식으로부터 벗어나 동아시아 속의 문화로 탈바꿈시키고자 하는 연구의 일환이기도 하다. 본고는 그러한 의미에서 야요이 문화의 성립 배경, 토기 간의 관계 및 연대 문제 등을 검토해 봄으로써, 야요이 신연대론은 무문토기의 연대와 반드시 비교 연구되어야만 그 신뢰성을 높일 수 있다는 점을 주장하였다.

참고문헌

국립김해박물관, 2005, 『전환기의 선사토기』, 특별기획전 전시도록.
國立扶餘博物館, 1997, 『국립 부여 박물관』, 박물관 전시도록.
김장석, 2006, 「충청지역 선송국리 물질문화와 송국리유형」, 『韓國上古史學報』 51.
김현식, 2013, 「청동기시대 중기의 역연대」, 『주거의 고고학』, 제37회 한국고고학전국대회.
安在晧, 2000, 「韓國 農耕社會의 成立」, 『韓國考古學報』 43.

李眞旼, 2004, 「중부지역 역삼동유형과 송국리유형의 관계에 대한 일고찰」, 『韓國考古學報』 54.
이홍종, 2000, 「無文土器가 彌生土器 성립에 끼친 영향」, 『先史와 古代』 14.
이홍종, 2002, 「松菊里文化의 時空的 展開」, 『湖西考古學』 6·7.
이홍종, 2003, 「松菊里型 聚落의 景觀的 檢討」, 『湖西考古學』 9.
李弘鍾, 2005, 「松菊里文化의 文化接觸과 文化變動」, 『韓國上古史學報』 48.
이홍종, 2006, 「송국리문화의 전개과정과 실연대」, 『금강: 송국리형 문화의 형성과 발전』, 호남·호서고고학회 합동 학술대회 발표요지.
이홍종, 2016, 「자연제방 입지유적의 토지이용 양상」, 『中央考古硏究』 20.
趙榮濟·宋永鎭·鄭智善, 2011, 『泗川 本村里遺蹟』, 慶尙大學校博物館.
최성락, 2006, 「일본 야요이시대 연대 문제에 대하여」, 『한국고고학보』 58.
家根祥多, 1993, 「遠賀川式土器の成立をめぐって」, 『論苑考古學』.
家根祥多, 1997, 「朝鮮無文土器から彌生土器へ」, 『立命館大學考古學論集』 I.
藤尾愼一郎, 1987, 「板付I式甕形土器の成立とその背景」, 『史淵』 124.
藤尾愼一郎, 2004, 「新彌生年代の試み」, 『季刊考古學』 88.
藤尾愼一郎·今村峯雄·西本豊弘, 2006, 「彌生時代の開始年代」, 『彌生時代の新年代』, 雄山閣.
武末純一·石川日出志 編, 2003, 『考古資料大觀』 1, 小學館.
山崎純男, 1989, 「彌生文化成立期における土器の編年的硏究」, 『鏡山猛先生古稀記念古文化論攷』.
田崎博之, 1994, 「夜臼式土器から板付式土器へ」, 『牟田裕二君追悼論集』.
田中良之, 1984, 「繩文土器と彌生土器」, 『彌生文化の硏究』 3, 雄山閣.
泉拓良, 1990, 「西日本突帶文土器の編年」, 『文化財學報』 8.
春成秀彌, 1973, 「彌生時代はいかにしてはじまったのか」, 『考古學硏究』 20-1.

마치며

손준호

 필자가 고고학자로서의 삶을 살기로 결정한 것은 1997년 대학교 4학년 때였다. 그 이전에도 미사리 유적, 관창리유적 등의 발굴 조사와 보고서 작업에 참여하였으나, 아르바이트 이상으로 여긴 적은 없었다. 그래도 나름 재미가 있었던지 졸업이 다가오면서 전공 분야를 살린 취업도 나쁘지 않겠다는 생각이 들었다. 그때부터 본격적으로 전공 서적과 논문을 읽기 시작하였는데, 당시 막연하게 상상하던 학문적 목표 가운데 하나가 이홍종 선생님과 공동으로 책을 내는 것이었다. 말 한번 붙이기도 쉽지 않은 무서운 분이셨지만, 연구자로서 본받고 싶은 마음이 그러한 생각을 갖게 했던 것 같다.

 주로 청동기시대의 석기를 연구하여 대부분의 논문이 이와 관련된 내용이지만, 이홍종 선생님을 따라다니면서 자연스럽게 송국리문화에 대한 관심도 갖게 되었다. 그래서 석기 관련 논문을 작성하는 틈틈이 송국리문화에 대한 글들을 조금씩 발표하였다. 자격지심일지 모르지만 '돌로 만든 것만 아는 애'라는 편견을 극복하고 싶은 마음과 함께, 당시 청동기시대 연구의 가장 핫한 주제에 숟가락 하나 걸치려는 유치한 공명심도 있었던 것 같다. 그러면서도 이홍종 선생님께서 다루지 않은 분야를 논문의 주제로 삼은 것은 공동 저서의 출간을 위한 장기적인 포석이기도 하였다.

 그렇게 작성된 필자의 글과 이홍종 선생님의 글을 모아 정리한 것이 본 책이다. 최신 자료를 보강하고 사진을 추가하였으며, 기본적인 용어나 전체적인 논지의 방향 등을 통일시켰다. 하나의 완성된 체계를 이루었다고 보기 어렵지만, 송국리문화의 특징과 변화상, 그 의미 등을 살펴보기에 큰 무리는 없을 것이다. 사실 송국리문화에 대한 생각이 이홍종 선생님과 완전히 일치하는 것은 아니다. 예를 들어 그 발생에 대하여 이홍종 선생님께서는 외래 기원을 적극적으로 주장하시지만, 필자는 다소 신중한 입장을 취하고 있다. 아무튼 본 책에서는 어느 정도의 조정을 통해 이렇게 다른 색깔이 지나치게 부각되지 않도록 하였다.

　이홍종 선생님의 정년 퇴임이 얼마 남지 않았다. 이 책은 이를 기념하는 의미도 담고 있다. 제자들에게 부담주지 않으시려고 기념 논문집의 출간을 한사코 거절하셨는데, 이 책을 통해 그 아쉬움을 조금이나마 달래고자 한다. 선생님께서 남기신 유산이 너무 많아 그대로 지키는 것만도 쉽지 않지만, 약간이라도 불려서 다음 세대에 전달하고자 노력해 보겠다. 지금까지 이홍종 선생님께서 펼치신 커다란 우산 밑에서 큰 어려움 없이 성장할 수 있었음에 다시 한 번 감사드리며, 오랜 시간 우산을 받치는 데 작은 힘이나마 보태온 자부심으로 후학 양성에 최선을 다하겠다.

찾아보기

ㄱ

가락동식 215, 217, 239

가락동유형 40, 139, 143, 216~217

가오동 43, 51~52, 162, 164, 216

각목돌대문 7~8, 232, 241~245, 247, 256~257, 260

각목돌대문토기 집단 8, 247

갈매리 78~79

개석식 122~123, 129, 144

거례리 204

거점 취락 47

검단리유형 185

검파두식 125

결실 자료 193

계산리 124

고지형 분석 8, 41

곡부·분지형 22, 27, 30, 39

공렬문 247

관부둔각일단경촉 180, 190, 196, 200~201

관부예각일단경촉 180, 189, 197, 206

관부직각일단경촉 180, 189, 190, 200

관산리 23, 25~26, 39, 45, 51~52, 79, 221~222

관옥 100, 107, 113

관창리 7, 11, 31~32, 39, 44~45, 51~52, 55, 60~64, 67, 69~71, 73~74, 76~84, 101, 107, 131~132, 137~138, 140~143, 165~166, 170, 178, 180, 187, 194~195, 198, 219~223, 225~226, 229~230, 245, 248, 263

관창리계 223

관창리식 225~226, 245, 248

관창리유형 225~226

광장촌형 50~55

괴촌형 50~52, 54~55

교성리 43, 51, 53

교역 집단 240, 245

구로카와 253

구룡리 123~124

구성동 23, 45, 51~52, 224

구순각목 139, 222, 245, 247~248, 250

구순각목공렬 222

구순각목외반구연 139

구평리 107

구하부사선유구석부 183, 186, 196~197, 201, 204

구하부수직유구석부 183, 197, 201, 207

굴립주 건물 64, 69~70, 72, 77, 80~81, 91~93, 101, 103, 105, 111, 162, 165, 170

궁동 23, 195, 224

귀산리 34, 45, 51~52, 180, 224

기반식 99, 122~123

길천 185, 211

ㄴ

나바타케 256

나복리 43, 51, 134~135, 137~138, 166

남강댐 18, 27, 232, 239

남관리 30~31, 224

남산리 91, 98

내홍동 150

노은동 23, 224
노화리 8, 16, 18, 27, 30, 34
농경문화 6~8, 87, 145, 210, 213~215, 219, 232~234, 237, 241, 247, 257
농경 집단 6, 40, 247, 256
농업 경관 15, 24, 37
능강리 124

ㄷ

다두석부 182
단기 저장 105, 166, 168~169
단면방형양인석부 183
단면원형양인석부 183, 186, 196~197, 200~201
단순유절병식 177, 189~190, 204
단위 세대 46~47, 49, 72, 75~77, 79, 84
단위 주거군 47, 49, 52, 54~55, 64, 72, 75~76, 84
단위 집단 46~47
단위 취락 47, 49, 55, 72, 76, 79, 108~109
달산리 123
답리작형 18, 23, 27, 39
당정리 35, 37, 45, 51~52, 223
대단위 취락 108~109
대륙계 마제석기 208
대야 188, 194, 198
대정동 23, 43, 217, 224
대지 조성면 92, 97, 100~101, 103
대지형 18, 22~23, 27, 34, 39
대 취락 46~47, 49, 54~55, 114, 146
대평리 8, 17, 111, 180, 187, 192, 194~195, 198~199, 201, 231~232, 247, 256
대평리형 199, 201

대형 굴립주 건물 91~93, 101, 103, 111
대흥리 30, 45, 51~52, 151~152, 155, 159, 162, 164, 170, 224
덕남리 187, 189
덕신리 185, 211
덕천리 187, 189
도삼리 7, 39, 43, 48~49, 51~52, 54, 78, 195, 200, 223, 231
도화리 125
동천동형 199~200
두형토기 69, 95
둔각삼각형 182, 196~197

ㅁ

마연발 93
마전리 8, 16, 18~19, 27, 29, 34~36, 45, 51~52, 144, 151, 159, 161~162, 164, 170, 178, 180, 186~187, 224
말각형 202
망곡리 187, 192
망덕 178, 186~187, 189, 212
명암리 23, 52, 224
목주열 90~92, 96~97, 101~103, 111
무문토기 문화 235, 240, 244, 250~251
무문토기 연대 251, 257
무문토기 집단 217, 248
문화 변동 215
문화 접변 216~217
문화 접촉 214~215, 228
문화 체계 220, 225~226, 228, 232~236, 249, 257
미사리 7, 18, 27, 239~240, 245, 247~248, 256~257, 263
미사리식 239~240, 245, 247, 256~257

ㅂ

반송리형 198~200

반제리 53

발형토기 222, 227~229

방사성 탄소연대 96~97, 103, 239, 257, 259

방형계 동천동형 199

백석동 23~25, 43, 51~52, 143, 217~219, 224

베이지안 통계 254

복룡동 162, 164

본촌리 256

봉선리 45, 51~52, 159, 168, 195

부수리 125

부유 선별법 104

불당동 23~25, 43, 51~52, 224

비래동 123~124

비봉리 150

비파형동검 87, 91, 95, 98, 109, 124, 127, 132, 137~138, 186

ㅅ

4주식 65, 68~70, 72~73, 75, 77, 81~83, 166

사창리 124, 189

산의리 31, 43, 51, 135~138, 151, 159, 162, 164, 224

산지·구릉형 18, 23, 25, 31, 39

산지 추정 분석 107

산직리 91, 98~99, 114, 116

삼각만입촉 124, 177~178, 180, 188~189, 196~197, 201, 204~206

삼각무경촉 208

삼각형석도 87, 177, 181, 196~197, 200~201, 203~204, 206~207, 219, 225~226, 228

상서동 184, 195, 224

상위 집단 47, 80, 83

석개토광묘 87, 91, 121, 127, 131, 134, 137, 143, 185

석곡리 23~24, 39, 43, 51, 162, 164, 170, 182, 194, 224

석곽묘 129, 131, 137, 143, 192

석관묘 8, 87, 89, 91, 95, 98, 121, 125, 127, 129~135, 137, 140, 143~144, 185~186, 188, 192

석기 생산 집단 47

석우리 124

석착 184

석창 176~177, 188~191, 193, 204~205

선상열주 101

선송국리 114, 142~143, 146, 216~220, 222, 224~226, 228, 235~237, 254~255, 260

선송국리문화 142~143, 217~219

선송국리유형 216~218, 220, 222, 224~226, 228, 235~236, 255

성혈 98, 123, 127, 132, 137

세대 공동체 46~47

세장유경촉 178, 180, 186, 189~192, 196, 204~206

세죽 150

세형동검 8, 240, 245

소성유구 89~91, 159, 162, 164

소송리 31, 221~222

송국리계 222~223

송국리문화 7~11, 13, 23, 37, 40, 54, 56~58, 61, 85, 97, 108, 113, 115, 119~122, 124~125, 127, 134, 136, 139~140, 142~143, 146, 148~150, 152, 155~156, 165, 167~170, 175, 177, 184~186, 189, 191, 193, 197, 203~204, 206~209, 211, 213~220, 224~228, 231~232, 235~250, 254~257, 259~261, 263

송국리식 8, 39, 215~217, 222~229, 232, 236, 239~240, 245, 248~249, 254, 259

송국리유형 40, 87, 95, 108~109, 114, 127, 145, 209, 216~220, 222, 224~226, 228, 235~237, 254~255, 260~261

송국리 집단 26~27, 257

송국리형 묘제 87, 98, 109, 119~122, 125~127, 129, 132~133, 136~140, 142~145, 185

송국리형 석검 108, 131

송국리형 주거지 8, 13, 20, 23~26, 56, 62, 70, 81, 83, 87, 95, 104, 109, 127~129, 136, 138~140, 142, 145, 156, 166, 185, 192~194, 198, 200~202, 216~218, 220, 222~225, 228, 240, 247~248

송국리형 취락 11~12, 14, 23, 25~26, 30, 37~41, 46, 51~56, 109, 140, 142, 214, 220~221, 233, 235

송국리형 취락 경관 39, 56, 109

송국리형 토기 87, 108

송담리 143, 146

송신동 204

송죽리 256

송학리 43, 51~52, 224

수당리 31, 45, 51~52, 224

수도작 기술 체계 247

수도작 농경 217, 247

수전 농경 8, 13, 20, 22~23, 25~26, 30, 39~40, 56, 80, 224~226, 241~242, 247, 256~257, 259

수전 농경 집단 40, 256

수전 농경형 23, 25, 30, 39, 56

순서배열 193, 196~197, 199

습식 저장혈 150

식물규소체 20, 152, 155, 170, 172

신대동 216

신법리 34~35, 43, 51, 224

신영리 여드니 43, 51, 162, 164, 170

심부무단무절일단병식 177, 190, 196, 206

심부유단일단병식 177, 186, 190, 196, 204

심부유절일단병식 177, 186, 189~190, 196~197, 204

쌍룡동 30, 224

쌍미늘 석창 177

쌍청리 164

ㅇ

아인리 127

안영리 31, 43, 45, 51, 151, 157, 159, 164, 224

안영리 새터 159

안정 동위 원소 분석 106~107

암석학 분석 105

야마노테라 242

야요이 문화 7~8, 208, 213, 231~232, 235~236, 238, 240~241, 244~245, 250~251, 257, 260

야요이 시대 8, 21~22, 41, 56, 150, 152~155, 239, 252, 259

야요이 신연대 251, 260

야요이 실연대 251, 260

야요이 연대 239~240, 254, 260

야요이 토기 116, 211, 238, 240, 245~246, 248~251, 253, 256, 258~259

양측결입유경식 177, 190, 204, 206~207

업성동 23, 30, 43, 51~52, 224

X선 회절 분석 105

여의곡 178, 186~187, 196

역사 민속 박물관 239

역삼동 40, 53, 139, 143, 202, 215~217, 222~226, 228~229, 236~237, 239~240, 245, 247~248, 254, 256~257, 261

역삼동계 222~226, 229, 236, 247~248, 254

역삼동문화 202

역삼동식 215~216, 239~240, 245, 247~248, 256, 257
역삼동유형 40, 139, 143, 216~217, 237, 254, 261
역삼동 집단 216
역제형 150, 180, 182, 197, 204~205, 207
연속 분포의 원칙 193
연지리 23, 25, 39, 45, 51~52, 79, 221~222
열촌형 50~52, 54~55
예각삼각형 182, 196~197, 200~201
오곡리 187, 192, 198~199, 201
오곡리형 198~199, 201
오석리 34, 43, 51, 166, 194, 223
옥남리 125, 194
온가가와 249
옹관묘 87, 89~91, 121, 125, 131~132, 134~135, 137, 139, 143~144, 185, 216
옹형토기 223, 227, 242~244, 247
와우리 45, 51~52
외경 접합 248
외래(계) 집단 84, 233~235, 242
외래 기원설 109, 143, 208, 236
외래형 232~235
외반구연 92, 139, 151, 193, 215~216, 219, 227, 242~243, 248~250, 259
외반구연옹 248
외반구연토기 92, 139, 151, 193, 216, 243, 250
외반구연호 219
외부 집단 70
용산리 150, 172
울책 89~91, 96, 101, 103
원거주 집단 208
원봉리 124

원북리 152, 159, 164
원하리 203, 209
월기리 7, 43, 51~52, 140~141, 143, 166~167, 194, 223, 230~231
월산리 78, 123
월오동 123
위석식 123
위장 석관묘 268
유구병식 176~177, 188~191, 193, 204~205
유구석부 8, 87, 177, 182~184, 186, 196~197, 201, 203~204, 206~209, 219, 225~226, 228
유단석부 183, 197, 201, 204
유단유절병식 177, 190
유력자 99~101, 103, 138~139, 203
유력 집단 101, 103
유우스 232, 240~245, 247~249, 251, 253, 256, 259
유전리 124, 190
유절병식석검 124, 131, 189, 207
유통 취락 76, 78
율하리 187, 192
이금동 178, 181, 194~195
이단경촉 124, 178, 180, 188~189, 196, 204~205
이단병식석검 95
이사리 140~143
이주 집단 8, 208
이중구연단사선문토기 95, 98, 132, 137~138
이타즈케 6~7, 10, 154, 235, 240~245, 248~250, 256, 259
이형삼각형 182, 196~197
일단경촉 124, 179~180, 188~191, 196~197, 200~201, 204~206
일단병식석검 124, 131, 134, 177, 186, 189~190, 197, 203~204, 207

일체형촉 178, 180, 188~190, 196~197, 200, 205~207
입암리 202

ㅈ

자개리 43, 51~54, 180, 182, 194~195, 198, 221~222
자운동 43, 51, 195
자체 발생설 143, 208, 236
자포니카 105
장기 저장 105, 165~167, 169
장기 지속 취락 97
장방형(석도) 180, 182, 196~197, 204~205
장선리 43, 45, 51, 151, 159, 164, 195, 224
장원리 31, 159, 224
장주형석도 228
재지계유형 225~226
재지 기원설 109
재지 집단 56, 233~235
재지형 232~235
저장공 89, 91, 105, 119, 139, 148~170
저장 체계 148~149, 165, 167, 169, 171
저장혈 전용 환호 162
적색마연원저호 186
적색마연토기 87, 105~106, 109, 124
전사포리 187, 192
전작 농경 13, 18, 20, 22~27, 39~40, 56, 247, 256
전작 농경형 23, 25, 39~40, 56
절대연대 95, 104, 138, 175, 216~217, 239~240, 251, 253~254, 256, 259~260
절충형 232~235
점촌형 50~52, 54~55
점토대토기 8, 69~70, 78, 80, 95, 208, 211, 215, 222, 233, 235, 239~240, 245, 257
점토대토기문화 208
정지리 127, 224
제천리 125
조몬 문화 7~8, 232, 247, 259
조몬 시대 6, 150, 152~153, 155~156
조몬 집단 241
조몬 토기 7, 247
조일리 185, 212
주교리 23, 39, 45, 51~52, 79, 123, 127~128, 136, 138, 143, 221~222
주머니형 수혈 153
주변 취락 14, 26, 49, 54~55, 76, 78, 80, 83
주사 전자 현미경 분석 105
주상편인석부 183~184, 186, 192, 197, 203~204, 207
주형 34, 180~182, 196~197, 204~207, 228
죽청리 34, 43, 45, 51~52, 128~129, 136, 138, 143, 221~222
중도동 110~111, 116
중심 취락 47, 49, 54~55, 76, 78, 80, 83~84, 103
중위 취락 47, 49, 55, 72, 76, 80
즐형 180, 182, 197, 204~205
증산리 43, 51, 195
지석묘 문화 121, 137, 139~140, 144
지석묘 요소 98~99, 127, 132~133, 137~138
지석묘 집단 140
지역 집단 236
직립구연 39, 139, 227~228
진라리 178, 182, 186~189
진목리 123
진죽리 34, 79~80, 221~222
집단 성향 족장 사회 103

ㅊ

초맥법 155
초평리 91
추동리 223
추목동 123

ㅌ

타날 기법 215, 228
타날문 248
탁자식 123, 127~128, 131, 136, 144
탄화미 104
태봉동 43, 51~52
토광묘 87, 89, 91, 121, 125, 127, 131~132, 134, 137, 143, 185
토기 생산 집단 47
토기 제작 집단 69, 232
토사 중 저장법 166
토성리 204
토실 162
토양 미세 형태 분석 104
특수 취락 49, 78

ㅍ

파수부 69
판목구조정 270
편주형 180, 182, 196~197, 204~205
편평편인석부 183~184, 186
평기식촉 125
평동리 123
평라리 27~28, 39, 129~131, 137~138, 146, 221~222
평지형 22, 27, 34, 39, 41
평촌리 187~188, 192, 208

플라스크형토기 93

ㅎ

하단돌출유경식 177, 190, 204
하안대지형 18, 23, 27, 39
하위 집단 47, 80
하촌리형 198~200
한성리 34, 45, 51~52, 223
함암리 123
합정리 31, 224
해양 리저브 239
형광 X선 분석 105, 107
호형토기 8, 222, 247
화리 187~188, 192
화붕 166
환상석부 100, 182, 184, 197, 204, 206
환촌형 50~52, 54~55
황석리 123~124, 189
효자동형 198~200
휴암리 23, 43, 51, 139, 142~143, 180, 182, 184, 194~195, 199, 201~202, 221~222
휴암리형 139, 142~143, 199, 201~202
흑색마연토기 95
흔암리식 239